Gesù e gli Esseni

di Dolores Cannon

Translation by: Gabriele Orlandi

Gesù e gli Esseni

Prima edizione Americana © 2000 Ozark Mountain Publishing
Originariamente pubblicato da Gateway Books. Regno Unito-1992
Prima traduzione italiana - 2020

Per l'autorizzazione, serializzazione, condensazione, adeguamento o per i cataloghi di altre nostre pubblicazioni, scrivere a: Ozark Mountain Publishing. PO Box 754, Huntsville, AR 72740. All'attenzione del: Permission Department

Library of Congress Cataloging-in-Publication Data
Cannon, Dolores, 1931 – 2014
Jesu and the Essenes by Dolores Cannon.
   Testimonianze degli anni mancanti della vita di Gesù. Le porzioni che sono state rimosse dalla Bibbia e la comunità degli Esseni a Qumran. L'informazione sono state acquisite attraverso l'ipnosi regressiva condotta da Dolores Cannon. Include bibliografia e indice.

1.Gesù. 2. Gli Esseni 3. Rotoli del Mar Morto. 4. Ipnosi. 5. Reincarnazione.
I. Cannon Dolores, 1931 – 2014 II. Essenes. III. Titolo.
Library of Congress Catalog Card Number: 2020952232
ISBN: 978-1-950608-18-8

Copertina: Lawrence Levy. Drawing Board Studios
Libro preparato Times New Roman
Translation by: Gabriele Orlandi

Pubblicato da Ozark Mountain Publishing
PO Box 754 Huntsville.AR. 72740 WWW.OZARKMT.COM Edizione
Americana stampato negli Stati Uniti d'America

Storia dell'immagine di copertina

Foto di Copertina a cura di Jan Styka. L'immagine in copertina è un dettaglio dal gigantesco dipinto (60m x 14m), titolato La Crocifissione. Dall'artista polacco Jan Styka è stato dipinto in Polonia nel 1894 e fu acquistato dal Dr. Hubert Eaton nel 1940 per il Forest Lawn Memorial Park di Glendale, California, dove rimane permanentemente in mostra. Nel 1955, a Leila Sherman è stato concesso il permesso speciale di fotografare il particolare della figura di Gesù da un balcone di fronte al dipinto, (ad una distanza di circa 23 metri con un teleobiettivo). Forest Lawn Foundation diede alla signorina Sherman i diritti esclusivi per la pubblicazione e la distribuzione della fotografia. La signorina Sherman ci ha dato il permesso di condividere con il mondo questo ritratto praticamente sconosciuto di Gesù da parte di un grande artista. L'uso di questa fotografia non costituisce alcun affermazione da parte del Forest Lawn Memorial Park.

Indice

Prefazione

Chi sono io per pensare di poter scrivere un libro che sconvolgerà o almeno scuoterà le credenze fondamentali di molti Ebrei e Cristiani? Io rispetto queste credenze. L'uomo deve credere in qualcosa, anche se ritiene che non vi sia nulla. Questa è la storia di un popolo che dedicò la sua esistenza alla protezione e la conservazione del sapere. Anch'io posso fare riferimento a questo. Per me la distruzione della conoscenza è una cosa terribile. Questi individui sembrano avermi passato la proverbiale fiaccola, tramandata per millenni nello spazio e nel tempo. Queste informazioni non mi hanno raggiunta allo scopo di rimanere ferme su uno scaffale a prendere polvere. Sono state rivelate, ancora una volta, per tutti coloro che sono affamati di conoscenza. È come se gli Esseni stessero sussurrando sotto voce nelle mie orecchie. "Scrivi", mi dicono, "la conoscenza è rimasta nascosta troppo a lungo. Scrivi, non lasciare che la conoscenza scompaia di nuovo". Quindi, mi sento di dover condividere quello che ho imparato. Se questo sconvolgerà alcuni, spero sia chiaro che il mio intento non è questo. Ma se a qualcun'altro le mie parole fanno pensare, allora avro' raggiunto il mio scopo.

Non posso affermare che I contenuti di questo libro siano la verità assoluta. Non ne sono sicura, e dubito seriamente che ci sia qualcuno in vita che abbia tutte le risposte. Ma forse, per la prima volta, dobbiamo staccarci dallo stampo culturale che ci ha tenuti prigionieri fin dall'infanzia. Aprire le finestre della nostra mente e consentire alla curiosità e al desiderio di conoscenza d'entrare come una brezza fresca e spazzar via le ragnatele della compiacenza. Troviamo il coraggio di pensare l'impensabile, di mettere in discussione l'indiscutibile, di prendere in considerazione diversi concetti di vita e di morte. Solo allora la nostra anima, il nostro eterno Sè interiore, sarà tanto più ricco di prima.

7

PRIMA PARTE

~

I Misteriosi Esseni

Capitolo 1
Come tutto ebbe inizio

È possibile viaggiare nel tempo e nello spazio e visitare civiltà ormai perdute. Ed é possibile parlare con coloro che sono morti da tempo e rivivere nuovamente le loro vite e le loro morti. È possibile viaggiare centinaia, addirittura migliaia di anni per esplorare il passato. Lo so, perché l'ho fatto - non una volta, ma centinaia di volte. L'ho fatto attraverso l'ipnosi regressiva. Questa è una tecnica, un metodo che permette alle persone di ricordare e spesso rivivere le loro vite passate. L'idea che non viviamo solo una ma molte vite, è nota come reincarnazione. Questa non deve essere confusa con la 'trasmigrazionÈ, che è l'erronea convinzione che l'uomo possa rinascere come un animale. Secondo le mie ricerche questo non puo' accadere. Quando l'anima di un uomo si reincarna, abiterà sempre ed esclusivamente in un corpo umano. Purtroppo, l'uomo può sprofondare così in basso da diventare di natura bestiale, ma non potrà mai assumere la forma di un animale. Questa è una tipologia di spirito completamente diversa. Non so perché alcune persone trovano l'idea della reincarnazione così difficile da comprendere, quando possono semplicemente fare riferimento alla propria vita. Siamo tutti in continua evoluzione. Quando si smette di cambiare, significa che si è smesso di crescere. A quel punto si diventa rigidi, stagnanti e si inizia a morire. Cambiamo così tanto che molte volte ci sentiamo come se avessimo vissuto molte vite diverse in una sola. Andiamo a scuola, ci sposiamo, abbiamo dei figli, e a volte ci si risposa. Possiamo cambiare occupazioni, a volte andando in una direzione completamente diversa.

Possiamo viaggiare o vivere in un paese straniero per un po'. Possiamo sperimentare traumi e dolore a causa della morte o della sofferenza dei nostri cari. Fortunatamente impariamo ad amare e a raggiungere i nostri obiettivi della vita. Ciascuna di queste fasi della nostra vita è totalmente diversa dall'altra. Facciamo degli errori e si spera di imparare da questi. Sentiamo la gente dire: "Non so come ho potuto fare queste sciocchezze quando ero più giovane. È quasi come se fosse successo a qualcun'altro". So che non potrei mai tornare ad essere la giovane adolescente che ero alle superiori.

Non sarei nemmeno in grado di relazionarmi a lei, così ingenua e timida come era. Non avrei nulla in comune con la me stessa di allora.

E lei non sarebbe mai stata in grado di capire la persona complessa che sono diventata. Eppure siamo un'unica stessa persona. Questo è il mio modo di percepire le vite passate. Sappiamo che le abbiamo vissute, proprio come abbiamo vissuto la nostra infanzia. Potrebbero essere chiamate l'infanzia dell'anima. Speriamo di aver imparato ad applicare la conoscenza che abbiamo acquisito attraverso centinaia di anni facendo errori, come essere umani. Ma proprio come ci sono persone che necessitano più tempo per crescere, così ci sono anime che devono vivere molte vite prima di imparare anche solo una lezione.

Possiamo considerare il nostro corpo come una forma di reincarnazione. Sappiamo che i nostri corpi sono in continuo cambiamento. Le cellule sono in un ciclo perenne di morte e rinnascita costante. Certamente non abbiamo lo stesso corpo che avevamo dieci, venti, o trenta anni fa. È cambiato in meglio o in peggio.

Possiamo vedere la reincarnazione come una scuola per l'anima, una serie di lezioni e corsi da imparare per la nostra crescita e formazione. Poi possiamo smettere di maledire le difficoltà che spesso si abbattono su di noi e imparare a considerarli come test ed esami che possiamo passare o fallire. Non possiamo cambiare quello che ci è successo in questa vita o in altre. Possiamo solo imparare e andare avanti, lasciando che il passato ci guidi e ci insegni.

La dottrina della reincarnazione è una filosofia, e come tale non toglie nulla ad alcuna forma di religione stabilita. Piuttosto la estende, la rende piena. Chiunque studi davvero quest'idea con una mente aperta riconoscerà di essere in grado di credere in entrambe. In realtà non sono per nulla in conflitto. La reincarnazione non appartiene alle arti oscure. Non dovrebbe essere agglomerata indiscriminatamente all'occulto. Si tratta di un principio di amore e, quindi, può essere associata a qualsiasi religione il cui fondamento sia l'amore. Molte persone cercano risposte alla cieca e nel buio possono trovare una risposta in questa filosofia. È come la luce luminosa alla fine di un tunnel. In realtà viviamo per sempre, perché l'anima è eterna, non può morire. La vita è una continua esistenza, semplicemente passando da un corpo all'altro. Cambiamo corpo facilmente come cambiamo un vestito. Un vestito si butta quando diventa troppo vecchio o troppo logoro e danneggiato per essere riparato. Ma questo è difficile per alcune persone che sono riluttanti a disfarsene, nonostante esso sia inutilizzabile.

Dopo tutto, siamo attaccati al corpo. Tuttavia, noi abbiamo un corpo ma non siamo quel corpo.

Ci saranno quelli che pensano che l'idea di rinascita sia troppo complicata, troppo radicale, troppo difficile da capire. Queste sono le persone che forse non sono ancora pronte per il concetto di reincarnazione. Costoro dovrebbero cercare di vivere la vita al meglio che possono sentendosi a proprio agio, attraverso il loro sistema di credenze. Nessuno dovrebbe cercare di imporre le proprie convinzioni agli altri.

Perchè il concetto di tornare indietro nel tempo, è affascinante per molte persone? Per la ricerca della verità, il fascino dell'ignoto, o il desiderio di vedere come gli antichi realmente vivessero? Forse il sospetto che in qualche modo il passato fosse migliore del presente? È questo il motivo per cui le storie di macchine del tempo sono così diffuse? Forse l'uomo desidera segretamente di liberarsi dalle catene che lo legano al presente e di muoversi liberamente nel tempo, senza limiti o restrizioni.

Sono una regressionista. Questo è un termine moderno per coloro che si specializzano in ipnosi regressive di vite passate. Io non uso l'ipnosi in modo convenzionale, come ad esempio per aiutare i pazienti a perdere peso, smettere di fumare o per alleviare il dolore. Sono profondamente interessata alla reincarnazione da oltre venti anni. Tutto è iniziato quando ho visto mio marito condurre esperimenti di regressione durante l'ipnosi di alcuni pazienti. Utilizzando i metodi di ipnosi convenzionale, incappò in un caso di reincarnazione quasi per errore, mentre ipnotizzava una donna che voleva perdere peso. La storia della nostra prima avventura verso l'ignoto e le sue tragiche conseguenze è narrata nel mio libro, Cinque Vite Ricordate. Mio marito rimase paralizzato in un terribile incidente d'auto e trascorse un anno in ospedale. Dopo un lungo e difficile recupero, non aveva più alcun interesse nell'ipnosi. La sua vita proseguì in una direzione completamente diversa. Ma il mio appetito era stato stuzzicato dal sapore delle esperienze di vite passate, a cui ero stata esposta. Si era aperta una a porta su un nuovo mondo di possibilità. Ho sempre amato la storia e questo era un modo affascinante per esplorarla. Tutto d'un tratto divenne più viva che nei libri di storia, con i loro fatti impolverati e date ammuffite. Questo metodo era come passare attraverso un tunnel temporale e incontrare direttamente persone realmente vissute nel passato. Mi era possibile parlare a coloro che stavano vivendo la storia, mentre stava accadendo.

Sì, la porta era stata aperta e avevo intravisto l'ignoto. Non potevo permettere che si chiudesse per sempre. Se mio marito non era più interessato, allora avrei dovuto imparare a condurre la ricerca da sola.

I metodi convenzionali di induzione non mi erano congeniali, troppo tediosi e stancanti, sia per il paziente che per l'operatore. Erano necessari molti test per determinare la profondità della trance. Ero convinta che la maggior parte delle persone, inconsciamente non apprezzassero sottoporsi a dei test. Condizionati da molti anni di scuola, si sentono a disagio a dover affrontare ancora degli esami. È difficile rilassarsi quando si è sulla difensiva. Questi test sono utilizzati per misurare la profondità dello stato di trance, nell'erronea convinzione che ciò abbia qualcosa a che fare con la capacità di raggiungere il subconscio. Ed è stato dimostrato che questo sia un'approccio insoddisfacente. Le persone sono in uno stato ipnotico molte volte al giorno e non se ne rendono nemmeno conto. Si aspettano che la trance sia qualcosa di diverso da ciò che realmente è: uno stato di coscienza puramente naturale.

Almeno due volte al giorno, tutti entrano nello stato di trance più profondo possibile. Ciò si verifica quando di notte ci stiamo addormentando e la mattina appena prima di svegliarci completamente. È stato dimostrato che ogni volta che guardiamo la televisione e siamo assorti nella storia, entriamo in uno stato alterato di coscienza. Succede anche tutte le volte che guidiamo a lungo per un tratto monotono di strada o quando ascoltiamo un sermone o una lezione noiosa. Tutti noi entriamo in stati alterati della mente molto facilmente e la maggior parte delle persone rimane scioccata quando viene detto loro che entrano inconsapevolmente in uno stato d'ipnosi.

Sentivo che ci doveva essere un modo più veloce, più facile di indurre la trance regressiva utilizzando questo stato naturale. Ho studiato le tecniche moderne e ho scoperto effetti molto più veloci e metodi più semplici. Queste tecniche sono attualmente utilizzate da alcuni medici per controllare malattia e dolore. Per lo più utilizzano quelle aree del cervello dedicate alla visualizzazione, permettendo al soggetto di partecipare ad un gioco, utilizzano l'immaginazione guidata. Nel 1979 improvvisai un metodo soddisfacente e cominciai a sperimentarlo. Spesso trovavo soggetti per la sperimentazione, perché allora c'era un interesse verso quest'idea filosofica, anche se l'interesse era piuttosto solo curiosità.

Chi critica questo approccio afferma che l'ipnotista dice al soggetto di andare in una vita passata e le memorie sono il risultato del desiderio del paziente di compiacere l'ipnotista. Con la mia tecnica faccio di tutto per evitare di dare suggerimenti al paziente.

Non ho mai dovuto dire a nessun paziente di andare da nessuna parte, di solito tutto avveniva spontaneamente.

Avevo deciso di trattare il mio metodo come un esperimento scientifico per vedere se era ripetibile. Volevo usarlo sul maggior numero di persone possibile. Se gli stessi risultati si fossero ripetuti, sapevo che ciò avrebbe dato maggiore validità alla teoria della reincarnazione. Cercai di rimanere obiettiva, ma quando il 95% dei pazienti ipnotizzati corroborava le mie teorie, seguendo lo stesso modello comportamentale fino a raggiungere una vita passata, mi fu difficile rimanere del tutto neutrale.

Alcuni sostengono che ci potrebbero essere altre spiegazioni alternative oltre alla reincarnazione. Questo, naturalmente, è possibile. Ma la ricerca mi porta a credere che i pazienti stiano richiamando memorie reali dal loro passato. Avendo portato in regressione sempre più persone, ho notato che il metodo è ripetibile su tutti i tipi di personalità, perfino l'ignorante e lo scettico. Alcuni soggetti non credevano nelle vite passate nè capivano minimamente quello che stessi facendo. Eppure i risultati erano sempre gli stessi.

Come altri che lavorano in questo campo di ricerca sulla reincarnazione, speravo di aggiungere i miei dati alla crescente massa di materiale già raccolto da colleghi. Alcuni ricercatori sono interessati solo a dati statistici, come per esempio, quante persone ricordano vite precedenti in determinati periodi di tempo. Ma io amo la gente, quindi sono interessata alle loro storie. Preferisco lavorare individualmente con ogni paziente, piuttosto che in sedute di gruppo. In questo modo l'intera storia può essere raccolta senza interruzioni. Così facendo l'operatore ha un maggior controllo su eventuali traumi che possono sorgere dai ricordi.

Grazie a questa tecnica praticamente tutti possono ricordare le loro vite passate, anche in un leggero stato ipnotico. Ci sono molti diversi livelli di trance ipnotica. Questi sono stati misurati in laboratorio con strumenti scientifici. Durante le regressioni, più profondo è lo stato di trance, più dettagli è possibile ottenere. Ho scoperto che il grado di profondità della trance, si può dedurre dalle reazioni fisiche dei soggetti e dal loro modo di rispondere alle domande. Negli stati più leggeri non pensano minimamente che qualcosa di insolito stia accadendo. Possono giurare di essere completamente svegli e non riescono a capire da dove provengano le informazioni. Poiché la mente cosciente è ancora molto attiva, pensano che sia solo la loro immaginazione. Negli stati superficiali il soggetto spesso guarda gli eventi della vita passata come se stesse guardando un film. Quano entra in uno stato di trance più profondo, il soggetto inizia ad osservare la vita passata e a parteciparvi. Quando inizia a vedere tutto attraverso gli occhi della sua precedente personalità e sperimenta reazioni emotive, allora é sceso in uno stato profondo. La mente cosciente diventa meno attiva e diventa coinvolto in ciò che sta vedendo e vivendo.

I soggetti migliori sono coloro che possono raggiungere lo stato di sonnambulismo. In questo stato si immergono completamente nella personalità passata e rivivono quella vita completamente, a un punto tale da non avere alcun ricordo di qualsiasi altro periodo di tempo. Diventano, a tutti gli effetti, la persona vissuta centinaia o migliaia di anni fa. Sono in grado di raccontare la loro versione della storia. Ma possono solo dire ciò che sanno. Se erono contadini non sapevano ciò che ebbe luogo nel palazzo del re, e viceversa. Sono spesso ignari di eventi che si possono leggere in qualsiasi libro di storia, ma che non ebbero alcun effetto personale sulla loro vita a quel punto.

Al risveglio non ricordano quasi nulla, a meno che non siano guidati a farlo. I pazienti pensano di essersi appena addormentati e giudicano le scene che rimangono nello stato conscio, come frammenti evanescenti di sogni. Nello stato di sonnambulismo, possono rivelare molte informazioni perché sono, a tutti gli effetti, la persona che in realtà visse in quel periodo di tempo passato. Per chi non ha mai visto questo fenomeno, gli effetti possono essere molto sorprendenti. Si tratta di un' esperienza affascinante e talvolta snervante, poter guardare un paziente cambiare completamente e assumere il tono e l'inflessione vocale di un individuo completamente diverso.

Il sonnambulo è difficile da trovare. Dick Sutphen, il noto esperto di reincarnazione, ritiene che ne esista un caso ogni dieci soggetti. Dice che se ci sono una trentina di persone presenti in una stanza, tre di loro sarà probabilmente in grado di entrare nello stato sonnambulo. Le mie probabilità non furono mai così alte. Ne ho trovato circa uno su venti. La maggior parte delle persone ha una grande curiosità per ciò che sta accadendo e rimangono attivi anche se in trance. Questo impedisce loro di cadere nello stato più profondo. Ho scoperto che la fiducia é l'elemento necessario a far crollare le difese della mente conscia. Il paziente deve sapere che é perfettamente al sicuro. Credo che i dispositivi di protezione della mente rimangano in funzione, perché ho avuto pazienti che si risvegliavano immediatamente da uno stato profondo se vedevano o sperimentavano qualcosa di spiacevole o spaventoso. Questo è più o meno lo stesso modo in cui ci risvegliamo dagli incubi. La mia tecnica ipnotica non mira al controllo mentale di un'altra persona, ma alla capacità di creare fiducia e collaborazione all'interno della mente del paziente. La massima fiducia permette un flusso completo di informazioni. No, per ora non ho mai trovato una Cleopatra o un Napoleone. Per me è una conferma che la maggior parte delle persone ricordano vite normali e di routine. È mia convinzione che se qualcuno dovesse prendersi la briga di creare una storia immaginaria per compiacere l'ipnotista (come è stato suggerito da "esperti") allora potrebbe inventare un'avventura emozionante. Per me questa sarebbe una fantasia. Vedrebbero se stessi come un eroe in grado di fare cose meravigliose e straordinarie. Ma non è certo il nostro caso. Vite eccitanti, diverse, sono inusuali ed uniche. Quelle superficiali, noiose e mundane, le superano di gran lunga. È l'equivalente della vita reale. Ci sono di gran lunga più persone comuni che passano la vita nella monotonia quotidiana, che persone in grado di fare i titoli dei giornali.

Le regressioni che ho eseguito sono piene di casi del genere. Soldati che non sono mai andati in guerra o nativi americani che vissero vite pacifiche senza mai combattere l'uomo bianco. Agricoltori e coloni che non conobbero nulla, se non lavoro straziante, dolore ed infelicità. Alcuni non fecero altro che allevare i loro animali, aumentare i raccolti e alla fine morire stanchi prima del tempo. L'evento più emozionante della loro vita poteva essere un matrimonio, la nascita di un figlio, un viaggio in città o un funerale. La maggior parte delle persone che vivono oggi fanno parte di una categoria simile. No, la cosa più impressionante della maggior parte delle regressioni non sono le gesta e le avventure, ma le emozioni umane reali che sperimentano. Quando una persona si risveglia dalla trance con le lacrime sulle guance dopo aver ricordato un evento che ha avuto luogo più di duecento anni fa, nessuno può dirgli che è fantasia. È come rivivere un evento traumatico della propria infanzia, riesumato assieme a tutte le emozioni represse che risalgono in superficie dopo molti anni. Nessuno può dirti che un tale evento d'infanzia non è accaduto, perché ve lo ricordate consciamente e può essere verificato da altri.

La regressione è simile all'accedere ai ricordi d'infanzia. Li si può mettere al loro posto, si può vedere come hanno influenzato la vita presente e si può cercare di imparare dalle memorie ritrovate.

Una spiegazione per questo fenomeno è la "cryptoamnesia" o "memorie nascoste". Questa è la teoria secondo la quale possiamo leggere, vedere o sentire informazioni anche solo una volta, ed immagazzinarle da qualche parte nella nostra mente. Poi sotto ipnosi, si riportano in superficie comodamente e si tesse una storia con quei contenuti. Per me questa non è una spiegazione sufficiente. Se conserviamo memorie nascoste, allora conserviamo anche tutti gli altri ricordi di ciò che è successo nella nostra intera vita. Questo è un fatto. Ma il soggetto sonnambulo si dimentica completamente di tutto ciò che non riguarda il periodo di tempo che sta rivivendo. Vi sono numerosi esempi di ciò in questo libro. Molte volte i soggetti non sanno di che oggetti io stia parlando, perché non esistevano al tempo in cui si trovano. Oppure, se uso una parola o una frase che non capiscono. È spesso difficile cercare di spiegare cose che conosciamo bene in termini semplici. Provateci qualche volta. Se il soggetto stesse usando le sue memorie nascoste, allora perché si sarebbe dimenticato queste cose moderne? Perchè sono parte della memoria della personalità presente.

Un'altra teoria è che il paziente giochi come dire, 'sul sicuro', discutendo solo di un periodo di tempo o di un paese di cui ha una certa conoscenza. Ho confutato questa teoria molte volte. È abbastanza comune per un paziente parlare di una vita in una cultura a lui totalmente sconosciuta. Spesso non sanno nemmeno dove sono, niente gli è familiare. La loro eccellente descrizione del paesaggio, delle abitudini o delle convinzioni locali possono successivamente essere confermate attraverso la ricerca. Questo è successo molte volte con il paziente principale di questo libro. È difficile chiamarlo 'giocare sul sicuro' quando si descrive una vita di duemila anni fa in un paese dall'altra parte del mondo. Eppure, la sua estrema precisione è stupefacente. La ricerca dimostra che le sue descrizioni sono fuori dal comune. E questa è solo una delle vite che ha portato a galla durante il nostro lavoro.

Dato che sono una scrittrice dalla curiosità insaziabile, sono rimasta coinvolta in questo progetto di ricerca, con un movente. Volevo regredire il maggior numero di volontari possibile e compilare le informazioni raccolte in libri che descrivessero diversi periodi della storia. Ho avuto molte persone che regredirono agli stessi periodi di tempo. Sono stata in grado di verificare le rispettive storie, e le relative informazione circa le condizioni di vita dell'epoca. Questo progetto può ancora diventare realtà.

Ma quando ho incontrato Katherine Harris (uno pseudonimo), ho realizzato che il mio lavoro con lei avrebbe sostituito i precedenti piani e che sarebbe diventano un libro a sè stante. Le informazioni che provenivano dalla sua mente subconscia erano uniche e ho ritenuto che fossero molto importanti.

Capitolo 2
Il Paziente

Chi era Katherine Harris e come hanno fatto le nostre vite ad incrociarsi? Al tempo del nostro incontro non avevo idea di quello che il destino aveva in serbo per noi. Non avrei potuto immaginare che stavamo per intraprendere un viaggio che sarebbe durato un anno e che ci avrebbe portate indietro nel tempo al periodo di Cristo. Credo che questi incontri non siano mai casuali.

Ero ad una festa, organizzata da un gruppo di persone interessate alla metafisica e a fenomeni psichici. Alla festa c'erano molte persone con cui avevo già praticato la regressione ipnotica, ma c'erano anche molti estranei. Katherine, curiosa e interessata, era lì con un amico. Nel corso della serata si era avvicinata al mio lavoro ed era tra i molti volontari che volevano un appuntamento. C'è un maggiore interesse in questo campo di quanto si creda. Spesso c'è un motivo vero e proprio per volere una regressione, come la ricerca di relazioni karmiche o per liberarsi di una fobia, ma nella maggior parte dei casi c'è solo molta curiosità. Katherine si era offerta volontaria, così le diedi un appuntamento.

Katherine, o Katie come la chiamavano i suoi amici, aveva solo 22 anni quando l'ho incontrata quel fatidico giorno. Era bassina e abbastanza formosa per la sua età, con capelli biondi corti, gli occhi scintillanti che sembrava vedessero sotto la superficie. La sua personalità si irradiava da ogni poro della sua pelle. Sembrava così felice, viva e così interessata alle persone. Avrei successivamente scoperto, grazie al lavoro che abbiamo portato avanti insieme che spesso si trattava di una facciata per coprire la sua timidezza e insicurezza di fondo. Era un cancro, e le persone nate sotto questo segno zodiacale di solito non sono molto gregarie. Ma aveva una sincerità genuina. Aveva veramente a cuore le persone e spesso faceva di tutto per aiutarle. Possedeva un'innata saggezza che smentiva la sua vera età. Quando a volte alcuni segni di immaturità si mostravano, sembravano proprio fuori luogo. Dovevo continuare a ricordarmi che aveva solo ventidue anni, la stessa età di mio figlio. Eppure non sembravano affatto simili.

A me appariva come un'anima anziana in un corpo ingannevolmente giovane. A volte mi chiedevo se qualcun'altro avesse la mia stessa impressione.

Katherine naque a Los Angeles nel 1960 da genitori il cui lavoro richiedeva molti viaggi e spostamenti frequenti. Erano membri della Chiesa dell'Assemblea di Dio, quindi il passato religioso di Katie certamente non avrebbe incoraggiato pensieri ed ideologie di reincarnazione e di ipnosi. Diceva di sentirsi sempre fuori luogo durante le funzioni in chiesa. Gran parte del rumore e dei drammi che osservava in chiesa le facevano paura.

Da bambina spesso sentiva il bisogno di farsi il segno della croce alla maniera dei Cattolici. Le sembrava una cosa perfettamente normale da fare. Ma dopo essere stata severamente rimproverata da sua madre, pensò fosse meglio non farlo più in pubblico. I suoi genitori la consideravano la pecora nera della famiglia. Non riuscivano a comprendere la sua riluttanza ad essere come loro. È stato per lo più per paura della reazione che avrebbero potuto avere i suoi genitori, che mi richiese di rimanere anonima in questo libro. Sapeva che non avrebbero mai capito, anche se per lei l'idea di avere molte vite era un concetto facile da afferrare. Non voleva rischiare di sconvolgere la sua vita privata. Ho accettato di rispettare la sua richiesta e ho mantenuto segreta la sua identità.

I frequenti traslochi della sua famiglia in molti stati degli USA erano finalmente culminati in Texas quando Katie aveva sedici anni. Si era trasferita due volte durante il suo secondo anno alle medie, e ora di nuovo all'inizio del suo primo anno di liceo. Era stanca di doversi continuamente adattare a nuove scuole, a diversi metodi di insegna-mento e ad amicizie temporanee. Aveva abbandonato la scuola all'inizio del suo primo anno di liceo. Due anni di scuola superiore, erano il totale educativo che aveva alle spalle. Ciò si rivelò una risorsa per questa ricerca. Infatti siamo assolutamente sicuri che le cose di cui parlava sotto ipnosi non potevano provenire dalla sua educazione. Comunque sia, non conosco alcuna scuola che insegni queste nozioni. Non insegnano più nemmeno la geografia come facevano una volta.

Katie è una ragazza estremamente intelligente, ma la sua conoscenza non proviene dai libri. Una volta fuori da scuola e con apparente libertà, scoprì di non riuscire a trovare lavoro facilmente vista la mancanza di istruzione o di esperienza. Dopo un anno di lavori umili e deludenti, decise a diciassette anni di passare un test GED (test equivalente di scuola superiore) e di iscriversi all'Air Force per ottenere una formazione di lavoro. Trascorse due anni nell'Air Force e si specializzò in informatica. Un altro dettaglio importante per il nostro lavoro è che non aveva mai viaggiato fuori dagli Stati Uniti durante il suo periodo con l'Air Force. Tuttavia durante una trance profonda descrisse molte località straniere con minuzia di particolari. Quando lasciò l'aeronautica, Katie e la sua famiglia si trasferirono nuovamente e si stabilirono nella città in cui l'ho incontrata. Ora sta usando le sue esperienze informatiche lavorando in un ufficio. Sembra felice ed ha una vita privata normale. Durante il poco tempo libero si dedica alla narrativa romantica e fantascientifica, così in voga oggi giorno. L'idea di ricercare in biblioteca le informazioni essenziali contenute in queste sue regressioni, non le interessa minimamente.

Fin dalla prima seduta avevo capito che non era un soggetto qualunque. Andava in profondità rapidamente, sperimentava sensazioni sensoriali come il gusto e l'olfatto, aveva emozioni chiare e non ricordava nulla al risveglio. Aveva sempre pensato che non avrebbe avuto difficoltà ad entrare in trance, ma era anche sorpresa per la facilità con cui lo faceva.

Sapevo di aver trovato il soggetto sonnambulo perfetto. Dal momento che questo è il tipo di paziente più facile con cui lavorare, volevo avere più sessioni possibile, se lei fosse stata d'accordo. Era piuttosto curiosa e aveva accettato di proseguire purché i suoi genitori non sapessero nulla. Speravo che non ci sarebbero stati problemi a proposito, alla fine era maggiorenne e poteva prendere decisioni per se stessa. Mi confessò che continuava ad avere ricordi che sembravano essere fuori luogo. Pensava che le risposte potevano trovarsi nella reincarnazione e voleva scoprirlo.

Quando divenne chiaro che sarei stata in grado di ottenere molte informazioni preziose da questa ragazza, cominciammo a incontrarci regolarmente, una volta alla settimana. Dato che io vivo in una zona isolata, decidemmo di incontrarci a casa di Harriet, un'amica che viveva in città ed era facilmente accessibile per entrambe. Harriet è una collega ipnoterapista. Non aveva mai lavorato con un sonnambulo ed era interessata al mio lavoro con Katie. Era impaziente di vedere cosa sarebbe successo. Ero contenta di avere Harriet come testimone. Successivamente anche altri colleghi presenziarono durante le sessioni. Era abbastanza difficile credere a quello che stava accadendo. Avevamo bisogno del maggior numero possibile di testimoni per evitare il rischio di critiche insensate e accuse di una bufala. Dopo le prime due sessioni, le diedi una parola chiave grazie alla quale riusciva ad entrare immediatamente in trance profonda. Il processo divenne molto più veloce e consentiva di risparmiare tempo durante l'induzione preliminare. Non avevamo alcuna idea di dove questo esperimento ci avrebbe portato e così iniziò la nostra avventura.

Un viaggio che ci avrebbe portate in luoghi e presso individui che non avremmo potuto immaginare nemmeno nei nostri sogni più reconditi. Divenne un vero e proprio viaggio nel tempo e nello spazio. In principio non le dissi mai di andare in alcun determinato luogo o periodo di tempo. Le permisi semplicemente di far uscire le informazioni spontaneamente. Dopo un mese decisi di diventare più sistematica e cercare di dirigere le regressioni in ordine cronologico. Ho cominciato andando indietro nel tempo 100 anni alla volta per scoprire quante vite avesse vissuto, ma è del tutto possibile che ne abbia persa qualcuna lungo la strada. Molte volte, fatti oscuri venivano a galla e potevano essere verificati solo attraverso una ricerca diligente. Abbiamo anche incontrato l'affascinante regno dello spirito, dove abbiamo ottenuto informazioni su ciò che accade dopo che l'anima lascia il corpo ed entra nel cosiddetto stato di 'mortÈ. Gran parte di queste informazione sono esposte in un altro libro: "Conversazioni con uno spirito."

Ogni settimana cercavo di tornare indietro almeno di un'altra vita. Pensavo che se ce n'era qualcuna particolarmente interessante avremmo potuto tornare più tardi e fare altre domande. Questo era il metodo che utilizzai in: "Cinque vite ricordate", ma il soggetto di quel libro aveva rivissuto solo cinque vite. Era stato molto più facile.

Mentre riportavo Katie lentamente indietro nel tempo, avevamo rivelato ventisei vite separate prima di arrivare all'inizio dell'era Cristiana. Tutte quelle vite sembravano quasi equamente divise tra uomini e donne, ricchi e poveri, intelligenti e stupidi. Ognuna traboccava di dettagli circa il dogma religioso e le abitudini culturali di quel periodo. Sono sicura che nemmeno un professore di storia o antropologia riuscirebbe a descrivere gli incredibili dettagli che lei ci stava fornendo. No, questa conoscenza proveniva da altrove.

Preferisco credere che in realtà lei abbia vissuto tutte quelle vite e la conoscenza accumulata sia rimasta nascosta negli infiniti campi di memoria di quel computer chiamato "il subconscio". Basta solo premere i tasti giusti per dare alla mente i segnali necessari a far riaffiorare e rivivere le esperienze passate. Non abbiamo idea di quante altre vite si trovano nascoste al nostro interno, in attesa di riaffiorare ancora una volta. Le storie di queste altre vite saranno narrate in un altro libro. Sarebbe un'ingiustizia, cercare di comprimerle in un libro solo. Ci sono troppe informazioni.

Quando mi resi conto che c'era la possibilità di ricevere informazioni sulla vita di Cristo attraverso l'entità con cui stavamo comunicando, decisi che era fondamentale restare in quel periodo di tempo e vedere cosa sarebbe emerso. Non avevo idea di dove l'esperimento ci avrebbe portato o se fosse venuto alla luce qualcosa di alcun valore. Alla minima possibilità di trovare qualche informazione valida, smisi di regredirla nel tempo e continuai a farla tornare alla vita di Suddi, uno degli Esseni insegnante di Gesu', per avere maggiori informazioni. Siamo rimaste con Suddi per tredici sessioni, in un arco di tre mesi.

Se avessi incontrato questa vita per prima durante il mio lavoro con Katie, avrei subito scartato il tutto come fantasia e avrei smesso di incontrarla. Automaticamente, tutti pensano che se qualcuno parla di aver conosciuto Gesù, sicuramente si stanno inventando tutto. Ma queste informazioni vennero a galla solo dopo il nono mese di regressioni insieme a Katie. A quel punto sapevo che le informazioni ricevute erano affidabili. Conoscevo le sue enormi capacità di ricordare le vite passate in grande dettaglio. Avevamo stabilito un forte legame di fiducia durante quel periodo. Credo che questa sia l'unica ragione che ci abbia permesso di raccogliere queste informazioni. Ci volle molta pazienza per continuare a lavorare con lo stesso paziente e andare sistematicamente indietro nel passato. Ma se mi fossi fermata troppo presto, questa storia non sarebbe mai stata scritta.

Eppure anche nella mia certezza, ero ancora riluttante a condividere con qualcuno che avevo scoperto uno dei maestri Esseni di Gesù. Ero sicura che avrei ricevuto sorrisini di incredulità e commenti sprezzanti, come: "Ah si, ma davvero? Raccontamene un'altra!" come se li ritenessi abbastanza sciocchi da bersi qualsiasi cosa. Posso capirlo. Sono sicura che sarei stata scettica anch'io, se avessi sentito questa storia da qualcun altro. Ma ￢￢￢io non potevo non crederci. Non c'era altro modo per spiegare cosa stava succedendo. Non c'era alcuna possibilità che stesse inventando tutto; parlava da una trance ipnotica così profonda che lo rendeva impossibile.

Le informazioni che raccolsi richiesero una ricerca rigorosa, nonchè discussioni con diversi esperti sull'argomento. Eppure lei non sapeva in nessuna occasione dove saremmo andati o quello che le avrei chiesto. Le sue risposte erano spontanee e naturali. Nei primi giorni del nostro lavoro, voleva sentire le registrazioni delle regressioni. Successivamente, iniziò a mostrare meno interesse e a chiedere semplicemente: "Beh, dove siamo andati oggi?" Non le importava ascoltare la sessione. Spesso rimaneva stupita perché sapeva ben poco a riguardo del tempo o del luogo che avevamo visitato.

Dopo che il materiale su Gesù cominciò a venire alla luce, incominciò a preoccuparsi. Forse era il suo passato religioso che la rendeva ansiosa. Soprattutto, comiciò a preoccuparsi quando iniziò a dire cose che erano controverse e contraddittorie rispetto alla Bibbia. Diceva che non le sembrava possibile che queste informazioni provenissero da lei. Era tutto troppo straordinario. Questa vita la disturbava più di tutte le altre che avevamo rivissuto. Qualunque fosse la ragione, a quel punto decise di non voler avere più nessuna sessione. In ogni caso si stava già preparando a trasferirsi altrove. La sua azienda voleva trasferirla ad un'altra filiale con una promozione e uno stipendio migliore. Inoltre riteneva che un anno di sperimentazione sulle regressioni era più che sufficiente e che era ora di smettere.

Sapevo già che lei doveva seguire la sua vita ovunque l'avrebbe condotta. Tuttavia mi sarebbe piaciuto avere qualche altra sessione a disposizione. Stavo facendo ricerca a quel tempo e volevo risposte concrete ai dubbi che avevo. Ma ho pensato: "Sarei mai riuscita a rispondere a tutte le mie domande?" E anche se ci fossi riuscita ci sarebbero sempre le domande che avrebbe sollevato qualcun altro. Probabilmente non saremo mai in grado di rispondere a tutte le domande, a concludere con certezza il libro relativo a quella vita e a considerarla totalmente risolta. Penso di aver coperto un'ampia gamma di argomenti relativi alle condizioni di vita, gli usi, i costumi e le conoscenze che caratterizzavano gli Esseni.

Capitolo 3
L'Incontro con Suddi

Tenevo sotto controllo i vari secoli, mentre retrocedevamo lentamente nel tempo. Avevo elencate tutte le sue diverse vite in un'agenda. Era l'unico modo per tenerle in ordine. Lei non era mai insicura su chi e dove fosse, ma io ero spesso confusa, quindi l'agenda per me era essenziale. Continuavo a farvi riferimento. È difficile descrivere questo fenomeno a parole. Tutte le personalità che riviveva erano estremamente reali, con emozioni, espressioni facciali e movimenti del corpo che erano caratteristici di ogni individuo. Mi ero abituata così tanto a questi diversi individui che, ben presto, ero in grado di riconoscerli, prima ancora che dicessero i loro nomi.

Nelle ultime settimane, la incontrai come il medico di Alessandria che discuteva i farmaci e i metodi di chirurgia utilizzati nel 400 AC. Nel 300 AC, si era incarnata in un monaco vestito di giallo che viveva sull'altipiano del Tibet e discuteva la filosofia buddista. Poi arrivò la sorpresa di incontrare una giovane sordomuta vissuta intorno al 200 AC. Normalmente avrei diretto Katie indietro di un altro centinaio d'anni. Ma in questo caso le mie istruzioni dovevano essere formulate in modo diverso, dal momento che non riusciva a comunicare molto bene, non eravamo certi del periodo di tempo in cui era vissuta.

Tutte queste personalità avevano spesso forti accenti che rendevano difficile la trascrizione. Avevo notato che c'era uno standard nel modo in cui le diverse entità parlavano inglese. Era come se stessero mentalmente traducendo da una lingua all'altra. Quando ciò accadeva, l'ordine delle parole nella frase veniva stravolto. Ciò che suonava come un errore grammaticale era solo un altro esempio di questa difficoltà di tradurre da una lingua all'altra. Mi diede l'impressione che l'entità (l'essere con cui eravamo in contatto) non fosse in grado di parlare inglese e stesse cercando di trovare le parole giuste da qualche parte nel cervello di Katie, come in una banca dati. Il risultato erano grossolani errori grammaticali nella struttura della frase o nell'ordine delle parole che Katie non avrebbe mai fatto nel suo stato di veglia. Credo che questo sia solo un altro piccolo punto a favore della teoria della reincarnazione. Infatti la sua mente cosciente non avrebbe mai fatto questi errori.

Ho avuto l'opportunità di conoscere abbastanza bene l'entità chiamata "Suddi" e alla fine riuscivo a comprendere il suo forte accento senza difficoltà. Inoltre anche il suo timbro di voce cambiò con l'età. Era giovane e vivace da bambino, poi via via più maturo fino a quando parlava con una voce molto stanca durante la vecchiaia. La differenza di sessi può presentare un problema nella narrazione di questa storia. Katie è una giovane che rivive la storia di un uomo. Sarebbe fonte di confusione continuare a saltare da un pronome all'altro: da "lui" a "lei" e viceversa. Penso che la soluzione potrebbe essere quella di chiamare Suddi "lui" e solo fare riferimento a "lei", quando ci si riferisce al corpo fisico di Katie. Inoltre, nella maggior parte dei casi, durante un dialogo, Suddi è preceduto dalla lettera "S:", mentre quando si parla dell'anima di Katie dopo la morte di Suddi, la lettera "K:" precede il dialogo. Io Dolores sono la lettera "D:".

Voglio che il lettore incontri Suddi proprio come l'ho incontrato io.

Dolores: *continuiamo a tornare indietro nel tempo, ad un periodo precedente a questa ragazza che non poteva sentire e non poteva parlare. Conterò fino a tre e poi saremo lì. 1,2,3, siamo tornati indietro nel tempo.*

Non avevo alcuna idea del periodo di tempo in cui eravamo saltate, doveva essere prima del 200AC. La personalità che emerse era di un uomo. Era in cammino verso Nazareth per vedere suo cugino. La sua voce aveva un forte accento ed era difficile capirlo. La sua pronuncia della parola Nazareth era così diversa che non l'ho riconosciuta, fino a quando non ho riascoltato la registrazione con attenzione. Suonava come "Nathareth" detto in fretta. Diceva che si trovava in "Galilai". Anche in questo caso pronunciò la parola diversamente da come ero abituato a sentirla. Disse "Galilai".

Questi nomi mi divennero chiari solo dopo l'ascolto della registrazione. Quindi, al momento, non ero sicura dove Katie si trovasse. Proseguii sperando che il nastro avesse registrato quei nomi.

Non c'è davvero niente di insolito in un paziente che descrive una vita passata in Israele. È successo molte volte. Ho regredito parecchie persone che vissero in Israele durante l'occupazione romana, ma nessuno fece mai alcun riferimento a Gesù. La menzione di un luogo non dà alcun indizio per comprendere le circostanze della vita di quell'individuo. Quando incontro una nuova personalità, ho certe domande di routine che chiedo sempre, fino a quando riesco a stabilire il luogo e la cultura. Quando so dove siamo, allora posso fare domande più specifiche.

Chiesi il suo nome. Suddi:"Sono Benzahmare."

Sembrava qualcosa di simile a 'Benjamin' allora gli ho chiesto se quello era il nome. Ma lui ripete "Benzahmare" con l'accento sull'ultima sillaba. Disse che l'altro nome non viene utilizzato, a meno che non sei un individuo importante. Gli chiesi come dovevo chiamarlo e mi diede il permesso di chiamarlo 'Suddi', che era un soprannome. La pronuncia suonava come Saudi o Saddi, con l'accento sull'ultima sillaba. (Userò Suddi in tutto il libro dal momento che è più facile di Benzahmare).

Molte volte in queste antiche culture le persone non sanno quanti anni hanno, o utilizzano una diversa terminologia di conteggio. Ma, lui disse

S: "Ho 30 anni".

D: *"Sei sposato?"*

S: "No. Non è parte della mia vita. Ci sono coloro che non desiderano altro che una famiglia. E ci sono quelli che hanno così tante cose da completare nella loro vita, che avere una moglie e magari dei figli avrebbe portato loro dolore. Pertanto aspettarsi che riescano a condividere è crudele.

D: *"Questo è il motivo per cui non vuoi sposarti?"*

S: *"Non ho detto di non volerlo. Ho solo detto che probabilmente io non lo farò."*

Diceva che di solito viveva sulle colline. C'era una comunità là, a circa due giorni di viaggio. Quando gli chiesi il nome della comunità, una domanda piuttosto normale, il suo tono cambiò immediatamente. Normalmente Katie avrebbe risposto alla domanda senza esitazione. Ma Suddi improvvisamente mostrò diffidenza e chiese bruscamente:"Perché vuoi saperlo?" Era insolito e non riuscii a capire quella reazione. Spiegai che ero solo curiosa. Infine, dopo molte esitazioni disse che era chiamata Qumran, che si pronuncia come: Kum-a-ran. In quel momento questo nome non aveva nessun significato per me, e così ripresi a fargli domande. Domandai qual'era la sua occupazione.

S: *"Io studio i libri della Torah, del diritto, e della legge ebraica."*

Anche questo non significava nulla per me. Da protestante non conoscevo la Torah e ho pensato che volesse dire diritto, come il diritto legale che viene utilizzato nei tribunali. Nei mesi successivi, ricevetti molte informazioni. Scoprii che la Torah era il libro religioso ebraico, e la legge faceva riferimento ai comandamenti di Mosè, che definiscono la vita del popolo ebraico. Gli chiesi se era ciò che alcuni chiamano un 'rabbi'. Pensavo di trovarmi difronte ad un ebreo erudito e sapevo che un rabbino poteva avere a che fare con la religione e eventualmente anche l'educazione. Noi (le persone coinvolte in questo esperimento) abbiamo avuto pochi contatti con il popolo ebraico, non sapevamo quasi nulla della religione ebraica e non eravamo mai entrate in una sinagoga. Lui rispose che non era un insegnante, solo uno studente. Così dedussi che rabbi significa insegnante. Quando stavo lavorando con Katie spesso mi sentivo molto ignorante, perché non conoscevo i concetti fondamentali di quell'epoca. Ma la verità è che non so mai dove andrò a finire e non possono essere preparata per ogni epoca. Quindi devo arrangiarmi con la mia conoscenza limitata oppure andare ad intuito facendo domande. Gli sciettici pensano che indirizzano il paziente verso un certo periodo di tempo con le mie domande. In realtà, non ho modo di sapere cosa succederà e spesso procedo "a naso".

D: Che cosa hai intenzione di fare alla fine della tua educazione?
S: Andare fuori tra la gente e condividere con loro ciò che ho imparato.
D: Ci vuole molto tempo per diventare un insegnante?
S: Per alcuni tutta la vita. Per altri il sentiero comincia presto. Non riesco a ricordare un momento in cui non stavo studiando.
D: Sono i rabbini quelli che ti insegnano?
S: Parli di rabbini. Credo che intendi nel senso del rabbino di villaggio? Ho i miei maestri che mi insegnano. Non ricevo alcuna educazione dai rabbini del villaggio.
D: Chi sono i tuoi maestri?

Con questa domanda, volevo sapere quale fosse la religione o il tipo di scuola con cui erano affiliati. Ma lui pensava che io intendessi i loro nomi.

S: C'è Bendavid, che è l'insegnante di matematica. C'è Mechalava, che è il maestro dei misteri. C'è il maestro della Torah, che è Zahmare, mio padre.

Lui (attraverso il volto di Katie) sorrise alla menzione del padre e io conclusi che ci doveva essere affetto tra i due.

S: E il mio maestro di giustizia è (un nome lungo qui che non ho potuto trascrivere). Lei insegna le cose che sono state tramandate, tutte le leggi della verità e delle cose che sono protette. C'è Judith Beseziher. (Fonetica, difficile da capire.) Le cose che mi ha insegnato sono le profezie delle stelle e la conoscenza dei loro sentieri (astrologia). Si dice che quando parla tutti la ascoltano. È molto vecchia. Forse settanta o più. Non sono sicuro. Ha molta conoscenza in altre materie, questa è solo una delle tante.

D: *Tutti i ragazzi devono forse studiare queste cose, durante la loro vita?*

S: C'è un tempo nella vita di ogni giovane ebreo quando deve studiare il diritto e la Torah, ma è di solito dopo il Barmitzvah. Ma se desideri diventare un maestro o un insegnante, bisogna essere sempre pronti e aperti ad imparare nuove lezioni.

D: *Ricevi la tua istruzione anche da altri luogi?*

S: Vuoi dire, se la conoscenza proviene da lontano? Sì, questo sì. Ma i miei insegnanti, vivono con noi. Quando mio padre era giovane, viaggiò in molti luoghi a noi noti e studiò molte cose che cerca di insegnarmi.

D: *È questa l'usanza secondo cui un giovane va in terre straniere per imparare dagli altri?*

S: Sì. È così anche per noi. È un dovere tramandare la conoscenza. È un grande peccato, non condividere con coloro che hanno sete.

Suddi non aveva ancora viaggiato verso altri paesi alla ricerca della conoscenza, ma pensava che probabilmente sarebbe stato abbastanza fortunato da riuscirci.

D: *Come deciderai quando è il momento giusto?*

S: Ci sarà un segno chiaro. Che è tempo del suo arrivo e che dobbiamo andare. Mio padre dice che sarà scritto nelle stelle e che lo sapremo.

Non compresi cosa volesse dire, così gli chiesi chi stava arrivando. Rispose come se stessimo parlando di un dato di fatto: "Il Messia. Il tempo è noto a pochi."
Non avevo la minima idea di come gestire questa affermazione.

29

D: Non è forse scritto che il Messia è già venuto?

Non ero sicura del periodo in cui eravamo, ma sapevo che gli Ebrei non hanno mai riconosciuto l'arrivo del Messia. Infatti lo stanno ancora cercando. Pensavo che Suddi fosse probabilmente un uomo ebreo che visse qualche tempo dopo la nascita di Cristo. C'era sempre la possibilità di ottenere qualche informazioni circa Gesù Cristo. Sicuramente un uomo dotto avrebbe potuto conoscere la storia del suo tempo.

S: No, lui non è ancora venuto, perchè i cieli non l'hanno annunciato. Si dice che dai quattro angoli le stelle saliranno insieme e che quando si incontreranno, sarà il momento della sua nascita.

D: *Ma si dice che lui sia già venuto. Avete sentito nulla a proposito?*

S: No, lui non è ancora arrivato. Fin dalle origini della religione ebraica ci sono state voci di falsi profeti e falsi messia. Ma lui non è qui.

D: *Il tuo popolo ha mai sentito parlare di un uomo chiamato Gesù? Alcune persone hanno detto che era il Messia. Dicono che abbia vissuto a Nazareth e Betlemme.*

S: Non ho ancora sentito questo nome, è a me sconosciuto. Non c'è nessuno a Nazareth con quel nome, altrimenti io lo conoscerei.

Questa volta, quando ha citato Nazareth mi ha fatto capire che potrebbe essere nella zona vicino alla Terra Santa. Ho chiesto se Betlemme era vicina e lui confermò che lo era.

D: *Ho anche sentito parlare della Giudea. È lì vicino?*

S: (Piuttosto spazientito) È qui!

Sapeva sempre dove si trovava, anche se io ero spesso confusa. Ora che il paese e la località erano sicuri cercai di comprendere la data.

D: *Chi è l'attuale sovrano della tua terra?*

S: Re Erode.

Sapevo che secondo la Bibbia c'era più di un re Erode. Uno che regnava al tempo della nascita di Gesù e un altro al momento della sua morte. Per quanto ne sapevo ce ne potevano essere altri.

D: *Ho sentito che ci sono stati molti re Erode. Non è vero?*

S: (Sembrava confuso.) Questo è... Erode il primo. Non ce ne erano altri. È padre di Antipa e Filippo, ma lui è Erode.

Provai un brivido d'anticipazione. Forse Gesù non era ancora nato.

D: Cosa ne pensi di re Erode?
S: Lui è molto succube dei Romani. Questo non è bene. Purtroppo è un libertino assetato di sangue.

La sua emotività mi sorprese.

D:"Oh?!" Ho sentito molte storie, alcune buone e altre cattive.
S:"Oh, no! Non se fai queste domande. Ovviamente non sai nulla di Erode. Non ho mai sentito nulla di buono di Erode.
D: Erode vive forse a Gerusalemme?
S: A volte. Ha molte residenze in tutto il regno. A volte risiede a Gerusalemme per recarsi in altre zone.
D: L'hai mai visto?
S: No! Non ho alcun desiderio di vederlo.

Era molto evidente che non amava Erode, e che non gli piaceva parlare di lui. Mi stavo ancora chiedendo in che periodo di tempo ci trovassimo. Era difficile comprendere in che anno fossimo in quanto il nostro calendario si fonda sulla nascita di Cristo. Tuttavia ero sicura che all'epoca avevano qualche altro metodo per misurare il tempo e gli anni.

S: Ci sono dodici mesi per ciascuna delle dodici tribù. L'anno è il... (sembrava gli fosse difficile trovare una risposta). Gli anni sono contati in base agli anni del re. Non sono sicuro... Ma penso che sia circa... Il ventesimo anno del suo regno.

Per qualche ragione che nemmeno lei riusciva a spiegare, Harriet era ossessionata dal desiderio di conoscere il gruppo noto come gli Esseni. Continuava a dirmi: "Spero tanto che tu ti posssa sbrigare così possiamo arrivare subito agli Esseni". Successivamente mi disse che intuitivamente sapeva che qualcosa d'importante ci stava aspettando in quel periodo. Quando mi diceva così le rispondevo che non sapevo nemmeno in che periodo avessero vissuto. Lei era certa che fosse durante la vita di Cristo. Quindi con certezza le ripetevo: "Beh, stiamo andando in quella direzione" e con sua grande frustrazione continuavo la mia faticosa, metodica ricerca, saltando indietro di cinquanta e cento anni alla volta. Ogni vita separata, aveva una buona dose di sorprese e di conoscenze storiche, e non avevo alcuna fretta di accelerare la procedura che si era dimostrata così efficace. Ora era ovvio che ci trovavamo nel periodo corretto. Harriet prese la palla al balzo e chiese: "Hai mai sentito parlare di un gruppo conosciuta come gli Esseni?"

Suddi ci sorprese rispondendo "Sì. Perché mi chiedi di costoro?

Euforica, Harriet rispose: "Mi chiedevo solo se tu sapessi nulla di loro. Se seguono i tuoi insegnamenti ". Suddi rispose: "Sono i miei maestri".

Questa era una sorpresa che ci diede la speranza di una svolta monumentale nel comprendere qualcosa in più su questo gruppo sconosciuto. "Oh?!"

Harriet: "Li abbiamo cercati a lungo".
S: Non hanno alcun desiderio di essere trovati. A meno che non lo vogliano, non sarete in grado di trovarli.

Ci aveva appena confermato di essere un membro del gruppo. Mi chiedevo se questa segretezza avrebbe creato difficoltà nel raccogliere informazioni su di loro.

D: Ho sentito dire che gli Esseni sono un'organizzazione segreta. O mi sbaglio?
S: Siamo profondamente temuti da coloro che sono al potere, perché abbiamo studiato i misteri che altri sono solo stati in grado di accennare. E temono che se otteniamo troppo potere e conoscenza, loro perderanno la loro posizione di privilegio.
H: In cosa differiscono dalla comunità ebraica regolare?
S: C'è più stretta aderenza alle leggi. Più aderenza, per l'ebreo medio, significa che alla fine del sabato lascia la sinagoga e non ricorda l'insegnamento fino all'inizio del sabato successivo. Per noi, la legge e la Torah sono tutto. Non possiamo dimenticare che è per questo che viviamo. Trascorriamo molto tempo sulla definizione delle profezie. E sappiamo che questo è il tempo in cui raggiungeranno il culmine. Ed è nostra responsabilità preparare gli altri per questo tempo, e mostrare la strada.

Restammo sorprese quando ci disse che sia donne che uomini erano membri della loro setta. Erano insegnanti e studenti. Questo fu sorprendente perché le donne della comunità ebraica media, a quel tempo, non godevano la parità dei sessi con gli uomini. Suddi confermò la nostra sorpresa dicendo che: "Nella maggior parte delle sinagoghe le donne non sono nemmeno ammesse. Hanno la terrazza delle donne." Mi sono chiesta perché le donne avessero questo privilegio tra gli Esseni.

S: Si dice che uno lontano dall'altra non è completo. Così ogni conoscenza deve essere condivisa, in modo che non possa mai essere perduta. Ho conosciuto donne che hanno più cervello di un rabbino medio.

Questa affermazione ci sorprese e ci divertì. Ma divenne sospettoso di nuovo, quando gli chiesi quanto era grande la comunità. E chiese cautamente, "Perché vuoi saperlo?" Dovetti prender tempo e pensare ad una risposta che lui non avrebbe considerato inquisitoria. Sono solo interessata alla dimensione della comunità per le condizioni di vita. Pensavo che se fosse molto grande, sarebbe difficile provvedere cibo e abitazioni per tutti". Suddi rilassato, ci disse che il numero non era noto con certezza.

D: *C'è forse qualche dissenso tra gli insegnamenti esseni e gli insegnanti ebrei della zona?*
S: Sì, ci chiamano pazzi, perché siamo convinti che il tempo è vicino. Hanno rinunciato alla speranza della venuta del Messia. (Lui era accigliato e sembrava profondamente a disagio). Sono curioso di sapere perché desiderate questa conoscenza? Io preferirei non rispondere più ad alcuna domanda. Ci sono molti che possono trovare la nostra comunità e che vogliono vederla distrutta.

Non sapevo che gli Esseni avessero nemici in quel periodo.

D: *Hai detto che stavi per andare dai tuoi cugini. Se il tuo popolo ha dei nemici, non hai paura che qualcuno ti troverà, mentre sei fuori in viaggio?*
S: Non sanno chi sono. Per loro io sono solo un viaggiatore. Non ho la pelle blu. (Ridendo) Possiamo riconoscerci tra di noi in diversi modi, ma gli altri non sono in grado di distinguerci.

*D: Dato che avevo sentito dire che gli Esseni erano un ordine
religioso segreto che viveva in solitudine come monaci in un
monastero, gli ho chiesto se ci fosse un nome per la loro religione.*
S: Non ha un nome, siamo conosciuti come gli Esseni. Ma come dice
mio padre, questa è una scuola di pensiero, non una religione.
(Aveva difficoltà con quella parola.) Noi crediamo in Dio, il
Padre.
D: Hai un nome per Dio nella tua lingua?
S: Yahweh. Vuol dire... 'Senza nomÈ, perchè Dio è colui senza nome.
Lui non ha un nome che l'uomo conosca. Sono noti anche come
Elorhim e Elori. Fondamentalmente sono la stessa cosa. Parlano
di Dio. Ci sono molti nomi con cui Lo puoi chiamare e Lui saprà
che tu parli di Lui. Questi sono solo alcuni dei nomi. Quando parlo
con Lui, non lo chiamo Yahweh. Lo chiamo Abba, che significa
Padre.

Eravamo riuscite a raggiungere il tempo di Cristo e avevamo
incontrato uno degli Esseni, il gruppo più misterioso e segreto della
storia. Quando ho capito il potenziale di ciò che potevamo scoprire ho
deciso di rimanere in quella vita ad esplorare più approfonditamente
ogni dettaglio. Chi può dirlo? Ci potrebbe anche rivelare qualcosa
della vita di Cristo. E potremmo perfino essere in grado di trovare
alcune informazioni su questo gruppo sconosciuto. Naturalmente,
Suddi stava mostrando segni di sospetto e riluttanza nel rispondere ad
alcune domande, ma ero sicura che questo non sarebbe stato un
ostacolo. Ci sono molti modi di aggirare l'ostacolo nell'ottenere le
risposte desiderate. Eppure, non mi aspettavo quello che sarebbe
successo nei tre mesi successivi. L'incredibile quantità di conoscenza
e di informazioni che si riversò su di noi era come un fiume in piena.
Era così veloce e furioso che, a volte, ci mozzava il fiato. Non ci
aspettavamo di ottenute tutte queste informazioni.

Nei prossimi capitoli ho cercato di raccogliere le informazioni in
base al contenuto. Ciò che leggerete non è una sintesi sistematica. È
stato come completare un puzzle incredibilmente complicato,
prendendo ogni pezzo da una sessione o dall'altra. Ma ritengo che
questo modo di presentare il contenuto offra una più facile lettura.

Ci sono due intenzioni nella stesura di questo libro. La prima è di
presentare le conoscenze accumulate sui costumi e le condizioni di
vita di questo vago, oscuro gruppo conosciuto come gli Esseni. La
seconda è di raccontare la vita di Cristo in questo contesto, come si

era associato a questo gruppo, e come era visto attraverso gli occhi di un insegnante amorevole.

Capitolo 4
Chi erano gli Esseni?

Prima di iniziare queste sessioni, se qualcuno mi avesse chiesto informazioni sugli Esseni e Qumran, avrei detto loro che non ne sapevo nulla. Non ero nemmeno sicura di come pronunciare il loro nome. Gli Esseni per me erano un gruppo misterioso avvolto nel mistero. Come altri, pensavo che fossero un gruppo religioso monastico, che viveva in isolamento in un monastero. Questo era quello che avevo sentito. C'era anche una voce o leggenda che Gesù avesse studiato con loro o che li visitasse. Ma questa idea suonava come tutte le altre leggende su di lui. Leggende secondo le quali avesse visitato altre parti del mondo, durante gli "anni perduti". Quando parlavo con gruppi interessati alla metafisica ricevevo sempre la stessa reazione. I nomi sono in qualche modo vagamente familiari, ma pochi erano in grado di fornire qualche informazione su di loro. Non avrei potuto nemmeno dire dove si trovava Qumran. Anche Harriet ammise di non saper molto a proposito di questo gruppo.

Ricordo l'emozione nei primi anni '50, quando la scoperta dei Rotoli del Mar Morto divenne pubblica. Erano in qualche modo collegati con gli Esseni e Qumran. Mi chiedevo a volte cosa sia successo ai manoscritti rinvenuti. Dopo la prima ondata di pubblicità, sembrava fossero scomparsi. Come se fossero ritornati dentro le grotte da cui erano stati rinvenuti. Che peccato, si pensava che fossero una prima versione della nostra Bibbia attuale.

Brad Steiger, noto autore ed esperto di studi sulla reincarnazione, suggerisce che regressionisti, impegnati in progetti di verifica dovrebbero ritardare i loro sforzi fino a quando non hanno finito la loro ricerca con il soggetto o il periodo di tempo. Ritiene che attraverso l'ipnosi la consapevolezza del soggetto è fortemente accentuata. C'è sempre la possibilità, anche se remota, che possano raccogliere informazioni dalle menti di tutti coloro, che partecipano alla sessione, attraverso la telepatia o PES (percezioni extra sensoriali).

Credevo che questo fosse un buon consiglio e avrebbe garantito la validità del materiale. Quindi, ad eccezione di guardare le mappe per localizzare Qumran, non ho fatto altra ricerca riguardo al materiale delle sessioni. Dopo tre mesi di lavoro su tutto ciò, ho pensato che avevo sufficienti informazioni e che finalmente potevo iniziare la mia ricerca storica.

Ancora oggi, più di trent'anni dopo gli scavi delle rovine di Qumran, gli Esseni restano un misterioso gruppo segreto. Rimasi delusa nel riconoscere che i libri sugli Esseni erano per lo più ripetizioni gli uni degli altri. Tutti tranne uno erano stati scritti nei primi anni Cinquanta. Ognuno di essi descrive la scoperta dei rotoli e i successivi scavi di Qumran. Ogniuno presentava la traduzione di una delle pergamene che erano state ritrovate intatte. Tutti giunsero alle stesse conclusioni su chi o che cosa la comunità fosse. Gli autori tra di loro si consideravano tutti degli esperti. Avrei potuto leggerne anche uno solo. Mi sono chiesta perché, dopo tutti i notiziari incandescenti sulla "più grande scoperta nella storia dell'umanità" non erano stati scritti libri con la traduzione completa dei rotoli. Era come se una porta fosse stata aperta e immediatamente richiusa.

L'unica eccezione era "The Essene Heritage" scritto da Martin A. Larson e pubblicato nel 1967. Ecco finalmente un nuovo approccio. L'unico che ha avuto il coraggio di ammettere la possibilità di un insabbiamento delle informazioni. Forse ciò che era cominciato ad emergere era troppo da accettare per la chiesa convenzionale. C'erano troppe discrepanze tra i rotoli antichi e la nostra versione moderna della Bibbia. C'erano anche chiare indicazioni che il cristianesimo non fosse nato in piena regola con Gesù, ma avesse avuto il suo inizio nei costumi e nelle credenze degli Esseni. Larson suggerisce che tutto ciò non era tollerabile dalla Chiesa. Il clero moderno forse riteneva che l'idea della nascita del cristianesimo prima dell'avvento di Cristo fosse troppo da accettare per i profani.

John Marco Allegro presenta conclusioni simili. Era originariamente un membro del team internazionale di otto esperti che iniziò la redazione dei Rotoli del Mar Morto. Di questi otto, quattro erano cristiani cattolici romani e lui era l'unico membro senza legami religiosi. Ironia della sorte, il professor Allegro ora non ha neppure il permesso di vedere i rotoli! Verso la fine del 1960, almeno quattrocento documenti erano stati raccolti e preparati per la pubblicazione, ma solo quattro o cinque sono stati presentati al pubblico. Larson prosegue nel suo libro facendo domande nel tentativo di spiegare il perché tutte queste informazione sono state omesse. I rotoli furono silenziosamente riposti nei loro cofanetti di legno e non pochi sparirono nuovamente.

Uno dei teologi affermò: "Vorrei semplicemente che sparissero e riemergessero almeno fra due generazioni". Con queste parole voleva dire che non avrebbe dovuto spiegarli al suo gregge. Molto probabilmente questo è ciò che é realmente successo. Penso che possano aver trovato alcune delle stesse informazioni che ho riportato alla luce durante il nostro esperimento; ma loro non furono in grado di gestirle.

Presumibilmente, i documenti sono ora custoditi nel Santuario del Libro in Israele. Questo edificio è stato appositamente costruito per lo studio e la traduzione dei rotoli, e come deposito per facilitare la catalogazione degli innumerevoli frammenti.

Sono sicura che le informazioni in questo libro non potevano provenire dalle menti di coloro che erano coinvolto in questo esperimento, perché le informazioni raccolte erano troppo oscure. Sono assolutamente convinta che non potevano nemmeno provenire dalle menti di individui che siano attualmente in vita. Ritengo di aver tracciato sugli Esseni il quadro più completo che sia mai stato presentato prima d'ora.

Se mai ebbe luogo un tentativo di cancellare un'intera società di persone dalle mappe e dalla storia, quel tentativo fu mirato a cancellare gli Esseni. Non sono assolutamente menzionati nella Bibbia. Si è dedotto che tutti i riferimenti a loro diretti, sono stati deliberatamente cancellati, a causa della somiglianza tra la loro dottrina e il cristianesimo.

Se non fosse stato per un paio di scrittori e storici diligenti che vissero all'inizio dell'era cristiana, non avremmo assolutamente alcuna conoscenza degli Esseni. Questi antichi autori erano: Filone, filosofo ebreo-alessandrino; Plinio, scrittore romano; e Giuseppe: guerriero ebreo e storico. Ho ricercato a fondo e ho letto le traduzioni delle loro opere. Farò a loro riferimento, in diverse sezioni di questo libro.

Filone si dice fosse vissuto tra il 20A.C. e il 60D.C.. e sarebbe dovuto esser in vita durante il periodo che copre la nostra storia. Ma i suoi racconti sembra siano stati scritti per sentito dire. Lui non era personalmente connesso agli Esseni o alla loro comunità. Questo spiega le eventuali discrepanze tra il suo racconto e quello di Giuseppe. Plinio visse tra il 23D.C. e il 79D.C., e ha scritto solo una piccola parte dedicata agli Esseni.

Giuseppe è considerato la fonte più affidabile ed è il più citato. Nato a Gerusalemme circa nel 37D.C., visse all'interno della comunità Essena e aveva una conoscenza diretta della loro dottrina durante gli ultimi giorni. Ma si dice che tendeva ad armonizzare il suo racconto con il sistema filosofico greco che era in voga al suo tempo.

Visse e scrisse in un periodo successivo alla vita di Suddi. Eppure i suoi racconti verificano l'incredibile precisione di dettagli che abbiamo raccolto nel nostro esperimento. Le descrizioni degli stili di vita e delle credenze combaciano perfettamente. Queste sono le uniche testimonianze scritte circa i misteriosi Esseni. E gli autori antichi citano vagamente che la strana comunità era situata nella zona del Mar Morto. Gli archeologi non sapevano esattamente dove e non hanno mai cercato di trovare Qumran. Il clima torrido del Mar Morto è l'incubo di ogni scienziato e nessuno aveva intenzione di setacciare la zone senza un preciso motivo.

Dopo la distruzione di Qumran nel 68 D.C. causata dagli eserciti romani, i resti rimasero in cima alle scogliere di sale del Mar Morto per quasi duemila anni. Sgretolandosi in silenzio rimasero praticamente inosservati per tutto il tempo. Gli uomini che avevano dedicato la loro vita alla raccolta e conservazione del sapere, scomparvero completamente sotto il sole cocente e le sabbie mobili del deserto. Era come se non fossero mai esistiti. Anche se le rovine rimasero, come silenzioso monito delle grandi menti che un tempo fiorirono lì, non furono mai riconosciute per quello che erano. Per secoli la gente ha pensato che fossero solo i resti di una delle molte guarnigioni romane costruite dopo l'invasione. Sicuramente nulla di importante avrebbe potuto prosperare in un posto dimenticato da Dio come questo.

Le rovine sono state ignorate completamente fino alla scoperta del primo rotolo del Mar Morto nel 1947. Le grotte nelle scogliere saline avevano tenuto stretto il loro segreto per duemila anni. Poi il destino prese per mano un giovane pastore beduino alla ricerca di una pecora sperduta, e gli fece scoprire i rotoli nascosti in vasi all'interno di una grotta. La storia di questo entusiasmante ritrovamento è stata raccontata e raccontata in molte occasioni. Sicuramente molto è andato perduto o involontariamente distrutto prima che l'enormità della scoperta fosse resa nota al mondo intero e gli scienziati scendessero nel deserto. Con l'aiuto degli arabi autoctoni sempre più rotoli e decine di migliaia di frammenti furono raccolti dalle grotte adiacenti. Ciò che in un primo momento si credette essere un caso isolato fu presto pronunciato come "la più grande scoperta nella storia dell'umanità".

Mentre più grotte presentavano il loro tesoro nascosto, gli archeologi cominciarono a chiedersi come un tale accumulo rimase nascosto nel deserto così a lungo. Solo allora cominciarono a guardare alle rovine della zona.

Forse era qualcosa di più di una guarnigione militare romana, forse c'era qualche connessione. I primi scavi nell'inverno del 1951 non portarono a nulla di conclusivo. Ma durante il 1952 fu dimostrato con certezza che i rotoli provenivano da coloro che avevano vissuto nelle rovine. Poi gli scritti di Filone, Plinio e Giuseppe Flavio portarono chiarezza sulle origini degli abitanti di quelle rovine. Tutto finalmente cominciò a combaciare e Qumran fu dichiarata la residenza degli Esseni. La parola comunità è venuto ad assumere un significato molto diverso nel nostro linguaggio attuale, e sono sorte discussioni a riguardo dell'uso di questa parola per descrivere questo antico gruppo. Gli Esseni erano considerati una comunità nel senso puro della parola. Vivevano insieme, condividendo tutto e non avendo bisogno di denaro. Tutto ciò che si sa oggi di questi individui proviene dagli antichi manoscritti e da ciò che gli archeologi hanno trovato in tre anni di scavi. Ci sono molte lacune e domande irrisolte. Forse il nostro esperimento aiuterà a fornire delle risposte.

Capitolo 5
Descrizione di Qumran

Gli archeologi credono che il gruppo vissuto a Qumran fosse un ordine religioso di uomini simili a monaci, lontani da un mondo con cui non si riuscivano ad identificare. Credono che gli Esseni vissero secondo un rigido codice di regole e discipline. Cercherò di dimostrare che molte delle idee degli scienziati sono errate, secondo le informazioni ricevute attraverso Katie mentre era in trance profonda. Ho compilato tutte le informazioni raccolte circa la comunità di Qumran e le presenterò in questo capitolo, anche se originariamente erano sparse tra le molte sedute.

Katie ripeteva spesso le stesse descrizioni, ma non si è mai contraddetta. Credo che il quadro che è emerso attraverso gli occhi di Suddi sia molto più umano di quello rivelato dalle parole degli archeologi.

Sapevo che per comprendere a fondo questa persona che avevo incontrato, dovevo saperne di più sul luogo dove viveva e del suo stile di vita. Soprattutto perché ciò mi avrebbe permesso di comprendere le condizioni in cui aveva vissuto Gesù durante la parte più vulnerabile della sua vita. Quando parlai con Suddi da bambino, mi descrisse il luogo come una comunità. Non l'ha mai descritta diversamente. Non capiva il significato della parola 'città' o 'villaggio' e non conosceva altro luogo estraneo a Qumran. Anche gli archeologi l'hanno descritta così, e dicono che non era una città.

Nel descriverla Suddi mi disse: "Non è molto grande, ma è un luogo dove ci sono molte persone. Ci sono le biblioteche, le case e il tempio. Siamo tra le colline e possiamo vedere il mare. Gli edifici sono di argilla. Sono fatti di mattoni, hanno tetti piatti ed è tutto costruito assieme". Disse che la maggior parte delle pareti erano unite tra di loro.

Rimasi confusa quando disse che la comunità era circondata da un muro che aveva sei lati. Sembrerà strano, ma quando si guarda il disegno degli scavi archeologici, si può vedere chiaramente che non è quadrato. Si può discutere se è o non è un profilo esagonale, perché non è una figura geometrica a sei lati. È anche evidente dal disegno che le camere per lo più erano tutte connesse. La maggior parte erano costruite con pareti comuni. Quando ho parlato con Suddi da bambino, in alcune occasioni stava giocando in un cortile. Quando era più vecchio, gli piaceva restare seduto a meditare in uno di questi cortili. Disse che c'erano diversi cortili all'interno della comunità. Io sono abituata a vedere i cortili al centro di una struttura, ma questi erano sparsi per tutta la comunità. Disse inoltre che lo studio e la biblioteca erano nel pieno centro, dove tutti si riunivano per le lezioni. I papiri (o rotoli) erano conservati lì. In uno dei cortili c'erano fontane, in altri c'erano giardini, non giardini come li avrei immaginati io, ma bellissimi giardini fioriti. "Sono i colori dell'arcobaleno. Sono come tanti gioielli luminosi".

Mi chiedevo come furono in grado di crescere fiori in un clima così torrido. Pensavo che nulla potesse crescere nel deserto. Suddi obbiettò: "Oh, ma crescono invece! I fiori crescono nel deserto, fino a quando c'è la pioggia. Finché c'è acqua non import ache faccia caldo. Quando arrivano le piogge in primavera, il deserto è tutto fiorito. I semi che erano dispersi improvvisamente si trasformano in fiori. Il deserto può essere molto bello." Nel cortile vicino alla mensa c'erano alberi da frutto. "Ci sono gli alberi da frutto: il fico, i datteri, il melograno, l'arancio e il limone. Sembra quasi tocchino il cielo. E ci sono percorsi che si possono fare tra le piante, oppure ci si può sedere tra i fiori."

Facendo riferimento al disegno, si può vedere che ci sono effettivamente diversi cortili. In tutti i diagrammi, però, gli archeologi hanno rappresentato i cortili come sterili. Presumono che poco o nulla cresce nella zona di Qumran a causa della scarsità di acqua. Tuttavia sapevano che granaglie erano coltivabili perché hanno scavato attorno ad una sorgente nota come 'Ain Feshka' che si trova due miglia a sud. Ritengono che questa fosse la zona agricola degli Esseni, e che le persone si sostentavano grazie a questa coltivazione, all'apicoltura, ecc., mangiando poco cibo dallo scarso valore nutritivo. Ma gli autori antichi non sono d'accordo con questa interpretazione. Plinio disse che gli Esseni vivevano tra le palme. Solino scrive: "I frutti delle Palme sono il loro cibo quotidiano," riferendosi evidentemente ai datteri. Tutti ritennero fosse stato un errore d'interpretazione, fino a quando gli archeologi non dissotterrarono i resti di palme da dattero e semi di dattero.

Sembra che Suddi avesse ragione circa gli alberi di Qumran. Aveva detto che la maggior parte degli Esseni non viveva all'interno delle mura della comunità. C'erano alloggi per le famiglie verso Nord, più in alto sulla collina, al di fuori del complesso principale. Queste case apparentemente avevano la stessa disposizione degli edifici della comunità ed erano tutte unite da muri comuni. Gli archeologi ritengono che gli abitanti vivessero in grotte e tende, ma io non ne sono convinta. Perché dovrebbero costruire una comunità così meravigliosamente efficiente per poi andare a vivere in condizioni primitive?

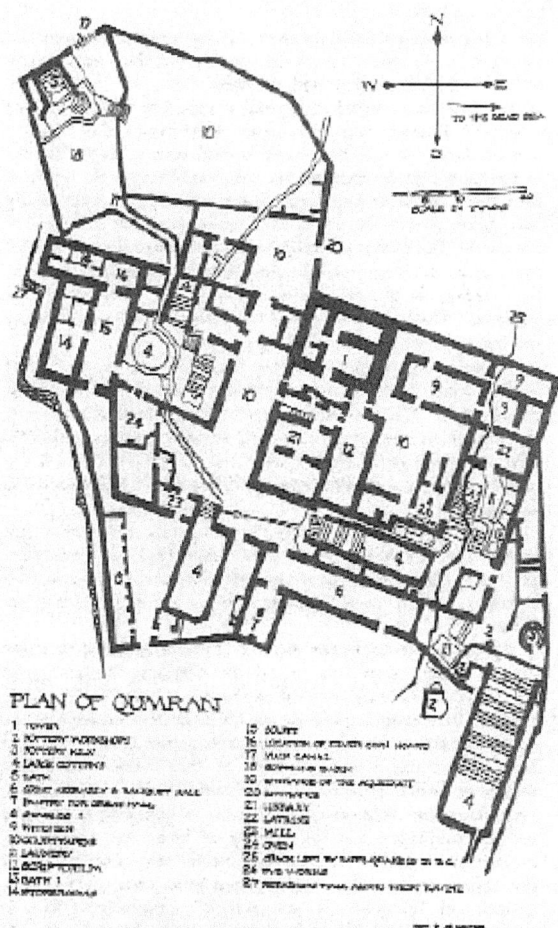

PLAN OF QUMRAN

Per quanto ho potuto scoprire, non credo che molti scavi siano stati effettuati nella zona al di fuori delle mura. I rapporti scritti presentano solo brevi riferimenti a scavi all'interno del complesso principale e alla riesumazione di alcune delle tombe nel cimitero adiacente. Gli scienziati credevano ancora che ci fosse solo una confraternita di monaci ad abitare in Qumran. Finché non hanno trovato gli scheletri di donne e bambini nel cimitero. Dovettero allora correggere in fretta i loro rapporti, perché era ormai evidente che delle famiglie erano presenti nella comunità.

La famiglia di Suddi viveva più in alto sulla collina rispetto alla maggior parte delle altre famiglie. Poteva guardare fuori di casa e vedere il Mar Morto estendersi per una lunga distanza. Le uniche persone che vivevano all'interno delle mura erano i sacerdoti di Yahweh, che si occupavano del tempio, dei rotoli e di tenere il fuoco sacro acceso. Suddi viveva con sua madre, suo padre e la sorella Sarah. Gli chiesi di descrivere la loro abitazione. Quando faceva caldo dormivano fuori sul tetto terrazzato.

Quando era più fresco condivideva la stanza con la sorella. C'era una stanza che consideravano la stanza di famiglia, dove cucinavano i pasti. I suoi genitori avevano la loro camera da letto, e c'era un'altra stanza dove il padre studiava e teneva i papiri. L'abitazione condivideva pareti comuni con le altre famiglie.

Gli archeologi dedussero dalle rovine che mangiassero sempre tutti assieme nella grande sala da pranzo all'interno del complesso comunitario. Ma Suddi disse che le famiglie per lo più mangiavano nelle loro abitazioni. Durante le grandi occasioni quando qualcuno sarebbe venuto a parlare, allora sarebbero andati nella sala da pranzo principale. Gli Esseni erano convinti che se tutti avessero uno spazio personale, ci sarebbero meno conflitti.

La biblioteca e la sala da pranzo erano entrambe grandi stanze rettangolari. Aperture coperte nel soffitto permettevano alla luce del sole di entrare. C'erano anche delle aperture nelle pareti che erano coperte per prevenire le folate di sabbia. Non era sicuro di quale fosse il più grande degli edifici, perché non li aveva misurati coi suoi passi.

Il modo più comune di entrare nella comunità dall'esterno era attraverso un portone vicino all'alta scogliera. Era abbastanza grande da far passare una carovana, se necessario. Quando ho chiesto se c'erano altri modi di entrare nella comunità, lui annuì cautamente, ma non mi offrì nessuna ulteriore informazione. Questo era, a quanto pare, uno dei tanti argomenti di cui non gli era permesso parlare. Gli Esseni erano estremamente reticente per molti aspetti e sapevo che avrei incontrato svariate difficoltà nel tentativo di penetrare questa barriera difensiva.

Disse che c'erano diversi edifici che avevano più di un solo piano. La biblioteca aveva un secondo piano. La sala riunioni (sala da pranzo) era alta due piani, ma c'era solo il soffitto alto. Disse che la torre vicino al cancello d'entrata aveva tre piani. Gli archeologi sostenevano di avere prove che alcune delle stanze avevano due piani. Ritenevano che la torre avesse due piani ma menzionarono anche una cantina, per la conservazione del cibo che sarebbe l'equivalente di un terzo piano. Lo scopo della torre era principalmente d'osservazione. Da quest'altezza gli Esseni potevano vedere chiunque si avvicinasse alla comunità. Suddi disse che era anche utilizzata per protezione, ma quando gli chiesi di elaborare si rifiutò di rispondere. Era un altro argomento proibito.

Durante la pubertà, non viveva più con i genitori, ma si era trasferito in una parte riservata ai giovani adulti celibi. Qui gli uomini e le donne vivevano in quello che lui chiamava 'appartamenti', anche se non era sicuro della parola esatta. Dove mangiare i pasti, era una preferenza individuale. Mentre viveva in queste abitazioni, spesso mangiava con gli altri per la compagnia e la conversazione. C'erano molti tavoli nella sala da pranzo o 'sala dei pasti', ma la cottura veniva effettuata nelle stanze a lato del salone o nei forni di argilla all'esterno.

Gli archeologi ritengono che gli Esseni mangiassero tutti assieme nella sala da pranzo, mentre osservavano cerimonie solenni o rituali che avevano luogo durante i pasti. Suddi non era d'accordo: solo la benedizione, e nessun insegnamento o istruzione di qualsiasi altro tipo avveniva durante i pasti.

Inoltre si ritiene che osservassero rigorosi rituali religiosi durante il giorno. E anche in questo caso Suddi non era d'accordo: nulla era obbligatorio, ma lasciato a discrezione di ogni individuo.

Per la maggior parte le osservanze religiose si svolgevano durante il Sabato (Sabbath). Se qualcuno voleva mangiare nella propria abitazione, allora potevano andare in uno dei magazzini e prendere ciò di cui avevano bisogno. Non soffrivano la fame, tuttavia avarizia o gola non erano permesse. Ero curiosa di sapere che tipo di cibo mangiassero. Il miglio era uno degli alimenti di base. Era una delle granaglie coltivate al di fuori della comunità, probabilmente ad "Ain Feshka". Dopo il raccolto, i chicchi venivano vagliati e conservati in grandi sacchi. Suddi mi descrisse un piatto a base di miglio. Per prepararlo bastava "prenderne un pugno e gettarlo in una pentola di acqua bollente con un po' di sale". A volte si aggiungevano anche delle spezie. Sembrava fosse una zuppa, ma lui disse che si poteva arrotolare e mangiare con le mani, come fosse pane.

Diversi tipi di carne venivano mangiate: agnello, capretto, di tanto in tanto un bue o un giovenco e diversi tipi di volatili. Mi ricordai delle antiche leggi sul cibo del Vecchio Testamento e gli chiesi se c'erano delle restrizioni. Disse: "Non si possono mangiare i suini o qualsiasi animale con lo zoccolo unito. I suini, mangiano di tutto. Mangerebbero perfino lo sterco, se questo è ciò che gli viene dato, senza alcuna discriminazione. Pertanto è considerato impuro. Si possono mangiare solo i ruminanti con lo zoccolo separato. Il cammello È un ruminante con lo zoccolo separato ma noi non mangiamo il cammello."

A lui personalmente non piaceva mangiare la carne, anche se non c'era alcuna regola rigida che vietasse ai membri della comunità di mangiarla. Era una sua scelta personale. "Non è bene uccidere qualcosa per il proprio ... solo ... per il proprio divertimento. Questa è una creatura di Dio, che stai distruggendo. Mangiare carne è come ancorarsi qui, ancorarsi l'anima alla terra."

Non capiva la parola 'bevanda', ma bevevano il vino, l'acqua e qualche volta il latte di animali diversi. Per curiosità gli chiesi del caffè, ma lui mi disse: "Io non lo conosco questo. Non mi é famigliare. Ho bevuto tè che erano infusi di menta e foglie varie."

'VerdurÈ era un'altra parola che non capiva, anche dopo molte spiegazioni. Mangiavano altre cose oltre al grano e la frutta, ma queste venivano acquistate da carovane di passaggio.

Descrisse anche i mobili delle abitazioni. "Ci sono il letto, le cornici che hanno corde intrecciate, in cui fare un telaio. E poi l'imbottitura che viene messa in cima a questo. Ed è così che si dorme su questi letti. Ci sono sedie e tavoli. Se si desidera sedersi o rilassarsi, si prende un cuscino e ci si siede sul pavimento. È solo una questione di preferenza."

La cornice del letto era alta circa 30 centimetri. Non capiva quello che intendevo quando parlavo di coperte o copriletto. Dopo avergli spiegato, rispose: "Non c'è alcun motivo di avere queste coperte. Sarebbe troppo. Se vivi in montagna, forse sì, ne avresti bisogno."

Inoltre, non sapeva cosa fosse un cuscino, ma dato che aveva usato la parola 'cuscino' sapevo che avrebbe capito di cosa stavo parlando. Non riusciva a capire perché dovremmo desiderare di mettere un cuscino sotto la testa durante il sonno. "La testa non è elevata. Il modo ideale di dormire è di avere i piedi più in alto della testa, per facilitare la circolazione. Se tieni la testa elevata, allora avrai problemi di gonfiore ai piedi. Non ne hai? Tenere la testa elevata porta a mal di testa e molti altri problemi. Elevare i piedi può aiutare la circolazione del corpo e interrompe l'assestamento verso il basso." Mettevano un cuscino sotto i piedi o inclinavano il letto. Gli unici altri arredi della casa erano scaffali su cui si potevano mettere le cose, come l'abbigliamento e cose del genere. Gli chiese delle decorazioni ma aggrottò le sopracciglia, confuso di nuovo. Stavo pensando a immaginio statue. La parola 'statuÈ lo disturbò.

S:"Non abbiamo statue! Non ci sono statue. Occasionalmente puoi vedere dei quadri. Ma le statue non sono ammesse nella comunità. Si tratta di copiare ciò che Dio ha fatto. Fare un'immagine scolpita non è ammesso nei comandamenti."
D: *"Anche se non è concepita come una forma di adorazione? Per esempio, la statua di un animale?"*
S:"Molti falsi dei sono venerati come animali."

Ho cercato di spiegare come alcune persone preferiscono avere statue e dipinti nelle loro case solo perché sono belli da vedere. Non hanno intenzione di utilizzarli nel culto. Ma Suddi non riusciva a capire questo concetto. "Io guardo la natura e trovo la bellezza in questo. Perché guardare una rozza imitazione, quando la cosa reale è davanti a te? Posso capire la bellezza e la necessità di creare, ma non potete creare molte altre cose migliori? I dipinti per esempio sono molto belli."

Quando ho chiesto una spiegazione a riguardo dei dipinti mi aspettavo il tipo di dipinti cui ero familiare. Erano invece dipinti su papiri o legno e venivano appesi per tutta la casa. Ma non raffiguravano l'immagine di oggetti o esseri viventi come i nostri dipinti. Erano piuttosto una forma di pittura astratta.

S: I colori e il modo in cui la luci e le forme e... Non saprei... Io non dipingo. Non mi sto spiegando molto bene. Sono immagini che parlano all'anima. Provengono dall'interno, piuttosto che da ciò che gli occhi vedono. Sono ciò che l'anima vede. Hanno senso solo per colui che li ha dipinti.
D: *Cosa mi dici dei romani? Hanno molte statue, non è vero?*
S: Sì, ma sono pagani. Loro le adorano. Vedono nelle statue qualità che non ci sono. Sono solo pietra.
D: *Adorano effettivamente la statua stessa, o invece adorano l'ideale dietro la statua?*
S: Ci sono tutte le differenze. Alcuni di loro adorano la statua come reale, altri dicono che è solo ciò che rappresenta. Entrambi i concetti sembrano essere molto pericolosi.

Rimase molto scioccato quando gli chiesi se fosse mai stato all'interno di un tempio romano. "Ho parlato con dei Romani a proposito delle loro credenze. Nei loro templi uccidono gli animali e contaminano il nome della preghiera. È diventato qualcosa di orribile e immondo. Ce n'è uno a Bethesda, ed è l'unico che io conosca. Ho sentito parlare di quello di Gerusalemme e di altri. Cafarnao si dice che ne abbia uno. Naturalmente, a Tiberiade c'è il tempio che fu costruito dal loro imperatore." (Disse Tiberiade velocemente e le sillabe erano confuse nella registrazione).

Gli chiesi di Nazareth, ma disse che il villaggio era troppo piccolo, non si sarebbero presi la briga di metterne uno là. Ho pensato che avrebbe voluto vederne uno per curiosità, ma per lui la sola idea era ripugnante. "Il nostro tempio inizia da dentro. Se c'è integrità all'interno, si diffonde all'esterno. Non c'è bisogno di nessuna casa o chiesa per trattenerla". Ho sempre pensato che il tempio e la sinagoga fossero la stessa cosa ma con nomi diversi. Mi venne in mente la storia di Gesù nella Bibbia quando fu trovato nel tempio mentre insegnava ai medici.

S: Il tempio è dedicato all'adorazione di Elorhim, ma la sinagoga è anche un luogo di insegnamento. Il tempio, ha il sancta sanctorum, mentre la sinagoga, forse, ha solo il santuario per la Torah. Il tempio è per Dio, la sinagoga è per il culto secondo la fede ebraica.

D: *Quindi, chiunque pratichi un'altra religione potrebbe entrare nel tempio, ma non nella sinagoga?*

S: Sì. Nella sinagoga c'è un posto dedicato alle donne o perfino un atrio per le donne. E nel tempio sono permessi tutti coloro che adorano Dio.

Anche se la Bibbia menzione la discussion di Gesù con i dottori, Suddi non conosceva quella parola. Quelli che considerava guaritori erano noti come medici, e questi individui insegnavano esclusivamente la loro specialità.

Non insegnavano nel tempio. A quanto pare ciò che si intende nella Bibbia è una persona che poteva essere un insegnante molto erudito, forse un maestro.

S: Quelli che insegnano nel tempio sono i dottori della Legge. Ci sono i sacerdoti, e ognuno ha la sua specialità. Alcuni insegnano la legge, altri i misteri e altri ancora le diverse conoscenze tramandate nei tempi. Un rabbino è diverso, insegna la legge e la religione ebraica, per così dire.

Gli chiesi una descrizione del tempio di Qumran e otteni più di quanto mi aspettassi.

S: C'è uno spazio dove le persone si riuniscono. Dove si inchinano o si siedono a terra. E poi c'è l'altare. Dietro l'altare c'è il sipario, il sancta sanctorum che è coperto dal velo. E dentro ci sono la Torah e le pergamene che sono tenute segrete. Durante gli studi o le celebrazioni dei giorni sacri, indipendentemente dalla celebrazione, li portano fuori, li leggono e li condividono. C'era la condivisione delle anime, e poi la discussione dei rapporti di Dio e della vita e molte altre cose. Nella sinagoga le donne non sono ammesse se non nella tribuna delle donne. Qui tutti sono benvenuti.

D: *Ci sono oggetti di culto nel tempio, per esempio sull'altare?*

S: C'è la coppa e di solito un incensiere, e questo è veramente tutto.

D: *Che scopo ha la coppa? Qual'è il suo significato?*

S: É il passaggio a tutti e la condivisione in questo modo. Ci unisce e ci rende uniti.

C'era una familiarità inaspettata a questo proposito. Harriet con entusiasmo chiese, "bevono tutti dalla stessa coppa? E cosa bevono, acqua?" "Di solito c'è il vino." Questo era un nuovo significativo sviluppo. Ciò che Suddi stava descrivendo suonava come la Santa Comunione o la Cena del Signore. Ma tutto ciò dovrebbe essere collegato a Cristo, e lui non era ancora nato. Suddi disse che nessun cibo veniva passato in questo modo (stavo pensando al pane o all'ostia dell'eucarestia), solo il calice veniva passato tra la gente.

S: È il calice del sangue della vita. È la condivisione della vita tra tutti gli individui. Il vino rappresenta il sangue di tutti e la condivisione di comunità.

D: *Così questo è il significato? Cioè, che siamo tutti dello stesso sangue? È forse permesso solo ai membri della comunità essena di prendere il calice?*

S: Uno deve aver accettato i precetti per poter condividere dell'UNIONE. In parte a causa del fatto che probabilmente non avrebbero compreso qual'è l'insegnamento che bisogna comprendere con questo atto. Non è che non crediamo che siano uno con noi, perché noi ci crediamo. Semplicemente la comunione è condivisa al momento giusto. Se non sono pronti, non facciamo pressioni.

Quindi ad uno straniero di passaggio non avrebbero permesso di partecipare alla comunione. Questo rituale veniva eseguito in occasione di cerimonie in cui tutti erano riuniti insieme e in grado di partecipare. Le cerimonie avvenivano di sabato, ma non erano limitate a quel giorno. Suddi disse che questa cerimonia per quanto ne sapesse, non veniva eseguita dalla comunità ebraica in generale.

Intuitivamente sapevo che questa era una scoperta importante. A quanto pare, quando Gesù completò l'Ultima Cena con i suoi discepoli nel Cenacolo non stava istituendo un nuovo rituale. Ne stava usando uno, in cui aveva partecipato molte volte insieme agli Esseni. Il simbolismo del pane si dice che fosse una usanza ebraica. Ritengo che Gesù combinò questo rituale con l'abitudine di passare la coppa e gli diede un nuovo significato. Per gli Esseni questa cerimonia simboleggiava l'appartenenza degli uomini allo stesso sangue e la condivisione di vita tra tutti. Cosa poteva essere più naturale per Gesù se non voler condividere questo rituale alla vigilia della suo calvario e morte? Doveva essere intesa come un'ultima dimostrazione di fratellanza tra lui ed i suoi discepoli.

Il legno di Sandalo veniva bruciato nell'incensiere, perché "Si dice che contribuisca ad aprire alcuni dei centri vitali (chakra?) dentro di noi. Ancora una volta, non sono un esperto degli insegnamenti di tutti i misteri e le cerimonie". Mentre il passaggio della coppa era un rito rigorosamente Esseno. Altre religioni usavano l'incenso, anche i Romani.

Mi venne in mente che se avevano un tipo di rituale familiare alla chiesa cristiana, allora potevano averne anche degli altri. Feci una prova e gli chiesi del Battesimo. Suddi sembrò confuso, perplesso, perché non aveva familiarità con quella parola.

D: *È un lavaggio, una purificazione cerimoniale con l'acqua.*
S: C'è una cerimonia di purificazione. Dopo che i giovani hanno ricevuto il Barmitzvah, vengono portati fuori e devono essere considerati adulti. E scelgono se seguire il percorso di Yahweh o di perdere la via. Se scelgono di seguire il percorso di Yahweh, sono purificati nelle acque. Si dice che il loro passato venga purificato e da quel punto in poi possono ricominciare da nuovo.

Ci sono diversi modi di farlo. Alcuni versano l'acqua dall'alto e altri li fanno sdraiare sul fondo delle acque.

D: Andate giù verso il Mar Morto per fare questa cerimonia?

S: No, nessuno sarebbe andato nel mare della morte. Di solito si fa qui, in una delle fontane.

D: Ci sono dei vestiti speciali da indossare per l'occasione?

S: O una veste sottile o nulla del tutto. Fa parte della purificazione, la spogliazione dell'anima.

D: C'è un sacerdote che celebra la cerimonia?

S: Sì, o un anziano. Di solito questa cerimonia viene fatta solo una volta nella vita di una persona.

Questo spiegherebbe dove Giovanni Battista ha avuto l'idea per il rito del battesimo. Quando stava battezzando la gente nel fiume Giordano, non era niente di nuovo. Stava semplicemente seguendo una cerimonia imparata dagli Esseni. I traduttori dei Rotoli del Mar Morto sono a conoscenza di questa coincidenza. Ho scoperto che ci sono numerosi riferimenti a queste due cerimonie nei rotoli. Molti di questi esperti sono giunti alla conclusione che Giovanni Battista fosse direttamente legato agli Esseni. Ciò indica che venne in contatto con gli Esseni durante la sua vita.

Gli Esseni vestivano molto semplicemente. Uomini e donne indossavano una veste semplice fatta sia "di pelo di pecora che era filata e tessuta (lana), o di lino che era stato lavorato." Le vesti erano raccolte in vita e toccavano il pavimento. Erano considerate fresche.

Sotto le vesti gli uomini indossavano un perizoma. Entrambi i sessi indossavano sandali. Gli abiti erano sempre bianchi, anche se qualche volta erano "più del colore del cremoso liquido delle mucche. Che non è completamente bianco". Raramente era abbastanza freddo da indossare qualcos'altro, ma se faceva freddo, avevano mantelli di vari colori. Gli uomini adulti avevano la barba. "È un segno di appartenenza alla comunità degli uomini." Fuori Qumran c'erano persone che preferivano la rasatura. Ci sono comunità che non si tagliano mai i capelli. I Romani se li tagliano. "Per noi qualsiasi lunghezza è permessa, però devono essere puliti e pettinati. Molti preferiscono averli all'altezza delle spalle".

Coloro che lasciavano la comunità per andare nel mondo esterno, erano tenuti a vestirsi come le altre persone in modo da non apparire diversi. Gli estranei non indossavano vesti bianche, ma abiti colorati con vari tipi di copricapo. Quindi, gli Esseni vestivano in modo unico e sarebbero stati rapidamente riconosciuti perché si distinguevano dagli altri. Le antiche scritture confermano questi fatti circa la moda del tempo.

Va ricordato che gli Esseni erano in pericolo quando erano fuori della mura. Ma fino a quando non si sapeva chi fossero, erano al sicuro. Come ha detto Suddi: "Non abbiamo la pelle blu." A quanto pare non erano facilmente riconoscibili, se si vestivano come tutti gli altri. Eccetto quando a Qumran, tutti indossavano la stessa 'divisa', per così dire. Sembrava come se fossero tutti assolutamente identici, tuttavia avevano un metodo di identificazione del 'rango'. Indossavano una bandana di stoffa legata alla fronte. Queste bandane erano di colori diversi a seconda di chi le indossasse nella comunità. Era come un distintivo d'ufficio, così che potessero identificarsi rapidamente tra di loro.

S: Come il color grigio, è per i giovani studenti. Il colore verde è per i cercatori che sono superiori di livello agli studenti. Hanno finito ciò che tutti devono imparare, ma sono ancora in cerca d'altro. Sono ancora ammessi. La loro anima ha ancora sete di conoscenza. Sono ancora studenti, ma non sono maestri. E poi ci sono i blu, che sono i maestri. E c'è il bianco, che è il più anziano. Inoltre ci sono quelli in rosso, che in realtà non sono membri di alcuna di queste altre divisioni. Sono al di fuori di queste categorie. Stanno imparando, ma per scopi diversi. Il rosso è per gli studenti esterni, come se fossero solo dei visitatori. Il rosso dimostra se sono di mente comune alla nostra, o se forse non sono ancora abbastanza integrati. È davvero solo il verde, il blu e il bianco, che sono dei nostri, e poi il grigio per i giovani studenti.

D: *Quindi se qualcuno indossa una fascia rossa non vive lì tutto il tempo?*

S: Beh, non è che non vivano qui tutto il tempo. È piuttosto che vengono qui da altrove per imparare, cercare, studiare.

D: *E Poi quando finiscono gli studi se ne andranno di nuovo? Hanno scelto questi colori per qualche motivo?*

S: Il blu indica un sacco di pace interiore. È quasi al livello del bianco. Il bianco è il massimo in termini di raggiungimento. Sei totalmente in pace e hai raggiunto tutto ciò che deve essere raggiunto. Il blu è un gradino al di sotto del bianco, per essere chiari.

Queste bandane colorate erano indossate anche dalle donne perchè erano considerate uguali agli uomini e ricevevano la stessa educazione. Non riusciva a capire la mia sorpresa quando dissi: "In alcune comunità alle ragazze non si insegna nulla." "Ma come è possibile...? Se una ragazza non è educata, come può diventare uno con il marito...? Non capisco". Rimasi molto soddisfatta dal suo modo di pensare, che doveva essere contrario alle usanze popolari ebraiche dell'epoca. Questo spiegherebbe il comportamento di Gesù nei confronti delle donne. Non venivano trattate diversamente a Qumran, nemmeno durante il suo praticantato. Se una donna non era uno studente poteva indossare una sciarpa o un velo, a seconda della loro preferenza. Ma per la maggior parte non indossavano nulla sulla testa. Durante quel periodo, mentre parlavamo, il suo colore era verde. "Vuol dire che sono uno studente. Sono un gradino sotto al grado di maestro. Io non sono uno studente incompleto, sono un cercatore. I più giovani indossano il grigio."

Durante la sessione quando Suddi stava descrivendo le condizioni di vita di Qumran, Katie era in trance profonda, ma improvvisamente e inaspettatamente si schiaffeggiò sulla guancia destra, sorprendendomi. Normalmente, al di fuori dei movimenti delle mani e gesti per descrivere qualcosa, non si verificano questi movimenti impulsivi. In seguito cominciò a grattarsi esattamente sul punto che aveva schiaffeggiato. Suddi dichiarò semplicemente: "Uhm, gli insetti stanno aumentando". Trovai questo episodio improvviso e piuttosto divertente. Disse che erano principalmente moscerini, "piccoli cosini volanti", ma c'erano molti tipi di insetti a Qumran, tra i quali cavallette e formiche erano un vero problema. Quando gli chiesi degli insetti pericolosi che potevano infliggere un morso velenoso, disse che non ne conosceva nessuno, e che non era interessato "allo studio della vita inferiore".

C'erano animali allevati per il cibo: pecore, capre e buoi. Ma avevo l'impressione che non venissero accuditi a Qumran. Probabilmente erano fuori dalle mura o vicino ad "Ain Feshka" dove si trovava l'appezzameto agricolo. Iniziammo in una discussione interessante e assolutamente inutile quando gli chiesi se avevano animali domestici. Non comprese il significato della parola. Succede spesso quando ho a che fare con persone di altre culture; non capiscono o non hanno una parola equivalente. Vengo sempre presa alla sprovvista, perché molto spesso come in questo caso, la parola è di uso comune per noi. Spesso devo improvvisare un'adeguata spiegazione velocemente e non è facile.

Dovreste provare qualche volta. Mi arzigogolai velocemente cercando di trovare una definizione per la parola 'animale domestico':

D: Beh, sono animali che nessuno mangia. Alcune persone prendono un animale e lo fanno proprio. Lo tengo per il piacere personale, come un animale domestico.
S: Questo mi suona egoistico. Come facciamo a sapere che l'animale non abbia desideri diversi da questo?
D: Beh ... sarebbe come un amico.
S: Come può un animale essere un amico? Non ci sono conversazioni intelligenti.

Sembrava totalmente confuso. Io gli dissi: "Ad alcune persone piace avere animali con sé. Vivono nella residenza con loro". "Questo non mi sembra molto igienico" e ridemmo entrambi.

Non mi rendevo conto di quanto fosse difficile da spiegare. Qualunque cosa aggiungessi, non mi sembrava di avere chiarito nulla. Gli chiesi se sapesse cos'era un gatto o un cane. Conosceva la parola gatto, ma non la parola cane. Accigliato, disse:"Ho visto... gli sciacalli" (pronunciato: yackals). Suppongo che questa fosse la miglior immagine mentale che potesse associare con la parola 'canÈ. Gli spiegai che erano simili, ma non proprio lo stesso.

S:"Non credo che qualcuno possa possedere un gatto. È piuttosto curioso. Perché qualcuno dovrebbe volere qualcosa come un animale domestico che mangia animali morti? Io non ne vorrei uno con me. Hanno tutti molti parassiti. Questo non è buono; i parassiti portano malattie. Noi usiamo lo zolfo per tenerli lontani."

Era evidente che non ero in grado di definire ciò che consideriamo un animale domestico, prosegui con un'altra domanda. Volevo sapere se avevano problemi con i serpenti nella comunità. Disse che c'erano state molte vipere di varie dimensioni. Variavano da molto piccole a molto grandi, della lunghezza di un braccio. Occasionalmente qualcuna si intrufolava all'interno della comunità e dovevamo ucciderla a causa del loro morso fatale. Fui sorpreso da questa ammissione che la sua gente a volte uccideva. Lui mi era sembrato così contrario a danneggiare qualunque creatura di Dio e ad ogni forma di violenza. Tuttavia, confermò che in caso di pericolo avrebbero ucciso per difesa.

Stavo ancora cercando di scoprire se avrebbero mai utilizzato alcun tipo di protezione, se fossero stati minacciati. Mi aveva accennato in precedenza che avevano qualcosa, ma ciò rimase uno degli argomenti inaccessibili. Anche questa volta, quando gli chiesi se c'era qualcos'altro che consideravano un pericolo, andò di nuovo sulla difensiva e si rifiutò di rispondere. Tutte le volte che ciò accadeva era sempre meglio cambiare argomento. Durante la mia ricerca riscontrai che Qumran era tutt'altro che primitiva. Una volta discutemmo mentre stava facendo il bagno. Mi disse che era un'attività quotidiana, di solito al mattino. "La stanza per bagnarsi" era una grande camera dove il bagno comprendeva quasi tutta la stanza. C'erano gradini che conducono nella piscina e c'era una zona a lato dove c'erano panchine per 'spogliarsi'. Rimuovevano tutti i loro vestiti per entrare in acqua. Molte persone (sia uomini che donne) facevano il bagno insieme usando pietra pomice al posto di qualsiasi tipo di sapone. L'acqua fluiva nella piscina da qualche parte sotto terra. Era un flusso costante, sempre fresca e pulita. Non sapeva dove l'acqua scorresse perché non aveva progettato né costruito lui il sistema, ma era convinto che l'acqua scorresse in canali coperti. Ho il sospetto che se qualcuno dovesse chiedere ad un abitante di una città moderna informazioni sul sistema idrico, avrebbero anche loro difficoltà a spiegarsi, a meno che non fossero per qualche ragione coinvolti nella gestione del sistema.

C'erano aree della comunità dove l'acqua veniva a galla. L'acqua potabile era raccolta da due fontane. Ho pensato che forse voleva dire un pozzo, ma lui fu molto preciso nelle sue definizioni. Sapeva cosa fosse un pozzo, e disse con certezza che non era quello.

S: "È dove l'acqua esce da sotto e risale. Proviene dalle montagne, e viene su dalla terra. Vi è una cisterna dove l'acqua viene conservata ed è molto grande. È quadrata e profondo probabilmente fino alla vita di un uomo. E almeno due volte le tue braccia in lunghezza. Durante i mesi più caldi, spesso sono coperte in modo che l'acqua non venga sprecata, e la polvere non la inquini".

L'acqua veniva raccolta con dei secchi; dovevano solo raggiungere il fondo e tirarla su. Tutto ciò mi sorprese perché la zona intorno a Qumran è molto arida. Non pensavo che ci potesse essere un flusso costante d'acqua. "Come No? Con la vicinanza al Mare della Morte, c'è sempre acqua qui. Proviene da molte fonti. Finché non è nel mare è perfetta da bere e così via."

Volevo sapere se avevano i sistemi sanitari di scarico delle fognature. Secondo la Bibbia (Deut. 23:12-14), ai tempi di Mosé le persone non erano autorizzate a farlo all'interno della città, perchè era impuro. Dovevano andare fuori dalle mura, scavare una buca e ricoprire il tutto. Suddi era un esperto della legge ebraica quindi mi chiedevo cosa avrebbe detto a proposito.

Non ero sicura di come poter articolare questo concetto. Non avevo idea di quello che le altre culture potevano trovare offensivo. "Sai, quando lepersone devono urinare, per motivi igienici devono forse andare al di fuori delle mura?" "No, c'è un posto che viene utilizzato per questa funzione del corpo. È una stanza che ha diverse sezioni... (cercando la parola giusta) cubicoli, in cui si può urinare o saricare gli intestini. Credo che sia un sistema di fossa scavata e vengono ripuliti. Non sono sicuro circa il metodo utilizzato per ripulire." Era all'interno delle mura della comunità e tutti andavano nello stesso posto. C'era acqua in questi cubicoli, ma non sapeva se era acqua corrente, come nei bagni.

S: Ci sono cose che vengono messe nell'acqua, per mantenerla fresca.
D: *Non è forse parte della legge ebraica che devono andare fuori città?*
S: Io non so. E se un uomo deve svegliarsi la notte? (Ridendo) Dovrebbe forse lasciare la città?

Quindi, a quanto pare non tutte le leggi ebraiche erano attive tra la gente. È dubbio che altre città in Israele avessero le meraviglie di servizi igienico-sanitari e di approvvigionamento idrico che erano presenti in Qumran. Ma a quanto pare gli Esseni avevano accesso a più informazioni, forse perfino di conoscenza tecnica.

Quando gli archeologi scavarono le rovine di Qumran, rimasero stupiti dal complesso sistema idrico che trovarono (vedi disegno). C'erano due bagni con gradini che conducevano alla base della piscina, diverse cisterne (come gli scienziati le chiamano) e bacini di stoccaggio dell'acqua. C'erano anche molti piccoli canali che collegavano l'intero sistema e che probabilmente furono coperti proprio durante il periodo degli Esseni. È interessante notare che gli scienziati hanno supposto che i bagni fossero aperti, mentre Suddi disse che erano racchiusi all'interno di stanze e che le aree di stoccaggio e le fontane erano aperte. Hanno anche presunto che gli Esseni raccogliessero l'acqua dalle colline durante le rare piogge e la conservassero in questo sistema idrico. Ma Pere de Vaux notò che durante i tre anni che lui e il suo team erano al sito degli scavi, l'acqua dalle colline scese solo due volte. È difficile credere che avessero potuto accumulare acqua a sufficienza per lunghi periodi di tempo dipendendo esclusivamente da piogge erratiche. Suddi disse che l'acqua scorreva.

Io credo che avessero trovato una sorgente e avessero incanalato l'acqua perché fluisse attraverso la comunità. Credo inoltre che durante i 2000 anni successivi fosse successo qualcosa alla fonte, a causa di terremoti o spostamenti naturali del terreno. Ci sono sorgenti conosciute nella zona, la più notevole è quella di "Ain Feshka", pochi chilometri a sud. Altrimenti perché gli Esseni avrebbero stabilito la loro area agricola vicino ad una fonte e poi costruito la loro comunità in una zona sterile?

Inoltre, quando i Romani distrussero la comunità, è noto che danne-giarono il sistema idrico. Forse per ignoranza, distrussero la fonte. Gli archeologi hanno trovato i resti di quello che chiamano un sistema sanitario, una sorta di pozzo nero. Hanno anche scoperto le rovine di un edificio con cubicoli, che presumono fosse una stalla. Lo era davvero...?

Per quanto riguarda il programma giornaliero di Suddi: "Di solito mi sveglio con il sole, faccio il bagno e poi interrompo il mio digiuno. Studio per un po' di tempo e poi inizio le lezioni o l'insegnamento. Interrompo nuovamente per mangiare il pasto di mezzo giorno. Poi di solito studio ancora. C'è molto ancora che ignoro. Poi ho la cena e passo le mie serate in contemplazione."

D:"*Devi alzarti con il sole?". Questa è una delle cose che gli scienziati presumono.*
S:"È solo una questione di abitudine. Dipende da quello che fai. Ci sono quelli che studiano le stelle. Naturalmente, stanno svegli tutta la notte e dormono durante il giorno. Se stai studiando le stelle, non passeresti tutto il giorno sveglio per addormentarti quando ci sono le stelle. Ci sono quelli che lavorano fino a tarda notte, ma la maggior parte di noi si alzano col sole".
D:"*C'è un tempo prestabilito per andare a letto la sera?*"
S:"No, non in generale, se ci sono cose da fare che si protraggono fino a tarda sera. Potrebbe anche essere solo lo studio. Si potrebbe discutere con qualcuno che non c'era per molto tempo. E numerose altre ragioni."

Se fossero rimasti dopo il tramonto, ovviamente dovevano avere strumenti per produrre luce. Ero consapevole che le lampade contenenti olio d'oliva venivano utilizzate in quella parte del mondo.

Avevo acquisito queste informazioni da altri archeologi. Ma avrei dovuto sapere ormai come non dare nulla per scontato quando si utilizza questo metodo di ricerca per scavare nel passato. Lavorando con Katie, non sapevo mai dove una domanda innocente mi avrebbe portato. Quando gli chiesi del loro metodo d'illuminazione, la sua risposta fu inaspettata e mi dimostrò ancora una volta che Qumran non era un luogo comune. Le sue mura racchiudevano molti misteri nascosti. S:"C'erano sia le lampade ad olio che le luci ardenti."

Quando si lavora con la regressione, è necessario stare all'erta ed essere pronti a raccogliere e seguire qualsiasi spunto che sembra insolito. Dal momento che si parla di cose comuni al loro stile di vita, i pazienti non ti daranno ulteriori spiegazioni a meno che non si pongano loro domande precise. Non si sa mai dove si possa arrivare. E questo era l'esempio perfetto di una di quelle situazioni. Perché Suddi menzionò due tipi di lampade?

S: Di solito uso quelle che hanno l'olio e poi le accendo. Ma ci sono anche le luci che illuminano senza fiamma.

D: *Qual'è la fonte di energia?*

S: (Aveva difficoltà a spiegarsi.) Non l'ho costruita io, non lo so. Funziona grazie ad un vaso sui cui è riposta. Il vaso ha alcune proprietà. È posta su un vaso che ha un... (cercando la parola) globo che spunta sopra, e che è illuminato. Il vaso è circa ... così. . . (Misurò con le sue mani - sembrava circa otto centimetri in altezza).

D: *Con un globo, vuoi dire un globo di vetro?*

S: (Esitando) Che cosa è... Vetro?

D: *(Come spiegargli il vetro?) Forse non lo avete nella vostra comunità. Il vetro è un materiale, ma è qualcosa attraverso cui si può vedere. Come la ceramica, ma è trasparente. (era difficile da spiegare.)*

S: Sembra interessante. È un po' proprio così, sì. Io non so come lo fanno.

Harriet suggerì l'idea di qualcosa simile ad un cristallo e lui rispose con un enfatico "Sì!". Il cristallo è simile al vetro. Era un materiale trasparente, così almeno aveva qualcosa da comparare. Gli chiesi se il globo era di forma sferica e divenne entusiasta per avermi finalmente fatto capire. Ma quando chiesi se la sfera fosse vuota, divenne nuovamente confuso.

S: Io non so niente di queste cose. Non le progetto io.
D: *Ma si trova sulla cima del vaso, e il vaso è di ceramica. Giusto?*
S: Non lo so. Sembra di pietra.
D: *C'è qualcosa dentro il vaso?*
S: Non l'ho mai aperto per scoprirlo.

I miei ripetuti interrogativi incominciavano a frustrarlo, ma volevo capire come questo strano dispositivo funzionasse, perché un meccanismo del genere non sarebbe dovuto esistere all'epoca. Mi chiedevo se rimanesse acceso tutto il tempo e se fosse possibile spegnerlo.

S:"No. Si spegne e accende ponendolo... Ci sono due tipi: quello che viene posto all'interno del vaso e ciò ne causa l'accensione, e quello che si deve girare con una mano per accenderlo. Ma non è mai acceso permanentemente a meno che non lo si voglia".

Gli chiesi se lo preferiva alla lampada ad olio. Disse che quello strano era molto più luminoso e non c'era il pericolo d'incendio.

D: *Li create qui nella comunità?*
S: No, sono molto vecchi.
D: *Devono avere una grande fonte di energia per durare così a lungo. Ne avete molti in comunità?*
S: Ce ne sono abbastanza. Non li ho contati. Sono dappertutto. Li teniamo dove sono necessari.

Ricercando, trovai la descrizione dei reperti che Pere de Vaux, l'archeologo, aveva esumato dalle rovine di Qumran. Tra i numerosi frammenti di ceramiche che aveva trovato c'erano un paio di vasi di pietra e alcuni frammenti di vetro. Erano forse i resti delle lampade che non furono riconosciute per ciò che erano?

Il pensiero di un vaso che funzionasse in questo modo risvegliò un ricordo nella mia mente. Mi ricordai di aver letto qualcosa di simile in uno dei libri di Erich von Däniken. Le sue opere contengono molte stranezze inspiegabili. L'ho trovato a pagina 174, foto 252, in "Alla Ricerca di Antichi Dei". Era una foto di un piccolo vaso delle dimensioni che Suddi aveva indicato, e si vedeva qualcuno inserire un oggetto nero oblungo in metallo nel vaso. L'iscrizione diceva che si trattava di una batteria funzionante secondo il principio galvanico. Era molto antico, ma ancora oggi produceva ancora circa 1,5 volt. Si trova nel Museo Iracheno di Baghdad.

C'erano più informazioni riguardo a questo dispositivo nel libro di Charles Berlitz: Atlantide, L'Ottavo continente (p. I39). La didascalia su una foto legge: "Il dottor Wilhelm Konig, un archeologo austriaco impiegato dal Museo dell'Iraq, riportò alla luce nel 1936 un vecchio vaso di 2000 anni fa, 10 centimetri in altezza, che conteneva al suo interno un cilindro di rame a tono, all'interno del quale c'era un'asta di ferro fissata con una spina di catrame. Questo oggetto assomigliava a molti altri custoditi nel Museo di Berlino, alcuni più grandi con le stesse impostazioni del cilindro. Non c'è alcun indizio circa la loro funzione, tranne che erano di origine religiosa o di culto. Alcuni ricercatori, tra cui il dottor Konig, assunsero che potrebbero essere batterie a secco comprensibilmente fuori uso dopo diverse migliaia di anni.

Tuttavia, quando vennero ricostruite correttamente e dotate di un nuovo elettrolita, furono perfettamente funzionanti! Questo antico uso di energia elettrica può dimostrare solo che l'elettricità è stata utilizzata per la galvano-tecnica dei metalli in oro e argento, come ancora avviene nei bazar del Medio Oriente. Ma è anche probabile che venisse usata per l'illuminazione di templi e palazzi, anche se il suo uso scomparve prima della fine dell'Antichità, quella dei Greci e dei Romani, che usavano olio per l'illuminazione. (Riferimento: Musei di Berlino e Iraq).

L'uomo moderno è piuttosto arrogante a pensare di essere il primo ad aver inventato questi agi per la vita quotidiana. Tuttavia sembra che gli antichi non fossero così primitivi come crediamo. In realtà avevano molte tecnologie, che dal blackout Medioevale, ci siamo solo limitati a riscoprire. Un'idea intrigante. Mi chiedevo quali altre sorprese potevano trovarsi dentro le mura segrete e protette di Qumran.

The Community of Qumran

Capitolo 6
Il Governo Della Comunità Di Qumran

Secondo gli archeologi, la comunità era governata dalle norme e regolamenti stabiliti da un gruppo di sacerdoti. Sulla base delle loro traduzioni dei Rotoli del Mar Morto, ritengono che gli Esseni avessero alcune norme molto rigorose e in apparenza crudeli. Tuttavia, ciò era contrario a quello che avevo finora riscontrato. Non ero d'accordo, non mi suonava vicino agli Esseni gentili e giusti che avevo imparato a conoscere. Inoltre le informazioni ricevute da Suddi dimostravano che queste affermazioni erano infondate. Ovviamente, nella maggior parte dei casi la difficoltà maggiore era il metodo e la qualità della traduzione.

Secondo Suddi, c'era un consiglio di anziani che stabiliva le regole per governare la comunità, elaborava i giudizi, pronunciava eventuali sanzioni, ecc.. Si dice che una volta ci fosse qualcuno, una sorta di capo in carica del Consiglio, ma da quando si è deciso che questa persona aveva troppo potere, la carica è stata abolita. Gli anziani venivano scelti tra coloro che facevano parte dello stesso campo o sfera di studio. Le qualifiche dipendevano da quanto tempo avessero dedicato allo studio della loro materia e quanta conoscenza avessero accumulato. Il numero di anziani nel consiglio variava di volta in volta ma generalmente era circa di nove o dieci, a seconda dell' area di studio di ogni anziano.

Mi chiedevo se tutti nella comunità avessero un voto, come nei nostri paesi democratici. Rispose che le famiglie erano libere di discutere tra di loro, ma che solo i maestri e gli studenti di ogni particolare campo di studi, potevano dire qualcosa in proposito. Mi sembra ovvio che la scelta degli anziani fosse affidata alla parte intellettuale della comunità: quelli che studiavano nei vari campi della conoscenza. I lavoratori comuni non avevano alcuna voce in capitolo, le donne invece si, se erano studentesse. Quando qualcuno veniva scelto per il consiglio, riceveva l'incarico a vita, e su ogni decisione che veniva presa la maggioranza doveva essere d'accordo. Mi chiedevo se ci fosse mai stato un caso, in cui volessero rimuovere qualcuno dal Consiglio. Disse che ci fu un caso, ma non in tempi recenti.

Suddi aveva citato delle punizioni, e io rimasi sorpresa dal fatto che queste persone compassionevoli dovettero ricorrere alle punizioni. Mi chiedevo che tipo di punizioni fossero.

S: Ci sono punizioni minori. Se l'infrazione è grave, la persona è forzata ad uscire dalla comunità, ma ciò accade raramente. Il che avviene solo in casi di violenza, dove un altro subisce danni fisici. Qualsiasi tipo di violenza. La violenza è contraria a tutto ciò in cui crediamo. Questa è la peggiore punizione che ci sia: lasciare la comunità. E veniva applicata solo per infrazioni estremamente gravi. L'ultima volta è stato quando uno degli studenti uccise un altro degli studenti.

Così la violenza era possibile anche in un ambiente così idilliaco. Gli chiesi se sapeva cosa fosse successo in quell'incidente.

S: No, non ci hanno detto nulla. Non era nostra responsabilità giudicare. È la sua croce da portare, non la mia.
D: *Io non avrei mai pensato che il vostro popolo potesse diventare così furioso.*
S: Era solo uno studente, non era uno di noi.

Voleva dire che l'autore del reato non era nato a Qumran. Era uno che indossava la fascia rossa.

D: *Che tipo di punizioni erano applicate per reati minori?*
S: Sì, uno dei nostri maestri dà la punizione. Ma questo è tra loro due - la persona che ha compiuto il reato e il maestro con cui lui studiava. Come avevo detto, il maestro gestisce la questione di persona e fa quello che ritiene giusto. A volte sono necessari dei digiuni, delle penitenze, studiando certi argomenti o riducendo i privilegi.

I traduttori archeologici credono che gli Esseni fossero un ordine religioso, i sacerdoti erano i leader, l'autorità finale. Suddi disse che i sacerdoti avevano autorità solo sugli studenti a cui stavano insegnando. Non erano superiori al Consiglio.

D: *Mai nessuno dovette lasciare la comunità per insoddisfazionezione?*

S: Ci sono alcuni che se ne vanno a scopo didattico, per insegnare. Ma perché qualcuno dovrebbe desiderare di andarsene?

D: *Sono d'accordo con te, ma mi chiedevo se ci fosse mai stato qualcuno che era stato insoddisfatto.*

S: Probabilmente, è possibile. Non ho sentito di alcun caso. Ma perché dovrebbero?

D: *Se fossero infelici e credessero di poter essere felici altrove. Gli è permesso andarsene, se lo desiderano?*

S: Suppongo di si. (Indignato) Non siamo schiavi! Non abbiamo catene!

D: *Quindi rimangono perché vogliono restare. C'è mai stato nessuno che voleva essere uno studente, ma che fu allontanato?*

S: Si. I loro scopi venivano esaminati dai maestri, e i loro obietivi di studio divenivano chiari. E se c'era alcuna malizia nel loro intento, venivano allontanati.

D: *È forse mai successo che qualcuno vi abbia dato dei problemi o creato alcun disturbo éè non aveva ricevuto il permesso di restare?*

S: Non di recente. Tuttavia non significa che non sia successo in passato.

D: *Sai cosa avrebbero fatto se questo fosse accaduto?*

S: Non so. Io non sono un maestro, non è la mia decisione.

D: *(Stavo ancora cercando di scoprire le loro difese). Avete modi di proteggere la vostra comunità? Voglio dire, come armi o qualcosa di simile?*

S: Si. (Divenne cauto ed esitò). Abbiamo metodi diversi.

Disse che non usavano armi nel senso tradizionale e volontariamente non mi offrì ulteriori informazioni. Poi Harriet prese la palla al balzo e chiese: "Utilizzate il suono?" Lui esitò a lungo, poi rispose a bassa voce e con cautela, "Sì". Vedevo chiaramente che eravamo su terreno pericoloso. Sapevo che lui si poteva sentire come se avesse tradito la fiducia della comunità, rivelando questo piccolo dettaglio. Sembrava a disagio, sapevo che non potevamo proseguire ulteriormente, anche se mi sarebbe piaciuto scoprire di più. Cercai di rassicurarlo, dicendogli come pensavo che fosse impeccabile non aver bisogno di armi, e che nella maggior parte delle comunità, erano l'unico modo per proteggersi. Mi disse che ero troppo curiosa. Gli risposi che volevamo imparare quanto più possibile, ma era difficile trovare insegnanti. Certamente, lui disse, ci sono molti insegnanti in comunità. Il nostro problema era l'incapacità di fargli le giuste domande.

D: *"La vostra comunità ha forse alcun regole che sono diverse dalle regole normali della comunità ebraica?"*
S: Cosa posso dire, quando non ho molta familiarità con l'esterno e le loro leggi?

Sapevo dal Vecchio Testamento che gli Ebrei credevano in sacrifici di animali. Ma quando gli chiesi informazioni su questa pratica lui rispose enfaticamente rinnegandola.

S: "Io non sacrifico sangue! Perché sarebbe gradito a Yahweh uccidere qualcosa che lui stesso aveva creato? Non sembra molto logico."
D: *"Pensavo che praticaste molti degli stessi insegnamenti ebraici: la Torah e le Leggi."*
S: "Sono parte della fede ma non sono completi."
D: *"Ma gli ebrei seguono questa pratica del sacrificio, non è vero?"*
S: "Sì. Però per quanto ne so io, queste pratiche vennero prese in prestito da altre "religioni", come le chiamate voi. Non erano presenti negli insegnamenti originali. Ma noi non sacrifichiamo. Noi bruciamo incenso sugli altari, e questo per noi è una forma di sacrificio. Ma questa è l'unica modalità."

Parlava così enfaticamente contro il sacrificio che decisi di cambiare argomento e gli chiesi delle festività e delle celebrazioni che il suo popolo osservava. Non capiva la parola 'celebrazionÈ. "Mi è poco familiare", disse.

D: *"Una celebrazione è un giorno speciale, diverso dagli altri."*
S: "Oh... Lei parla dei giorni santi! Naturalmente c'è la Pasqua. Anche i giorni di Espiazione e di Rosh Shofar. La festa del nuovo anno e nuove stagioni."

Siccome non sono ebrea, non avevo naturalmente mai sentito parlare di queste celebrazioni, tranne la Pasqua che è menzionato nella Bibbia. Così gli chiesi dei giorni di espiazione.

S: "É il tempo in cui ogni anno mettiamo da parte le cose che abbiamo fatto e chiediamo perdono. E offriamo scuse a coloro che abbiamo danneggiato in alcun modo."

D: *"Mi sembra una buona idea. Tipo far tabula rasa col passato, e poi si riinizia tutto da capo. Ci sono altre feste?*

S: "La festa per il raccolto. Ci sono molte feste e molte altre cose che si celebrano."

S: "Non siamo persone passionali. Abbiamo una gran gioia di vivere!"

Ciò mi sembrava in contraddizione con le affermazioni dei traduttori, che supponevano gli Esseni fossero un popolo stoico e solenne. Sapevo dalla Bibbia che avevano l'abitudine di lavare i piedi altrui, e così gli chiesi se ne avesse mai sentito parlare.

S: Sì. Nella maggior parte dei casi laviamo i piedi agli ospiti che vengono per un pasto, in quel caso il padrone di casa gli lava i piedi. Ma questo è un simbolo di umiltà. Si pratica anche durante i giorni dell'espiazione, per dimostrare a Yahweh che siamo umili ai suoi occhi.

Il Capodanno ebraico oggi giorno si chiama 'Rosh Hashanah'. Però Il nome che Suddi utilizzò era diverso: 'Rosh Shofar'. Era forse un errore? Ho scoperto che 'Rosh' significa 'inizio'. E rimasi sorpresa di scoprire che una caratteristica speciale nell'osservanza del Rosh Hashanah è l'utilizzo nella sinagoga dello shofar, o corno di montone, durante la cerimonia, come richiamo al giudizio o al pentimento. È forse possibile che il nome Rosh Shofar derivi, in quei primi tempi, da questa abitudine di suonare il corno?

Ho trovato che "il giorno dell'espiazione" è ora conosciuto come Yom Kippur, il giorno più sacro dell'anno per la religione ebraica. È il culmine dei dieci giorni penitenziali che iniziano con Rosh Hashanah o il giorno di Capodanno. E viene descritto come un giorno di giudizio, che offre l'opportunità di cercare il perdono per i peccati commessi contro Dio. Nel caso dei peccati commessi contro il prossimo, si presenta la stessa opportunità di chiedere perdono. La fine di questa giornata è segnata dal suono dello shofar o corno di montone. Apparentemente Suddi stava chiamando l'intero periodo di dieci giorni le 'Giornate di EspiazionÈ. Volevo saperne di più sulle abitudini della terra d'Israele. Così gli chiesi dei servizi igienico-sanitari.

S: Io so che coloro che sono puliti sono sicuramente meno propensi alle malattie. Questo è noto da molto tempo tra i dotti. Ed è il motivo per cui quando arriva la pestilenza, colpisce sempre prima i più bassi di una città. E poi se si tratta di una grave pestilenza, continua su fino ai più alti. Ma questo dipende molto dal grado di igiene e pulizia. Ci sono diverse vasche che sono per diversi tipi di pulizia. Un uomo non usa mai la stessa vasca che ha usato sua moglie, perché viene considerata sporca. Lo stesso vale per i vestiti, ci sono utensili che vengono usati per il lavaggio.

Lui mi aveva già parlato del sistema sanitario di Qumran, ma mi chiedevo come la persona media in Israele gestisse la pulizia personale.

S: "Quando l'acqua è in abbondanza, si fa il bagno. Come ad esempio quelli che vivono vicino al mare, non si preoccupano dell'acqua. Ma quelli che sono nel deserto, spesso usano la sabbia. Se sei nel bel mezzo del deserto, non usi la tua ultima goccia d'acqua per farti il bagno."

D: *"Usate mai l'olio sulla pelle?"*

S: "No. L'Olio non viene utilizzato perché in questo deserto dove tutto è secco, caldo e polveroso, se utilizzi l'olio sulla pelle rimani completamente impolverato."

Quando chiesi qualche informazione in più circa le norme della pulizia, non mi resi conto che fosse una domanda così complicata.

S: (un sospiro) Devo spiegare ulteriormente. Dimmi, vuoi sapere della pulizia degli animali, la pulizia del corpo o dell'anima? Ci dovrebbe essere una rigorosa pulizia del corpo per purificarlo da tutti i mali che potrebbero voler entrarci. Digiunare aiuta a mantenere il corpo bilanciato.

D: *Non è il digiuno pericoloso per la salute?*

S: Se non è fatto per estremi, o per le ragioni sbagliate, può essere molto utile.

D: *Cosa mi dici della pulizia dell'anima?*

S: Ci sono molte leggi che coinvolgono questo argomento. Molte di queste leggi hanno a che fare col karma. (Un'altro sospiro) purtroppo non sono l'insegnante della religione. Stai confondendo la legge con il culto che gli altri hanno, delle cose supreme. Questo non è ciò che la legge intende. C'è molta confusione al riguardo che non dovrebbe essere presente.

Non voleva discutere di karma in questo momento, ma in altre occasioni lo fece. E ne discuteremo in un altro capitolo. Così ho continuato a fare domande sui loro usi e costumi a Qumran.

D: *Nella vostra comunità le persone hanno il permesso di sposarsi e avere una famiglia?*
S: Si. Ma per la maggior parte il marito e la moglie sono scelti l'uno per l'altra dagli anziani. Si dice che al momento della nascita viene stilato un grafico e allora vengono accoppiati a seconda del grafico. Non so come funziona.

Sembrava parlasse della stesura di un oroscopo. In quel momento pensai che gli Esseni fossero più democratici e non selezionassero i compagni per i loro membri. Da allora ho scoperto che questa usanza è molto antica in Asia ed è ancora seguita in alcuni paesi. Si affidano completamente agli oroscopi anche oggi giorno.

D: *"Le persone possono dire nulla in proposito, o devono sposare solo la persona scelta dagli anziani?"*
S: "Possiamo rifiutare di sposarci, ma poi non avremo l'occasione di trovare un compagno. Ovviamente abbiamo anche la facoltà di rimanere da soli.

Le donne avevano molta più libertà in Qumran che altrove in Israele. Potevano decidere di rimanere single, se volevano e potevano diventare insegnanti nella comunità. Tutto ciò mi sorprese perché conoscevo la legge Moseica del Vecchio Testamento e le usanze ebraiche che drastica-mente proibivano molte attività alle donne.

S: "Naturalmente possono diventare insegnanti, e perché no?"
C: *"Beh, le donne non possono fare nulla, in alcune comunità, tranne sposarsi e avere figli.*
S: "Se questo è il caso, allora molte volte una grande mente può essere persa. Che peccato! Perché non è forse vero che i primi anni di ogni bambino sono con sua madre? E quindi, se non c'è una donna intelligente, come può esserci un bambino intelligente?
D: *"Giusto. Tuttavia, ci sono molte persone che non la pensano in questo modo.*

S: "Allora è un peccato per loro. Dio ha creato due forme, sia maschile che femminile, perché si completarsi a vicenda, e non perché una sia inferiore o superiore all'altra."

D: *"C'è forse qualche tipo di regola che non permetta a qualcuno come sacerdoti o capi religiosi di sposarsi? (Stavo pensando ai sacerdoti o ai leader che dovevano rimanere celibi. Lui aggrottò la fronte come se non capisse)."*

S: "Perchè? Questo mi sembra molto sciocco. Chiunque può sposarsi se lo desidera. Si dice che due nascano nello stesso periodo e siano destinati a passare il resto della loro vita insieme. Se l'altro non fosse nato allora forse avrebbero scelto di non trovare un partner. Questa potrebbe forse essere l'unica ragione."

D: *"Che mi dici del lavoro nella comunità? Ci sono divisioni? C'è forse un lavoro che solo le donne o solo gli uomini fanno?"*

S: "Le donne hanno i bambini."

D: *"(Ridendo insieme) Giustamente! Ma cosa mi dice del cucinare?*

S: "Di solito alla cottura, ci sono i servi."

Questo mi sorprese. Presumevo che tutti fossero considerati eguali in una società così socialista, con nessuno nello stato di servo.

D: *"Non é forse un servo qualcuno al sotto di te?"*

S: "Si. Stanno praticando l'umiltà. Sono individui che hanno scelto per una ragione o l'altra di servire gli altri per un periodo di tempo. A volte può essere uno studente che sta facendo penitenza. Si, ci sono diversi motivi per questa pratica. Una persona vede qualcosa in se stesso che forse non gli piace. E per curarla, decide di servire un altro, perché era troppo orgoglioso e arrogante. Così rende se stesso inferiore in modo da raggiungere l'umiltà interiore, e superare il peccato di superbia."

D: *"Potrebbe mai essere qualcuno che da fuori viene portato in comunità solo ed esclusivamente come schiavo?"*

S: "Non abbiamo schiavi! Siamo solo uomini liberi. A volte ci sono persone che abbiamo liberato. Mio padre mi disse di aver visto un uomo in vendita al mercato, lo acquistò e lo liberò. Quest'uomo successivamente decise di restare con noi."

In questi casi, gli schiavi liberati avevano la possibilità di fare qualsiasi lavoro che li compiacesse, e gli era perfino permesso di studiare se ne avevano il desiderio. Gli studenti spesso si alternavano a servire, cucinare e svolgere vari altri compiti umili come, forma di penitenza.

Gli chiesi se la comunità usasse denaro e lui non capiva quello che volevo dire. Feci un pessimo lavoro nel tentativo di spiegargli il concetto di proprietà e possesso. In una società puramente comunista un tale concetto non poteva che essere sconosciuto. Non riusciva nemmeno a comprendere l'idea di acquistare qualsiasi cosa.

S: "Abbiamo alcune cose che sono nostre; ho il mio flauto. Ma se tutto è di tutti, si condivide."

D: *"Non c'è mai il rischio di controversie o dispute quando le persone hanno bisogno di condividere qualcosa?"*

S: "Non che io sappia. Non dico che non sia mai accaduto. Ma ognuno possiede lo stesso. Eccetto... si può possedere certe cose, facendo lavori diversi. Ognuno è giudicato secondo i propri meriti. Se qualcuno sta facendo il meglio che può fare in qualunque cosa stia facendo, viene giudicato sulla stessa base come qualcuno che è, ehm... Se lui è solo bravo a curare i giardini, ma sta lavorando al meglio delle sue capacità, allora viene considerato allo stesso modo di un uomo che è un brillante erudito ed eccellente nel suo campo. Sono uguali, perché entrambi stanno facendo del loro meglio in ciò che fanno. Così, sei giudicato in base al merito. Se non si lavora al meglio, non si ottiene quanto si potrebbe avere.

Sembrava un buon sistema, ma cosa si potrebbe dare a qualcuno che se lo meritava, se la comunità non utilizzava i soldi?

S: Beh, dipende ... come per qualcuno che fa giardinaggio, forse un nuovo terreno. Se tu fossi uno studioso, allora potresti guadagnare più papiri. Dipende tutto da te. Nessuno rimane senza. Se c'è bisogno, le cose che vale la pena di avere, si guadagnano. E le cose necessarie si ricevono.

Tutto aveva senso e il denaro non avrebbe alcun valore, perché non ci sarebbe nulla da comprare.

Aveva accennato al peccato di orgoglio, anche se per me un peccato é fare qualcosa di sbagliato a qualcun'altro.

S: "Trattare gli altri come loro non vorrebbero essere trattati, o parlar male di loro sarebbe un peccato. Perché non è nostro diritto giudicare. Non siamo messi qui per giudicare gli altri, ma solo per giudicare noi stessi."

D: *"Alcune persone pensano che infrangere uno dei comandamenti sia peccato."*

S: "Sarebbe un grande torto."

D: *"Avete qualche modo di espiare alcuni di questi errori, questi peccati?*

S: "Si deve chiedere l'altrui perdono. E dopo aver ricevuto il perdono altrui, bisognerebbe cercare di perdonare se stessi. E questa è la parte più difficile da accettare. Inoltre, se si è rubato qualcosa, bisogna restituirlo."

D: *"Come fare se non hai i soldi?"*

S: "No, non ne abbiamo, ma abbiamo le cose personali, che verrebbero donate come forma di compensazione."

Se si doveva dare alla parte lesa qualcosa a cui si teneva veramente, allora sarebbe stato molto più significativo. Apparentemente tali misfatti erano rari e lontani tra loro. Era sicuramente un ottimo sistema.

S: "Perché qualcuno dovrebbe voler assumere un tale debito, solo per fare qualcosa a qualcuno che non gli aveva fatto del male?"

D: *"Beh, penso che se ti avventuri fuori dalle mura, troverai che ci sono molte persone là fuori che fanno queste cose."*

S: "(Interrompendo) Beh allora non credo di voler andare!"

Sembrava piuttosto un peccato che un giorno sarebbe arrivato il momento in cui sarebbe rimasto deluso dal modo in cui gli altri vivevano al di fuori della comunità. Mi chiedo se perfino Gesù si sentì allo stesso modo, quando venne il suo tempo di andare.

D: *"Molte persone vorrebbero vivere in una comunità come la vostra."*

S: Ma tutti possono! Si basa tutto solo sull'amore. Se amate gli altri, allora non ci sono problemi.

D: *"Ma non tutti lo capiscono."*

S: "Ma ciò crea molti problemi. Se non si rendono conto continueranno a dimenticare da dove provengono, e forse per sempre. Questo é terribile."

D: *"Questa è una parte del problema, hanno dimenticato. Per fortuna che al tuo popolo è stato insegnato come ricordare, e preservare*

questi insegnamenti." (Che sono in realtà niente meno di ciò che Gesù stava cercando di mostrare alla gente).
D: *"Potremmo avere il permesso di venire a vivere lì?"*
S: "Non lo so. Accogliamo gente da altri posti, non vedo perché no. Devi andare davanti agli anziani, è una loro decisione."

Suddi aveva molte età diverse ogni volta che gli parlavo e gli facevo domande. Le informazioni sopra riportate sono state ottenute quando era giovane. Le seguenti domande sono state fatte quando era un uomo più anziano. Conoscevo alcune delle leggi del Vecchio Testamento, ma volevo sentire la sua versione. Così gli chiesi cosa succedeva alle vedove in Qumran.

S: "Si, ce ne prendiamo cura. Se venivano da fuori della comunità, e volevano tornare alle loro famiglie, ricevevano abbastanza beni per essere accettate al ritorno. (A quanto pare non potevano tornare alla loro casa a mani vuote). Se sono dei nostri e semplicemente desiderano rimanere, anche allora ce ne prendiamo cura."
D: *"Mi hai detto che quando ci si sposa, bisogna fare la composizione del tema natale. Poteva forse una vedova ricevere il permesso di risposarsi?*
S: "È possibile, sì. Se era giovane abbastanza ed era stato ordinato, sì. Ma anche qui, solo se le tabelle sono abbinate"
D: *"Pensavo avessi detto che la tua gente si sposasse solo una volta. È questo forse l'unico modo in cui qualcuno fosse in grado di risposarsi?*
S: "Se il compagno era morto, sì.
D: *"La legge ebraica non dice forse che se un uomo... se uno dei suoi fratelli muore, poi il fratello... (Interrompendo).*
S: "Allora lui la prenderebbe come sposa. E i figli, se ci fossero figli da quell'unione, apparterrebbero al fratello maggiore. Questa è la Legge ebraica, sì. Però, non si tratta della Torah. Si tratta, in moltissimi casi, di una situazione inutile, a causa del fatto che... solo perché un uomo e una donna che vogliono sposarsi e forse persino essere felici, in quel caso lei non sarebbe necessariamente felice con il fratello, o il prossimo maschio superstite, se dovesse diventare una vedova."
D: *"Questo è vero. Probabilmente pensavano che sarebbe stato un modo sicuro perché cui qualcuno si prendesse cura di lei.*
S: "Ma ci sono modi migliori di prendersi cura di loro."

D: "È mai permesso nella vostra comunità, sia per una moglie o un marito, di lasciare il proprio compagno? Capisci cosa voglio dire?" Non pensavo che avrebbe capito la parola 'divorzio'. La sua risposta mi sorprese.

S: "Ci sono momenti in cui possono vivere vite separate. E ho sentito di casi in cui, per alcuni motivi che sono stati rivelati solo agli anziani, sono stati sciolti, come se non fossero mai stati sposati. Le ragioni in questi casi sono note solo agli anziani. Non sono casi frequenti."

Suonava come l'equivalente del divorzio o dell'annullamento. Secondo la Bibbia, era una opzione, ma in alcune circostanze poteva essere considerato adulterio. A Qumran gli avrebbero permesso di risposarsi.

S: Il matrimonio è reso come se non fosse mai esistito. È per questo che le ragioni sono note solo agli anziani. Non è qualcosa che avviene comunemente. Pertanto, non si può, solo perché ci sono dei problemi, decidere di annullare il matrimonio. Sono casi molto, molto insoliti."

Mi sembrava un metodo molto diplomatico. Se solo gli anziani fossero a conoscenza dei motivi del divorzio (o annullamento), non ci sarebbe alcun rischio di pettegolezzi e censura pubblica da parte del resto della comunità.

Inoltre se gli anziani erano gli unici a sapere quali motivi erano accettabili, la coppia non sarebbe in grado di inventare ragioni disparate per uscire da una situazione indesiderata. In questo modo era tutto molto più privato, esclusivamente tra la coppia coinvolta e gli anziani. Tuttavia ero confusa, perché mi sembrava fosse tutto contrario alle leggi di comportamento accettabile della Bibbia.

S: "Si, nel diritto ebraico questo é proibito. All'uomo è permesso di mettere da parte la moglie, ma secondo la legge ebraica, se si risposa è un adultero.

D: "Pensavo che se la tua gente si sposa, si sposa per tutta la vita."

S: "No. Ci sono casi di errori, in cui la persona o l'anima decide di cambiare prospettiva. E che invece doveva imparare un'altra lezione.

D: "Allora sono molto clementi in questi casi, può..." (Interrompendo enfaticamente).

S: "Non sono indulgenti! Ma si può fare. E non è facile ottenerlo."

D: *"Ma se possono ancora risposarsi e se i grafici sono corretti, significa che ci devono essere più di un compagno ideale. È esatto?*

S: "Non sempre. Ma se c'è una buona ragione per annullare il matrimonio, c'è anche una buona ragione di credere che ci sia un altro compagno."

D: *"Mi chiedevo se hanno mai fatto un errore nello stilare i grafici?"*

S: "Nessuno mortale è infallibile. Non siamo dèi."

Questo dimostra che gli Esseni erano più umani rispetto ai loro contemporanei; specialmente se potevano perdonare gli errori, evitare alle persone di restare legati per tutta la vita o di condannarli come adulteri.

S: "Si dice che nei primi giorni dell'umanità, sia uomini che donne non erano sposati, nel senso che intendiamo noi ora. E che la donna aveva molti compagni, così come l'uomo. Quante più combinazioni fossero disponibili vennero effettuate, al fine di creare il maggior numero di tipologie di discendenti. E una donna aveva figli da molti uomini diversi."

Improvvisamente ho pensato alle tante leggende di creature metà uomo e metà animale. Aveva detto "quante più combinazioni". Mi chiesi se intendeva dire riprodursi anche con gli animali.

Questa idea lo fece arrabbiare, esclamo:"Questo sarebbe sbagliato!" Quindi, a quanto pare ho premuto il tasto sbagliato. Per lo meno avevo trovato una cosa completamente tabù.

D: *"Ma non considerano scorreta, l'idea di avere molti compagni per la procreazione di molti bambini?"*

S: "No, è solo dopo che l'idea di vergogna e di colpa furono introdotte nel mondo che questo divenne un tabù."

D: *"Non è forse detto nei Comandamenti "non commettere adulterio?"*

S: "Ma questi Comandamenti sono molto più tardi di Adamo e Eva. Infatti vennero dati a Mosè."

D: *"Che cosa si considera adulterio allora?"*

S: L'adulterio sarebbe mettersi con un'altro non apertamente e senza approvazione. Se la coppia aveva discusso, e deciso assieme, allora era tollerabile. L'intera idea dell'adulterio è molto strana.

Non aveva forse due mogli anche Abramo? Pertanto, se Sarah non approvava che lui avesse un'altra moglie, allora non era un adultero anche lui?

D: "Ma in quali casi sarebbe sbagliato?"

S: Nel nasconderlo, e nel cercare di ingannare l'altra persona. L'adulterio è il caso in cui tutti sanno, tranne colui che viene ferito di più. Se lo si è discusso apertamente e si è giunti ad un accordo allora non può essere adulterio. Questo è semplicemente un altro tipo di condivisione. Per molti molti anni è stato interpretato male."

Questo sembrava essere un cambiamento radicale rispetto alla concezione che la Bibbia presenta dell'adulterio. A quanto pare, se tutte le parti erano d'accordo e c'era apertura al riguardo, non veniva ritenuto adulterio. Veniva stigmatizzato solo quando portava sofferenza a qualcuno o se c'era l'intenzione di far del male.

D: "Purtroppo penso che un sacco di persone che non siano d'accordo su questo argomento."
S: "È un argomento su cui molte persone non saranno mai d'accordo."
D: (Ridendo) "Sono d'accordo."

Non voglio che nessuno pensi che io sostenga l'adulterio, ne credo sia necessariamente giusto il punto di vista di Suddi. Ma è un modo diverso di percepire qualcosa di così complesso. Posso vedere come potevano accettare quest'idea, anche se era totalmente contro le leggi e gli insegnamenti ebraici. Se Gesù è stato effettivamente educato dagli Esseni, ritengo che la sua comprensione di queste idee potrebbe giustificare perché prese la difesa della donna che stava per essere lapidata.

Lui avrebbe capito che il sesso tra adulti consenzienti non era considerato adulterio dal popolo della comunità di Qumran. Un gran numero delle loro credenze e insegnamenti si possono vedere riflessi nella vita di Gesù.

Mi interessavano le loro tradizioni sulla morte. Così gli chiesi informazioni sulla più infame di tutte: la crocifissione.

S: "I Romani la utilizzano. Succede quando un delinquente è inchiodato ad una croce. Prima gli legano mani e piedi. E poi con chiodi lunghi così (fece un gesto di circa sei – otto pollici con le dita) vengono piantati qui (indicò la zona al di sotto del polso, tra le ossa ulna e radio) e attraverso i piedi."

D: *"Perché dovrebbero fare qualcosa di così terribile?"*

S: "Se vedete qualcuno che ha fatto un reato ed è stato appeso lì per giorni e giorni a morire, vedete anche il suo tormento. Allora non ci pensate su due volte prima di compiere lo stesso reato. Non è nostro diritto giudicarli... ne di prendere una vita!"

Lo vidi rabbrividire, come se anche solo pensarci fosse orribile. Decisi di cambiare argomento, e gli chiesi delle abitudini funerarie.

D: *"Come disponete del corpo a Qumran?"*

S: "Molte volte viene unto con l'olio e l'incenso, e poi viene sepolto coperto di panni. Ma ci sono quelli di noi che preferiscono distruggere il corpo completamente bruciandolo. Io preferisco l'idea di trasformarmi in cenere."

D: *"Pensi che ci sia alcun danno a bruciare il corpo? Nel farlo nel modo che preferisci?"*

S: "No, perché ci sarebbe alcun danno? Per quel che ne so, questa usanza è molto antica."

Ero curiosa di conoscere le abitudini di sepoltura perché nella Bibbia è detto che Gesù fu sepolto nel sepolcro. Gli chiesi se era usanza mettere i corpi nelle grotte, e se conosceva la parola "sepolcro".

S: "Questa è un'usanza degli altri, sì. Un sepolcro significa una tomba. Si tratta di una zona più ampia che è stata forse scavato e preparata. E un'abitudine che è stato adottata dagli egizi. Loro credono che dobbiamo avere molte cose con noi durante il viaggio nell'al di là.

D: *"Ma il corpo si deteriora. Se è stato messo in un sepolcro, una tomba, una grotta, non sarebbe coperto dalla polvere o altro."*

S: "Mettono un qualche tipo di porta di pietra o qualcos'altro. Pertanto rimane al chiuso."

D: *"Ma non li mettete nelle caverne?"*

S: "È rarissimo che qualcuno di noi seppellisca il corpo dei suoi cari. Il corpo non ha alcun uso dopo che l'anima se n'è andata. Quindi, perché non riiniziare dal nulla e riportarlo alla polvere da cui proveniva?"

D: *"Qual'è lo scopo degli oli?"*

S: "Principalmente per l'odore. In Giudea e Galilea e altre zone limitrofe, le persone ungono il corpo con gli oli. Se era una malattia ad averne causato la morte, si dice che gli oli tengano la malattia lontano dagli altri. Poi, se si vuole essere sepolti o se viene costruita un pira, si fa tutto prima del tramonto nello stesso giorno del decesso."

D: "Quali sono i nomi di questi oli o erbe che vengono utilizzati?"

S: C'è mirra, incenso e molti altri che non posso nemmeno cominciare ad elencare. Ma questi sono i più comunemente utilizzati."

Rimasi sorpresa. Avevo sentito parlare di incenso e mirra solo in relazione ai doni dei Re Magi. Pensavo che fossero solo degli incensi e non sapevo che avessero a che fare con la sepolture.

D: "Ho sempre sentito dire che l'incenso veniva bruciato solo per il piacevole odore."

S: "Si spalma sul corpo. Altre volte si brucia prima di cremare il corpo. L'odore, il profumo è molto piacevole e quindi protegge il naso delle persone che stanno preparando il corpo."

Ricercando gli effetti d'incenso e mirra riscontrai che venivano utilizzati principalmente per i motivi dichiarati da Suddi: per ridurre l'odore del corpo in decomposizione. Inoltre l'incenso era utilizzato anche come una pomata adatta per guarire bolle e piaghe, quindi potrebbe aver avuto qualche effetto conservante anche sulla pelle dei deceduti. È inoltre un ottimo repellente per allontanare gli insetti.

D: "Quando seppellite il corpo nella terra, li mettete forse nelle bare?"

S: "A volte, ma molto raramente, perché il legno é prezioso e perché sono avvolti in sudari e messi direttamente nelle tombe o nei sarcofaghi."

Il cimitero di Qumran era fuori dalle mura, adiacente alla comunità e contava più di un migliaio di tombe. Quando De Vaux stava cercando di stabilire l'identità delle persone che vissero a Qumran, considerò molte possibilità. Le tombe sembravano a prima impressione di stampo arabo. Ma le guide locali di dissero che era impossibile, perché i corpi erano sepolti con la testa a Sud e i piedi a Nord, l'esatto opposto della tradizione Islamica. Sapevano che erano le tombe di miscredenti o non-arabi.

Era un cimitero molto particolare, a differenza di qualsiasi altro cimitero scoperto in quella regione. Furono riesumate alcune bare, ma senza artefatti o doni di sepoltura, come era consuetudine in zone limitrofe. Pere De Vaux era sorpreso di non aver trovato gioielli o ornamenti nelle tombe. Questo significava che la gente era molto povera o che il loro regime disciplinare non gli permetteva di indossare ornamenti. Gli archeologi furono inoltre sorpresi di trovare tombe con scheletri di donne e bambini, perché erano certi che solo uomini vivessero in una comunità monastica di questo tipo. Così, ancora una volta, gli scavi sembrano confermare le nostre informazioni in dettaglio e con precisione.

D: *"Che cosa fanno i romani con i loro morti? Hanno costumi diversi?"*

S: "Hanno tante usanze quanti sono i loro dèi. Hanno più divinità di quante si possano contare. Penso che una nazione ha molti dèi quando la gente non é sicura di se stessa, e quindi creano i loro dèi a loro immagine. Pertanto, se la nazione è contaminata, allo stesso modo lo sono anche i loro dèi. I Romani, non appena hanno una nuova divinità, questa viene quasi subito svilita come il resto delle altre. In ogni nazione ci sono uomini buoni, ma Roma tende a distruggere quelli che dicono la verità. Quindi, questo non va bene."

D: *"Avete un romano che è il leader della vostra regione?"*

S: "Sì. C'è un uomo che si fa chiamare Imperatore. Si considera l'imperatore del mondo."

D: *"C'è qualcuno che ha il controllo sulla vostra zona?"*

S: "Attualmente il nostro re è Erode Antipa. C'è un romano che è... Cosa volevo dire...? Uhm, governatore di questa regione. Sì, Ponzio Pilato. Quando Pilato dice di saltare, Erode salta."

D: *"Quindi è più importante?"*

S: "Lui è l'uomo con i soldati. Quindi sì, è più importante."

D: *"Hai sentito nulla su di lui? È un uomo buono?"*

S: "È riconosciuto come un uomo giusto."

D: *"Che dire di re Erode?"*

S: "(Sospirando) Quell'uomo è un pazzo! Non riesce a decidere se desidera essere Greco o Ebreo. E quindi, non riesce ad essere ne l'uno ne l'altro."

D: *"Ha mai oppresso la vostra comunità?"*

S: "Sa bene di non poter farlo. Provarci sarebbe la sua morte."

Ancora una volta mi fece pensare che devono aver qualche modo segreto di difendere la comunità, anche se non credeva nelle armi. Facendo queste domande stavo pensando alle storie di Erode nella Bibbia.

D: *"Ha una regina o una donna che governa con lui?"*
S: "Erodiade, (quasi sputando la parola) è la sua puttana!"

Rimassi di stucco dalla sua reazione. Così gli chiesi cosa sapesse di lei.

S: "(Sospirando) È stata sposata tre volte. Il primo marito l'ha ucciso per sposare Filippo. E poi ha lasciato Filippo per sposare Antipa."

Non voleva parlarne, era di cattivo gusto per lui. Mi chiedevo come potesse aver avuto così tanti mariti. Secondo la loro legge, doveva deporne uno prima di poterne prendere un altro?

S: "Ci sono molte lacune nella legge, che è riuscita a rigirare. Si dice che quando andò con Filippo il primo marito non era morto, quindi avrebbe potuto metterlo da parte. E ora che il suo primo marito è morto, era riuscita a corrompere, uccidere, o chi sa cos'altro, per essere in grado di prendere Antipa come marito."

Sembrava complicato. Ed a quanto pare è stato un matrimonio illegale.

S: "E chi sa cosa ne fu di Filippo? Sarà la rovina di Antipa. È il suo destino. Non so come o quando ma sono assolutamente certo che lei sarà la sua rovina."
D: *"Quando una persona entra in una vita, mi chiedo perché devono scegliere di fare del male, o di rendere la vita un inferno per gli altri."*
S: "In realtà non è una scelta. È a causa... Alcune persone, a causa di pressioni esterne, forse dovute dagli individui o dalla comunità in cui vivono. Vengono spinti a fare cose che, nell'intimo, sanno essere sbagliate. Nessuno sceglie di essere cattivo."
D: *"La scelta è fondamentalmente nelle mani di ogni individuo, a seconda del tipo di influenza che ricevono?"*
S: "Inoltre, hanno sempre la scelta di sopportare."

Capitolo 7
La Biblioteca Misteriosa

Durante una sessione con Suddi mentre era ancora un giovane studente, raccolsi la mia prima indicazione che Qumran non aveva una scuola comune. Insegnavano materie molto più arcane e profonde di quanto chiunque potesse immaginare. Inoltre imparai che la biblioteca possedeva molti misteri strani e meravigliosi. Suddi era nella zona didattica della biblioteca, e gli chiesi una descrizione.

S: "Gli edifici sono uniti. Non sono separati, sono un tutt'uno. La biblioteca è nell'edificio centrale. È molto grande. Ha molte finestre ed è molto luminosa. La luce proviene dall'alto, dove ci sono diverse finestre. Ci scaffali sui quale riponiamo i rotoli che sono avvolti in pelli e altri materiali. Alcuni non sono nemmeno pergamene. Altri sono solo documenti stampati su diverse pelli e messi insieme. Studiamo molti argomenti diversi qui. La maggior parte di tutto ciò che si trova in questo edificio sono libri che contengono tutta la conoscenza, che abbiamo accumulato. Un uomo potrebbe spendere tutti i suoi anni qui e non riuscir mai a leggere tutte le pergamene e i libri che ci sono."

D: "Mi dicevi prima che la biblioteca ha due piani. Cosa c'è sull'altro piano?"

S: "I rotoli. Il centro dell'edificio è aperto in modo tale che si possa guardar giù dal secondo piano e vedere il pavimento del piano terra."

Sembrava come se un balcone superiore circondasse la stanza. Il che permetteva alla luce di illuminare il primo piano. Mi chiedevo se ci fosse il pericolo di cadere."

S: "Ci sono delle ringhiere per proteggere l'utente dal rischio di caduta. La zona centrale della biblioteca è luminosa, ma la parte posteriore dove cataloghiamo i rotoli, è più oscuro in modo da limitare il danno alle pergamene. Ci sono finestre nel soffitto. Sono coperte da pelli che sono state trattate e rese trasparenti. In modo da repellere la polvere e gli insetti, e far passare la luce.

Nella zona dove studiavano, c'erano tavoli appositamente realizzati e costruiti per facilitare lo studio dei rotoli. Dai suoi movimenti e sulla sua descrizione, sembrava ci fossero staffe montate ai lati della tavola per srotolare i papiri parallelamente alla tavola. Ho sempre pensato che i rotoli venissero srotolati orizzontalmente, non verticalmente. Inoltre osservando le sue dita notai che leggeva da destra a sinistra. Ho assunto che avrebbe iniziato a leggere dal fondo del rotolo, invece mi disse che dipendeva dalla scrittura. Certi documenti cominciano dal basso e altri dall'alto. Erano scritti in ogni lingua conosciuta:"Greco, Vulgato, Aramaico, Arabo, Babilonese, Siriano, Egiziano".

D: *"Da dove provengono tutti questi documenti? Li avete scritti tutti qui?"*

S: "La maggior parte sono stati almeno ricopiati qui. Ma molti arrivavano da altri posti e venivano raccolti qui. Si tratta di essere a caccia continua di nuove conoscenze. Ci sono concetti nuovi introdotti ogni giorno. La stanza, dove vengono copiati, è appena fuori dalla libreria ed è anche più luminosa. Ci sono tavole di grandi dimensioni che sono, ancora una volta, in posizione verticale, in modo che il rotolo sia davanti al lettore. Sono molto simili alle tavole di lettura. C'è qualcosa dietro gli scrittoi per mantenere la pressione quando si scrive. Queste tavole sono in legno. Parte degli sgabelli sono fatti in pietra, ma la maggior parte sono fatti di legno.

Sembravano molto simili a tavoli da disegno.

D: *"Che cosa state imparando nelle vostre classi?"*

S: "(Sospiro profondo) "Tutto! Oh, non è male. Ci insegnano le stelle e la matematica. La legge e la Torah e altri concetti come questi."

Mi chiedevo quali metodi di matematica fossero disponibili a quell'epoca. Come al solito, ho ricevuto più di quanto mi aspettassi.

S: "Uno dei miei insegnanti, mi disse che anche un asino ha più conoscenza della matematica di me. (Questa osservazione provocò risate tra gli ascoltatori). Per me la legge è viva. È piena di emozione e profondità. La matematica é fredda, numerica e per me é priva di significato. E quindi non mi interessa. Viene data troppa importanza alla matematica. Si dice che c'é conoscenza nascosta nella matematica, che sarà in futuro scoperta e riutilizzata. Quindi dobbiamo imparare il teorema e altre modalità di calcolo, così che possiamo imparare ad analizzare e utilizzare la matematica per tutta la nostra vita. Ci sono molti diversi tipi di matematica. Si occupano di assoluti, teoremi e geometrie.

D: *"Vediamo, se conosci alcuni termini di calcoli matematici che noi usiamo. Per esempio, abbiamo addizione, sottrazione e moltiplicazione.*

S: "Dimmi di più. Non conosco questi metodi."

D: *"Questi sono i metodi di combinare i numeri. L'addizione prende due numeri e li mette assieme."*

S: "Per trovare il totale? Sì, questo lo abbiamo fatto. E anche per aumentarli l'uno con l'altro; sì, fatto. Anche per sottrarre. E modi diversi di calcolare l'altezza, il volume dei solidi. Ci sono molte formula.

D: *"Avete strumenti per aiutarvi a fare i calcoli? Sai di cosa sto parlando?"*

S: "Come per il... Il termine che hai usato era... ehm, addizione? La più facile da fare è con i nodi, le cinture a nodi. È una cintura annodata che ha delle stringhe pendenti di diverse lunghezze. Ogni nodo rappresenta un numero. Ci sono persone bravissime che possono stare lì e calcolare con queste cinture tutto il giorno. Si tratta di strumenti di calcolo. Ci sono quelle molto grandi, che rimangono sempre appese. Oppure quelle legate in cinta, per fare i calcoli da seduti. Come i commercianti al mercato. Che le utilizzano per fare addizioni e altri conteggi. Le persone istruite dovrebbero essere in grado di usarlo. (Sorridendo) Dicono che è il più facile da usare."

Quando cominciai a ricercare, per verificare le cose di cui Suddi parlava, non sono riuscita a trovare nulla di simile che, fosse utilizzato in quella parte del mondo. Ma suonava molto come il quipu, utilizzato dagli antichi Inca in Perù. Il quipu è un computer a corda utilizzato per il calcolo nella loro società.

Si trattava di corde di varie lunghezze, che vanno da un pollice fino a circa due metri che venivano sospese ad un tirante. Il tipo di nodo e la sua posizione sul cavo rappresentava numeri decimale, da uno a nove mentre uno spazio vuoto sulla corda rappresentava lo zero. Certo, gli Incas vivevano dall'altra parte del pianeta rispetto a Qumran, ma è plausibile che altre culture utilizzassero questo metodo di calcolo e che scomparve col tempo? La comunità di Qumran apparentemente raccoglieva una quantità incredibile di conoscenze da ogni dove. Stavo cominciando a pensare che tutto fosse possibile.

S: "A volte si usano le stecche di diverso colore per ogni quantità. E ci sono molti modi di utilizzarli. Sono proprio lunghi così. (Con le dita fece un gesto di circa quattro centimetri). Ad ogni colore una cifra... si aggiungono e sottraggono facilmente. Non sono molto bravo ad utilizarli. Non li conosco bene ma sono blu, rossi, gialli, arancioni, bianchi e neri. Ho anche sentito di un altro strumento con la cornice. Si tratta di perline su fili. Ne ho visto uno, ma non so come usarlo. Contano queste perle."

Sembrava l'abaco cinese. È molto antico ed è possibile che ne fossero a conoscenza. Se ne fossero stati a conoscenza, non vedo come possa essere inverosimile che conoscessero anche il quipu, salvo che la Cina era in realtà più vicina e potevano avere un contatto diretto per mezzo di carovane commerciali.

S: C'é anche la matematica usata per studiare le stelle. Viene utilizzata per tracciare la direzione dei pianeti, da qui a qui. (Fece un gesto) E con le mappe siamo in grado di calcolarla. Abbiamo delle carte che ci aiutano a ricordare la posizione delle stelle. Abbiamo anche degli stellatori, e due di loro sono molto potenti (Gli chiesi un chiarimento). Sono dei tubi da cui si guarda attraverso l'estremità più piccola, ed è come se le stelle venissero portate davanti al tuo naso. Sono molto, molto vecchi. Si dice che il nostro popolo, agli albori, fosse in grado di costruirli, ma col tempo l'arte è stata persa. Non è stato fatto a Qumran, ed é di molte generazioni fa.

Un telescopio! Ma non avrebbero dovuto essere inventati almeno molte centinaia d'anni dopo? Non so perché dovrebbe essere così sorprendente. L'arte del modellare il vetro risale al tempo degli antichi Egizi. Sicuramente qualcuno in tutto questo tempo deve essere stato abbastanza curioso da guardare attraverso un pezzo di vetro e notare la distorsione ottica. Erich von Daniken fornisce nei suoi libri due esempi della scoperta di lenti di cristallo. Uno è stato trovato in una tomba a Helwan in Egitto, ed è ora al British Museum. L'altro è in Assiria e risale al 7° secolo a.C.. Erano meccanicamente interrati, e la conoscenza per produrli richiede una sofisticata formula matematica. A cosa servivano queste lenti? Per osservare le stelle?

C'erano tre diversi telescopi a Qumran che variavano in dimensioni. Non erano installati nella biblioteca, ma si trovavano in un osservatorio in alto sulla collina sopra la comunità. Due di questi erano montati in modo permanente ma non il terzo, più piccolo e portatile. C'erano maestri che vivevano nell'osservatorio e studiavano costantemente il moto delle stelle. Agli studenti era permesso di guardare attraverso questi telescopi solo quando erano impegnati nello studio degli astri. Stavo ancora cercando di assimilare questo nuovo sviluppo quando mi stupì ulteriormente. Quest'intera sessione fu piena di imprevisti.

S: "Hanno modelli delle stelle che si muovono costantemente, come fa il nostro sistema. Ne hanno uno del sistema stellare in cui viviamo."

Ho pensato: "Aspetta un attimo, cosa ha appena detto? "Ero sicura di averlo sentito correttamente? Hanno un modello?!"

Il concetto che avessero un modello era così intrigante per me che ero determinata a saperne di più. Così ho fatto molte domande per cercare di avere un quadro chiaro di come apparisse. I contenuti di questa biblioteca mi presero alla sprovvista, anche se imparai presto a non rimanere sorpresa di nulla quando parlavo di Qumran.

Era frustrante per lui cercare di descrivere e spiegare qualcosa che gli era così familiare. Era irritato dalle mie continue e insistenti domande. Probabilmente si chiedeva perché non potevo vederlo. Il modello, o planetario, si trovava nella libreria insieme a molti altri misteri. Si trovava al centro della stanza. Era grande, "forse come due uomini affiancati e con le braccia aperte. Questa era la larghezza e l'altezza probabilmente due volte quella di un uomo."

L'intero modello era realizzato in bronzo. Al centro c'era una grande sfera rotonda che rappresentava il sole. Una sbarra verticale sull'asse dei poli lo attraversava fino al pavimento. Dalla parte inferiore a livello del pavimento c'erano molte altre aste, ciascuna con una sfera di bronzo sull'estremità. Queste rappresentavano i vari pianeti del sistema solare.

Ciascuno era nell'esatta posizione della propria orbita attorno al sole. Non c'erano lune o satelliti, solo sfere di dimensioni uguali per ogni pianeta. Questo intero modello era in costante movimento. Il sole girava su sé stesso, le aste spostavano i pianeti intorno al sole nella esatta posizione e distanza delle loro orbite. Le sfere si muovevano in un'ellittica intorno al sole. Suddi mi spiegò tutto ciò con molta enfasi e gesticolando. Mi descrisse l'orbita come: "L'ellitica, é alta qui e stretta fuori alle estremità. È come un cerchio che è stato allungato... e ristretto." Per me era incredibile che fossero riusciti a riprodurre con precisione l'intero sistema solare. Però non riuscivo a capire qual'era la fonte di energia che manteneva il moto rotazione del modello.

S: "Quando la terra si muove, continua a girare. La terra gira e gira. In primo luogo parte dal pavimento, dopo aver preso velocità vola verso il cielo. Ed è così. Il movimento induce il moto perpetuo."

Avevo capito che il planetario era una macchina del moto perpetuo azionato dalla forza centrifuga. Forse qualcun altro ha una spiegazione migliore. Il modello era circondato da una ringhiera per evitare che ci si avvicinasse troppo. Probabilmente aveva un meccanismo molto delicato, e il suo movimento poteva essere disturbato facilmente.

S: "Gli studenti sono ammoniti di non avvicinarsi. Si dice che anche un soffio potrebbe fermarlo e poi ci vorrebbe un sacco di tempo per farlo ripartire. Pertanto non ci è permesso avvicinarci."
D: *"Qualcuno dei pianeti sembra diverso?"*
S: "Nel modello sono tutti uguali, ma in realtà sono di diverse dimensioni. Non c'è nulla di uguale nell'universo. (Il suo entusiasmo infantile era gioioso nel desiderio di condividere la sua conoscenza.) Anche se guardi due formiche, sembrano identiche. Ma c'è qualcosa in una che l'altra non ha. Nulla nell'universo è identico."

Che fosse davvero così delicato? La minaccia funzionava e tutti stavano ad una distanza di sicurezza. Dal momento che il pavimento era di pietra, il movimento delle persone nella stanza non era un problema. Non poteva darmi ulteriori informazioni sulla sua costruzione, dato che era molto vecchio ed era stato installato da molto tempo.

Ho ricevuto un'altra sorpresa quando gli ho chiesto quanti pianeti erano rappresentati dalle sfere. Rispose ce ne sono dieci. Nel nostro sistema scientifico attuale siamo consapevoli solo di nove pianeti. Il nono pianeta, Plutone, è stato scoperto solo nel 1930. Si discute dell'esistenza di un decimo pianeta nella comunità scientifica perché qualcosa sembra stia influenzando le orbite degli altri pianeti. Cercai di rimanere indifferente, come se nulla di importante mi era stato appena rivelato e chiesi se poteva nominare i pianeti per me.

S: "Li chiamerò con i loro nomi romani, che probabilmente ti sono più familiari. Sono conosciuti con molti nomi, ma questi sono forse i più conosciuti. (Parlava lentamente, come se stesse pensando) In ordine ci sono Mercurio, Venere o Mathusias (fonetica), la Terra, Marte, Giove e Saturan... Vediamo, dopo Saturan arriva Urana, Nettuno e Plutone. E fuori oltre Plutone vi è una chiamata. . . Vediamo, credo che le diedero il nome di Juna. Di chi sia stata l'idea di chiamarli così, non so. So che sono dieci. Juna, quello più lontano, dicono che ha un'orbita molto erratica. Non è ellittica, ma oscilla da una parte all'altra, e gira intorno a Plutone. Richiede una gran quantità di tempo per completare la sua orbita."

Fece un gesto con le mani per mostrare l'orbita di Juna.

D: *"Partendo dal sole, mi puoi dire, la dimensione approssimativa di ciascun pianeta?"*
S: "(Lui forse si riferiva a una mappa o un grafico qui.) Mentre il sole è qui, ce n'é uno piccolo, e un'altro abbastanza piccolo, e il terzo é un po' più grande. Da lì tutti gli altri sono un po' più grandi. Raggiungono un punto medio, e poi cominciano di nuovo a diminuire di dimensioni. Il più grande è Giove e il più piccolo é Juna. Hanno tutti delle lune, alcuni ne hanno molte. Ma non fanno parte del modello. Ma ci hanno detto che ci sono. Più grande é il pianeta e più lune ha. Saturno ha degli anelli che sono fatti... Si dice che fossero un altro pianeta che si é raccolto e viene chiamato... Anelli. Si possono vedere quando guardi. Ci sono molte centinaia di anelli, ma non sono visibili nel modello. Queste cose ci vengono dette e le vediamo con il telescopio. Il nostro pianeta è la Terra. Ha una luna senza aria."

Gli chiesi se avesse mai sentito parlare di un altro pianeta che esplose molti, molti anni fa. Stavo pensando alla teoria della creazione della cintura di asteroidi. Ci doveva essere qualcosa tra Giove e Marte.

S: "Probabilmente colpì Giove, non ne so niente. Si dice che il nostro universo è ancora giovane e in continuo cambiamento, quindi è molto plausibile."

D: *"Come fai a sapere di tutti questi pianeti? Sicuramente non si possono vedere tutti, anche con i vostri telescopi?"*

S: "Io non li ho visti tutti. Si dice che gran parte della conoscenza del nostro sistema, così come lo conosciamo, è stata tramandata da molte, molte generazioni."

D: *"Sai chi ha fatto questo modello?"*

S: "Si dice che i Kaloo lo fecero."

D: *"Chi sono i Kaloo?"*

S: "Come faccio a spiegartelo...? Sono le persone che hanno lasciato il loro paese per condividere con gli altri la conoscenza che avevano accumulato. E si dice che noi proveniamo da loro. Si dice che siamo membri della loro stirpe morente. Ci viene insegnato a diffondere la conoscenza tra gli ignoranti nella speranza di ristabilire l'età dei lumi. Non so molto su di loro. Alcuni dei maestri conoscono in profondità i loro insegnamenti e le loro origini. Questa conoscenza è accessibile solo agli occhi di pochi. E non è acconsentito parlarne con estranei."

Mi chiedevo se avessero avuto qualche connessione con il continente perduto di Atlantide, e gli ho chiesto se conosceva il nome del luogo da cui erano venuti.

S: "Non lo so. Si dice che è andato perduto. Vennero dalla direzione in cui il sole tramonta, dall'Occidente. Che si stabilirono in Egitto e poi viaggiarono in questa direzione. Non so dove siano andati. Tutto ciò avvenne molti, molti secoli orsono."

D: *"Hai detto che lo scopo é di riportare l'età dei lumi. C'è stato un tempo in cui le cose erano più luminose di adesso?"*

S: Non so. Si dice che c'era un tempo quando grandi opere ebbero luogo, quando tutti gli uomini erano uniti. E ci sono rimaste solo alcune di quelle cose, come ad esempio il modello. Le cose che proteggiamo, sono mantenute per dimostrare che sono possibili. Che non sono solo leggende. Si dice che i Kaloo continuano a viaggiare. Questo fa parte del loro destino. Alcuni di loro viaggiano nella speranza di trovare altri della loro gente, e sono ancora in viaggio. E si dice che alcuni di loro hanno persino dimenticato da dove hanno iniziato a viaggiare. Altri come noi qui, sono loro discendenti e discendenti dei nativi che ancora stanno proteggendo le conoscenze passate."

Questo spiegherebbe la loro attenzione per il modello. Se gli fosse successo qualcosa, non saprebbero come crearne un altro.

D: *"È per questo che rimanete isolati, lontani da altre città e altre persone?"*

S: "Si dice che se vogliamo andare fino a dove sono gli altri, un sacco di conoscenza verrebbe persa, perché le persone verrebbero allontanate. A causa delle tentazioni e non avrebbero a cuore la vecchia conoscenza."

D: *"C'è altro che hanno portato alla tua gente?"*

S: "La conoscenza che in un prossimo futuro ci sarà un Messia. Si dice che in molti dei luoghi dove passavano annunciavano la storia della sua venuta. E che conoscessero il tempo della sua venuta. C'è molta più conoscenza, ma viene condivisa solo con coloro che studiano queste cose. Decisero che io ero propenso allo studio della legge, e questo è quello che faccio al meglio. Quindi non ho bisogno di studiare questi argomenti, perché sarebbero solo un peso per la mia mente. Li ho sentiti parlare del Messia, ma non sono informazioni che vogliono condividere con un bambino. Devo ancora celebrato il mio Barmitzvah, che mi renderà uomo. Poi farò parte della comunità degli adulti. Non ho ancora bisogno di sapere queste cose per il mio destino. Pertanto, perché interferire col destino in questo modo?"

D: *"Se devi studiare la legge, perché ti fanno conoscere le stelle?"*

S: È necessario per certe decisioni di vita quotidiana, e volte per conoscere un po' del nostro destino, ma non troppo. Inoltre ci sono altre ragioni per studiare le stelle del firmamento e del nostro sistema. Perché sono fisse. Si dice che quando i pianeti sono in un certo modo... se alla nascita sono in una certa posizione, allora avranno una forte influenza sulle attività della nostra vita. Io non so come leggere queste posizioni. Anche in questo caso, solo i maestri insegnano questi argomenti. Si dice che le stelle sussurrino la verità alla gente, ma noi studiamo solo dove sono e cose simili. Studiamo astron.

Non usò la parola 'astronomia'. Nel dizionario, "Astron" deriva dal greco e significa stella. Disse che la stella più luminosa nella loro parte del cielo era chiamato Garata (fonetico) e si trovava nella parte settentrionale del cielo. Diceva che alcune persone vedevano i gruppi di stelle lassù come persone o animali. A lui sembrava come se "qualcuno avesse preso un secchio di sabbia e lo avesse gettato in aria".

Mi chiedevo cos'altro poteva esserci in questa fantastica libreria. Disse che c'erano scheletri di vari animali che venivano conservati per motivi di studio. Avrei dovuto essere preparato alle sorprese ormai, ma la risposta successiva ancora una volta mi prese alla sprovvista.

S: "C'è molto di più qui. C'è un grande cristallo che... Come posso dire...? ha quattro lati connessi in un punto, e il quinto lato constituisce la base (una piramide). È un... moltiplicatore di energia, per usare i termini giusti. Quando l'energia viene immessa, all'uscita ce n'è molta, molta di più. È utilizzato in diversi modi. Non sono molto sicuro come. Inoltre è protetto. È circondato da un muro. Il muro arriva circa qui (altezza della vita). Lo si può vedere, ma non ci si può avvicinare. Il cristallo é riposto su un piedistallo dietro la parete. Viene schermato in una zona dove ci sono delle tende che possono essere tirate intorno ad esso."

(Con le mani indicò la dimensione del cristallo, circa 1,2 metri quadrati. Ma il colore era incerto) "Cambia. Non è mai lo stessa. Lo guardi una volta ed è blu. Lo guardi di nuovo e forse è viola o verde o... Non è mai lo stesso colore."

Non sapeva da dove il cristallo provenisse, era lì "da sempre, almeno che io sappia". La parete era per protezione, il cristallo era così potente da bruciare se toccato, solo una persona era in grado di avvicinarsi.

S: "Mechalava, il maestro dei misteri. È in grado di incanalarlo e anche i suoi allievi sono in grado di farlo. Concentrano la loro energia sul maestro e la trasferiscono al cristallo che viene utilizzato in molti modi diversi ma non ci è permesso conoscerli."

D: "Intendi che l'energia viene immagazzinata dagli studenti, verso il maestro e poi nel cristallo, piuttosto che il contrario?

S: E poi esce dal cristallo per qualsiasi uso che ne avrebbero fatto. Hanno la capacità di incanalare e dirigere l'energia dove vogliono. Si dice che la volontà di Mechalava sia più forte. Lui è molto vecchio sta aspettando la nascita di uno come lui, per trasmettergli le responsabilità. Verrà educato fin da bambino. Alcune delle conoscenze sono state tramandate, ma non tutte. Mechalava insegnava i misteri alla maggior parte di noi. Si dice che una volta tutti avevano questa conoscenza, e per ragioni egoistiche crearono un danno enorme. Da allora solo determinati individui, ritenuti abbastanza responsabili, possono ricevere questa conoscenza. In modo da tramandarla fino al momento in cui, ancora una volta, tutti saranno in grado di ricevere questa conoscenza e usarla positivamente. Pertanto, Mechalava si occupa di preservare questa conoscenza.

Gli archeologi trovarono due basi di colonne stranamente collocate in uno degli edifici. Erano collocate nel terreno, una vicina all'altra come se fossero il sostegno per qualcosa. Non c'era alcuna spiegazione plausibile per loro. Possiamo ipotizzare che fosse il piedistallo su cui poggiava il cristallo? Cercai di scoprire i misteri che Suddi poteva aver imparato.

S: "Non mi è permesso di parlarne, perché questo fa parte del... A meno che lo studente non sia stato verificato, non ci é permesso parlarne."

Cercai di aggirare le sue obiezioni, chiedendo in quali materie fossero i misteri, per esempio, la legge o la storia. Pensavo che sarei riuscita ad ottenere facilmente le informazioni, mentre parlavo con lui in giovane età, ma anche allora il vincolo di segretezza era presente.

S: "No, sono con... Altre cose. In parte è lo studio della mente. E della fonte di grande potere."

Si é rifiutato di rivelare altro sui misteri, così decisi di cambiare argomento. Forse più tardi, sarei stata in grado di scoprire di più attraverso qualche altro stratagemma.

D: *"Hai detto che il cristallo immagazzinava energia? Mi puoi dire se conosci dei metalli che possono raccogliere energia?"*
S: "Diverse dozzine. Dipende dalla vibrazione di cui hai bisogno. Espletano funzioni diverse. Al livello più alto ci sono l'argento o l'oro. A livello l'inferiore ci sono l'ottone e il rame. Ma le pietre hanno la più alta capacità di raccogliere energia."
D: *"Sembra che hai un sacco di conoscenze che gli altri non hanno."*
S: "Dobbiamo cercare di tenerla viva ed evitare che sia dimenticata.

91

Capitolo 8
I Dodici Comandamenti

Durante questa sessione Suddi aveva dodici anni. Pensavo che non avesse studiato a lungo, ma non era d'accordo, disse che gli sembrava da un'eternità.

S: "Io non so di altri, ma dove vivo si comincia a sei o sette anni. Tra di noi ci sono quelli di discendenza ebraica, siriana ed egiziana. Siamo in tanti. Siamo tutti diversi, ma condividiamo lo stesso pensiero e le stesse credenze. Credono in Dio Abba e siamo riuniti qui per portare luce nel nel mondo dove non c'è altro che oscurità."

Si noti la somiglianza tra queste affermazioni e le parole di Gesù che era la luce del mondo.

D: *"Ho sentito dire che gli Esseni sono un gruppo religioso."*
S: "Siamo un gruppo religioso perché crediamo in Dio. Ma arrivare a dire che la nostra strada è una religione è diverso. Dato che sembra essere così... Inibente. Non è la stessa cosa. C'è molto di più, perché stiamo preservando e tenendo viva la conoscenza e la luce al mondo.

Mentre parlavo con lui, stava ricopiando parti della Torah. Pensavo che l'unica ragione di ricopiare una pergamena era che il libro fosse in cattive condizioni. Ma disse che la pelle originale era ancora in ottimo stato. Semplicemente, il padre pensava che la copiatura lo avrebbe aiutato a ricordare.

S: "Dice che potrebbe aiutare. Ho la testa dura, devo provare ogni cosa. Anche la mia memoria non è un gran che. Cosa posso farci?

Mi interessava la loro scrittura. Disse che per fare i compiti usavano tavolette di argilla, perché non le avrebbero conservate. Solo i testi permanenti erano su papiro.

S: "Con le tavolette di argilla è facile per uno studente vedere come ha scritto le parole. Inoltre sono più pratiche ed è facile creare tavolette di argilla o cera, che possono essere fuse e rimodellate. Ma, il papiro, una volta utilizzato, è finito."

Usava uno stilo, un bastone appuntito, per scrivere sulle tavolette. Coi papiri si può usare lo stilo immerso nell'inchiostro o un pennello. Per lo più scriveva in Aramaico, la sua lingua madre. Non sapevo nulla delle lingue parlate in quella parte del mondo, e lo confusi quando gli chiesi del suo alfabeto. Non aveva la minima idea di cosa stessi parlando, ed è difficile spiegare in termini semplici ciò che non conosciamo bene. Non mi era mai venuto in mente che le persone di altri paesi potrebbero non usare le lettere come noi. Cercò di spiegarmi che non erano lettere ma suoni a comporre la loro lingua. Non ho capito cosa volesse dire. Successivamente, quando cominciai a fare ricerca scoprii che le lingue Orientali sono molto diverse dalla nostra. Utilizzano simboli che rappresentano un certo suono e i suoni compongono le parole.

Gli chiesi se mi poteva leggere ciò che stava copiando. Durante la lettura usò più parole che erano sicuramente in una lingua straniera, poi parlò lentamente in inglese, come se stesse traducendo ciò che stava vedendo.

S: "Sono i Comandamenti di Mosè. Dice: Il Signore Dio tuo ... non devi avere altro dio oltre a me. Non fare immagini di pietra... di altre divinità da adorare. Onorare il padre e la madre. E non uccidere o rubare o commettere adulterio. Ci sono molti di loro. Mosé era un grande dotto della legge. Queste sono solo alcune delle prime delle molte che diede.

Era ovvio che stese leggendo dai Dieci Comandamenti, ma mi ha sorpreso quando ha detto che c'erano dodici comandamenti. Ma non riuscii a chiedergli di più. Successivamente, durante un'altra seduta quando Suddi era un uomo più anziano, un'ottima occasione si presentò per chiedergli dei due comandamenti in più. Era un giorno importante, aveva circa 40 anni. Stava praticando la sua meditazione quotidiana.

S: "Meditare mi fa sentire molto bene. Mi fa sentire sostenuto, come se avessi una solida base d'appoggio."

Era un giorno importante e stava meditando per calmare la mente.

S: "Oggi dovrò superare un test per vedere se merito la fascia blu."

Quando un Esseno indossava la fascia blu sulla fronte, aveva raggiunto il rango di maestro. Il test era l'ultimo requisito e il culmine di tutti i suoi anni di studio.

S: "Uno studente partecipa alle lezioni e viene testato dagli anziani per vedere quanta conoscenza e comprensione ha accumulato. Si può avere molta conoscenza e tuttavia essere privi di comprensione, rendendo quindi la conoscenza inutile. Per essere un maestro, bisogna avere la conoscenza e la comprensione. Di qualsiasi materia, Legge, Astrologia o qualsiasi altra é necessario disporre di comprensione, per essere un maestro. Pertanto verrò esaminato dagli anziani. Mi interrogheranno tutti per giudicare la mia comprensione.

D: "Sarà una lunga interrogazione?"

S. "(Seriamente) Non se sbaglio immediatamente. Si, potrebbe andare avanti per un bel po'. Ma io non fallirò. Le risposte mi verranno."

Era il momento perfetto per chiedergli dei comandamenti in più, proprio perché poteva essere una domanda che gli avrebbero chiesto durante l'esame. Sospirò e cominciò a recitarli mentre contava sulle dita.

S: "Il Primo è: Io sono il Signore tuo Dio e tu non avrai altro dio prima di me. Non creerai immagini scolpite. (Sospirando) Onora il padre e la madre. Ricordati e santifica il giorno del sabato. Non rubare. Non commettere adulterio. Non concupire... La proprietà altrui. Ah! Ora ricordo lentamente. Questo è il settimo? Non seguire le vie di Baal."

Scoppiò in frustrazione, si era dimenticato quanti ne aveva detti. Ma ne avevo già sentito uno che non conoscevo, quella su Baal. Gli dissi che sarebbe una buona preparazione per l'esame.

Fece un respiro profondo. "Penso di essere più nervoso di quanto Io..."

Poi tutto d'un tratto e inaspettato, mi sorprese dicendo: "Ma tu chi sei?" Mi prese alla sprovvista e dovetti pensare in fretta. Mi sono sempre chiesta come il soggetto mi percepisce o se non mi percepisce per niente. Mi vedono forse come una persona reale o sono solo una vocina che gli ronza nella testa? A volte le loro risposte sembrano suggerire che mi vedono, ma io sono un estraneo per loro. Durante la sessione di un altro paziente, lui mi vedeva vestita come le persone del suo tempo ma mi avvertì che stavo facendo troppe domande e questo era pericoloso. Per la maggior parte, mi vedo solo come una voce. Penso che in questo caso Suddi mi percepì diversamente perché stava meditando, rendendolo più percettivo della mia presenza. In passato, ogni volta che mi veniva fatta questa domanda semplicemente dicevo di essere un amico e questa risposta era sufficiente. Non so perché, forse hanno solo bisogno di sentirsi rassicurati che non voglio fargli nulla di male. Gli ho chiesto se gli dava fastidio parlare con me.

S: "Mi rendi curioso. Sei qui ma non sei qui. Penso che tu non sia di questo... Tempo. È come se... tu sei qui in spirito, ma non nel corpo."

Ho avuto la sensazione stranissima che forse, attraverso un qualche fenomeno sconosciuto, ero stata proiettata nel tempo e ero apparsa a questo pover'uomo confuso. Era una sensazione strana, sapere in qualche modo di essere presente in due luoghi contemporaneamente. Ma in sostanza, non era forse quello che Katie stava facendo? Dovevo stare attenta a non disturbarlo o turbarlo, ho cercato di calmare qualsiasi timore potesse avere così potevamo continuare.

D: *"Ti disturba?*
S: "Un po'. Sei tu il mio maestro?"
D: *"Oh, non credo di essere così in alto. No, sono più che altro simile ad un tutore. Sono molto interessata alla tua vita e a ciò stai facendo. Spero che non sia un problema? Non voglio fare nulla di male."*
S: " (Sospettosamente) Non vuoi fare nulla di male? sento un... la tua presenza emana tepore; ma alcune persone che sono molto erudite, possono proiettare molti giudizi."
D: *"Sono interessata al tuo benessere. Ecco perché ti faccio molte domande, perché mi interessa il tempo e il luogo in cui vivi. Ho sete di conoscenza."*
S: " Sì, anch'io sono molto curioso. Posso vedere un'immagine, ma è così... È come se tu non ci fossi. Non c'é nulla di male nel parlare a coloro che non sono nel corpo, ma non tutti hanno buone intenzioni."

Non volevo essere il centro della sua attenzione, così lo diressi di nuovo ai dodici comandamenti. Sospirò e ritornò a ripeterli, mentre contava sulle dita. Questa volta ne incluse un altro, "Tu devi fare agli altri ciò che vorresti facessero a te." Questa è la regola d'oro e non è normalmente incluso nei Dieci Comandamenti. Gli chiesi di chiarire.

S: "Ha a che fare col ricordare di trattare gli altri come si vorrebbe essere trattati. Perché questo é ciò che portiamo con noi. (Stava parlando del karma?)

D: *"Ha senso, ma noi non lo recitiamo con gli altri dieci."*

S: Come no? Ho sentito dire che quello del culto, non solo dell'immagine scolpita, ma anche quello di Baal, avevano cercato di eliminarlo al tempo di Mosè a causa del vitello d'oro. Ma non ho sentito di un tentativo di eliminare anche "Fai agli altri". Perderlo sarebbe terribile."

Ero d'accordo che era un ottimo comandamento e faceva parte degli altri. Durante un'altra sessione gli ho ricordato del test e gli chiesi se era passato. Indignato mi rispose:

S: "Non indosso forse la fascia blu? Naturalmente ho ricevuto il titolo di maestro. Come avrei potuto esser bocciato e non diventare un maestro?"

Così era un maestro della Legge, la Torah, ma si considerava, a quarantasei anni, un uomo molto vecchio. Non ero d'accordo, ma lui insisteva, "Ma è così! Si tratta di un'epoca in cui molti uomini muoiono anche prima. (Con un sospiro) Io sono vecchio ".

Se un uomo sulla quarantina era considerato vecchio in quel periodo, mi fece sospettare che Gesù non era un giovane quando fu crocifisso. Sulla trentina, sarebbe stato almeno di mezza età.

Capitolo 9
Meditazione e Chakra

Una volta quando Suddi era ancora un bambino e in un altra occasione quando era più vecchio, ricevetti delle istruzioni di meditazioni. Erano di uso comune a Qumran e non credo che sia troppo scontato presumere che vennero insegnate anche a Gesù. Da ragazzo, Suddi mi aveva detto che meditava ogni giorno.

S: "Ci sediamo, rimaniamo immobili e dobbiamo osservare il nostro respiro a lungo rimanendo concentrati. E quando è sotto controllo, allora si è appreso abbastanza da non doverci pensare più. Poi è necessario concentrarsi su qualcosa. Si prende un oggetto e ci si focalizza sul centro di questo oggetto finché non si diventa tutt'uno con esso. Lo si studia e memorizza. Poi ci si deve rilassare. Una volta che si diventa tutt'uno con l'oggetto e lo si comprende, bisogna focalizzarsi fuori dal punto di riferimento in modo che non si è più nel centro ma tutt'intorno. In questo modo la tua attenzione invoca tutto ciò che ti circonda. Non riesco a spiegarmi bene. Uno studente riceve queste istruzioni quando ha circa tre, quattro anni."

Così, a Qumran la formazione della mente iniziava in giovanissima età. Una volta durante una sessione quando Suddi era un uomo più anziano, dichiarò che il re Erode (a quanto pare il primo re Erode) sarebbe morto a breve. Sembrava avesse ricevuto queste informazioni attraverso mezzi psichici, e mi chiedevo se altri nella comunità avessero questo dono. Suddi fu sorpreso dalla mia domanda.

S: "Chi non lo è? Non conosco nessuno che non lo sia. Si dice che le persone nella vita di tutti i giorni, forse non sono così... Vediamo, che cosa...? Dotate? Ma qui ci viene insegnato fin dalla tenera età ad aprirci a quello che è. È una capacità che bisogna alimentare e sviluppare. Chiunque ha la capacità, ma quando si raggiungono forse i tredici anni e non é mai stata usata si inizia a perdere la capacità di... colmare il divario. Perché spesso si vive in una società dove gli altri sono ciechi. Non ti sentono, non riescono a capire che cosa stai dicendo. E quindi per l'alto livello d'intensità, li avete bloccati fuori. E quando passi tutta la tua vita bloccando fuori gli altri, è molto difficile aprirsi."

D: "È tredici un'età significativa?"

S: "È solo un momento in cui il corpo sta attraversando cambiamenti. Si dice che c'è un legame profondo tra i due, non sono sicuro. Non studio questi argomenti. Ma ho sentito dire, che tutto si apre all'inizio dello sviluppo della virilità o femminilità. In forse più modi di quanto non sia mai possibile successivamente (Sembrava stesse parlando della pubertà).

D: "Quindi si dovrebbe iniziare a sviluppare queste facoltà prima dell'età dello sviluppo?"

S: "Sì. Si dovrebbe almeno esserne a conoscenza. In modo che l'intensità delle percezioni non spaventino e non portino a chiudersi in se stessi. Ci sono molti esercizi di concentrazione che si possono utilizzare. Il più semplice è quello di prendere una qualsiasi cosa e usarla come fulcro d'attenzione. Lo si mette davanti allo sguardo e guardandolo si diventa tutt'uno con l'oggetto. E così concentrandosi a restringere l'attenzione fino a questo punto tutto diventa stabile, e quindi ci si può rilassare (gesticolava come se lasciasse andare qualcosa). Dopo esserti rilassato, diventerai consapevole di altre sensazioni che sono intorno a te. E ogni volta la consapevolezza di queste altre sensazioni diventa più forte, in modo che sia come se ti venissero rivelate.

D: C'è qualche pericolo legato a questo esercizio?

S: Non che io sappia. Io eviterei luoghi dove puoi essere interrotto o disturbato. Non ci sono limiti di tempo. Ogni volta io aumenterei la durata finché non diventa una cosa facile."

Parlavo con lui molte volte mentre stava meditando. Spesso si massaggiava distrattamente il centro della fronte con il lato del pollice destro. Mi chiedevo perché in quel punto particolare, forse perchè si trova li il chakra della fronte o terzo occhio. Decisi di chiedergli un chiarimento a questo proposito." È un'abitudine. È un metodo di meditazione. Si tratta di concentrare l'energia dei pensieri in quel punto energetico."

La sua descrizioni può suonare molto familiare a coloro che hanno studiato la metafisica. Il termine 'punto di energia' é una buona definizione della parola 'chakra'. I chakra sono essenzialmente punti energetici situati in varie parti del corpo. Possono essere mentalmente e psichicamente stimolati per contribuire a controllare la salute del corpo, per migliorare le facoltà psichiche e il livello di coscienza. Secondo gli insegnamenti moderni, si trovano in sette parti del corpo:

1. Corona: sulla sommità della testa dove l'energia dovrebbe entrare nel corpo. L'energia dovrebbe entrare attraverso il chakra della corona ed attivare ciascuno dei chakra nel corpo fino alla radice. L'energia in eccesso viene rilasciato attraverso i piedi.
2. Fronte o terzo occhio: situato nel centro della fronte;
3. Gola: si trova nella parte anteriore del collo;
4. Cuore: situata al centro del petto;
5. Plesso solare: situato nel centro del ventre;
6. Milza o sacrale: si trova appena sotto l'ombelico;
7. Radice: situato vicino gli organi sessuali, tra le gambe.

Dal momento che Suddi li chiamava punti di energia invece di chakra, continuerò ad usare la sua terminologia. Disse che massaggiare quel punto durante la meditazione aiuta a stimolarne il centro energetico. Mi hanno sempre insegnato che si deve meditare stando fermi e in silenzio.

S: "Ci sono diverse forme di meditazione. La meditazione è fondamentalmente una forma di concentrazione. Che tu sia concentrato su un punto che è qui (indicando la fronte) o che tu sia concentrato su un punto che è al di fuori. La meditazione non é nient'altro che concentrazione di tutti i pensieri e le energie su un unico punto.

Gli chiesi se c'erano altri punti energetici importanti nel corpo. Mi indicò la posizione di tutti i chakra convenzionali, ma ce n'era uno in più del normale. Ce ne sono due nella zona superiore del torace, uno su ciascun lato. Inoltre me ne indicò uno per ogni ginocchio. Gli chiesi più informazioni circa quello nella zona del torace.

S: "Uno è nel cuore e c'è un altro punto di energia di quà. Non è aperto in tutte le persone. È uno di quelli che andò perduto, per lungo tempo. A volte è di lato, dipende dalla fisiologia della persona. Questo è il mio. Ce n'è un altro nella parte posteriore della testa, alla base del cranio. (Indicò il retro della testa dove è collegato con la colonna vertebrale). In gran parte é pericoloso stimolarlo. Può causare molti problemi. Ma è lì comunque. È importante non stimolarlo. La maggior parte delle persone non sarebbe in grado di gestirne l'energia. È troppo potente. Conosco solo una persona che l'ha aperto e stimolato, e lui è un grande costruttore mentale. È il maestro dei misteri.

(Era questa la stessa persona che poteva incanalare l'energia del grande cristallo e dirigerla?) È troppo potente per la maggior parte delle persone. Gli chiesi dettagli su quello alla sommità del capo, il chakra della corona.

S: "Non è necessariamente un punto di energia, ma é dove l'energia entra nel corpo. Lo stesso vale per i piedi non sono un punto energetico, sono dove l'energia esce dal corpo."

Mi chiedevo se qualcuno dei punti di energia era più importante degli altri.

S: "Sono tutti importanti. Dipende da quale si voglia stimolare e cosa si decida di fare della propria vita. Se si desidera la conoscenza, va stimolato quello sulla fronte. Quello della gola sarebbe per diversi problemi di salute, e ha anche a che fare con diversi livelli di energia ed equilibri interni. Quello del cuore é per la pura energia che si irradia in tutto il corpo. E l'altro nella zona del torace ha a che fare con l'energia dei nostri alterego e con la conoscenza degli altri. Come faccio a spiegarmi...? Ha a che fare con l'energia che permette di controllare ciò che é sconosciuto agli altri, attraverso il proprio sapere. Ha a che fare con la comunicazione mentale. Nella maggior parte delle persone é chiuso per sempre."

Sembrava fosse correlato alle capacità psichiche o intuitive, dato che era quello che la maggior parte delle persone hanno perso la capacità di utilizzare. Era forse questo quello che era ancora aperto durante la Kaloo? (Vedere il Capitolo 15.)

S: "(Indicando il plesso solare) Questo ha a che fare con la totalità di sé. È importante per l'equilibrio interiore. Ha a che fare con la connessione tra il Sé Superiore e il corpo. Ha molto a che fare con questa connessione, con l'unità interiore e il mantenersi stabili (Indicò i due nella zona addominale, la milza e la radice). Sono connessi con virilità o femminilità, a seconda della persona.

Quindi, si potrebbe avere uno sbilanciamento dei due. Se in una donna il centro maschile é forte, ci saranno problemi emotivi. Allo stesso modo se si dispone di un forte centro femminile in un uomo, ci dovrebbero essere grandi problemi d'identificazione."

Stava forse alludendo all'omosessualità, qualora questi chakra non operino nel modo in cui operano per tutte le persone? Chiesi chiarimenti sui metodi di stimolazione degli altri chakra.

S: "Ci sono diversi metodi di stimolazione che funzionano secondo differenti aree del corpo. In alcuni casi basta solo utilizzare l'attenzione portarla all'interno, visualizzarsi circondati di luce, sentendo l'energia da fuori che entra nel corpo. Questo è probabilmente il metodo più semplice. Ci sono metodi più complicati, ma richiedono anni di studio. Si raccoglie l'energia attraverso la parte superiore della testa direttamente alla zona interessata. Quando si inizia a sentire il formicolio allora sappiamo che l'energia è lì e la si dovrebbe dirigere fuori. Incanalarla per un po' per poi chiuderla in entrambe le estremità, rilasciandola attraverso i piedi."

D: *"C'è qualche danno nel mantenerla invece che rilasciarla?"*
S: "Si, Eccesso di stimolazione. Ci potrebbero essere grandi danni, se la persona non é in grado di gestire emotivamente o fisicamente l'energia. È possibile generarne troppa per mancanza di cautela. Va incanalata in altre aree."

D: *"Riesci a trasmettere l'energia ad un'altra persona?"*
S: "Oh, sì! Questo è il metodo migliore per la guarigione. Devi solo pensare alla persona interessata, e poi spetta a loro accettarla o meno. Non bisogna forzare nulla. È un'offerta, questo è tutto ciò che si può fare. Se non viene accettata, é trasmessa a qualcun'altro o scaricata attraverso i piedi. Perché deve andare da qualche parte."

D: *"Hai detto che é pericoloso continuare a generarla. Come potrebbe influenzare il corpo?"*
S: "Se non riesci a scaricarla, si potrebbe provocare un... Infarto o altri danni interni. Non è un gioco."

D: *"Quindi è pericoloso insegnarlo ai bambini?"*
S: "No, perché i bambini sono più aperti alle emozioni. Se inizia ad essere troppo, per i bambini è facile smettere. Sono più ricettivi. È più facile imparare a controllarla da bambini."

D: *"Ritengo di comprendere più a fondo questi punti energetici. Il mio insegnante non é mai stato chiaro come te. Nella nostra comunità a volte la gente assume certe sostanze, come gli alcolici o alcune erbe, che fanno reagire i loro punti in modo diverso. Avete anche voi questo tipo di sostanze?*

S: "Stai forse parlando del bere troppo vino. Nella nostra comunità non indulgiamo in eccessi. Non è detto che non ne bevono, perché apprezziamo molto bere vino. Ma ogni eccesso è un male. Si diventa dipendenti. Si sostituisce la propria volontà con quella di un'altra cosa o di qualcun altro, perché si diventa facilmente controllabili. Cambia il flusso del sangue, e perfino della respirazione. Permettendo più o meno ossigeno, a seconda di ciò che si è preso, producendo risultati differenti. Questo provoca ciò che voi chiamate 'cambiamento di personalità'. Farebbero cose in questi stati alterati di coscienza che non farebbero mai in uno stato normale."

D: *"Se ci si siede in un gruppo o all'interno di un edificio, come un tempio o una Sinagoga, aumenta forse la capacità di ascoltare Dio?"*

S: Alcune persone hanno bisogno di portare la loro attenzione all'esterno per dire: "Sì, ho sentito Dio". Se hai fede e credi, è facile percepirLo da solo, a volte più facile che non in gruppo. Ci sono quelli che hanno bisogno della condivisione per essere in grado di fidarsi di se stessi abbastanza da aprirsi e sentire.

D: *"Pensi che la gente ha bisogno di un tempio o una sinagoga?*

S: "Per niente. Tuttavia ci sono quelli che ne hanno bisogno perché la loro fede non è sufficientemente forte."

D: *"Secondo te gli edifici tendono ad accumulare le vibrazioni delle persone che li visitano?*

S: "Accumulano vibrazioni positive proprio come accumulano quelle negative. Se si tratta di un luogo dove sono successe molte atrocità, allora l'energia é negativa. Se si tratta di un luogo felice e gioioso, questa sarà la sua vibrazione. Le persone possono attingere dall'energia che alcuni edifici possono avere. A volte ciò ha a che fare con il luogo in cui l'edificio è collocato. Se si tratta di un punto in cui l'energia della terra é molto forte, può aiutare ad aprirsi. Ma può anche essere pericoloso per coloro che sono troppo sensibili, troppo aperti. Allora devi bloccarla."

D: *"Come si trova un posto così?"*

S: "Devi conoscere qualcuno che è in grado di percepire l'energia per trovare."

D: "Se volessi costruire una casa, come farei a conoscere il posto giusto per construirla?"
S: "Si deve decidere la zone e camminando sul terreno si troverà un punto. Se ce n'é uno in quella zona verrai guidata a trovarlo. Se sei sensibile sarai in grado di identificarlo. Te lo sentiresti dentro. Sentiresti l'energia che fluisce dentro di te. Potrebbe anche essere una sensazione di pace e appagamento.
D: "Hai mai sentito parlare delle piramidi?"
S: "Sono in Egitto. Si tratta di una struttura piramidale. E ognuna si innalza così e ha quattro lati congiunti in punta. Deve essere di una certa larghezza e di una certa altezza. Tutti i lati e la base devono essere uguali. L'equazione deve essere sempre uguale."
D: "Qual è il loro scopo?
S: "Concentrare l'energia è parte del loro magazzino di conoscenza. L'equazione, si dice che parli delle distanze della terra, dei pianeti e del sole. C'è molta conoscenza che non comprendo? (Era estremamente insistente nel dire che non erano le tombe dei re). Qualcuno ha mentito! Forse, questa è una grande bugia per proteggere la conoscenza da coloro che non dovrebbero sapere. Sono un deposito di conoscenza. La conoscenza è la piramide stessa. Ci sono altri depositi che hanno i rotoli e che sono altrove. Ma questa conoscenza è la piramide stessa. Nel modo in cui é costruita e nella matematica."
D: "Dal momento che era ben consapevole di Mosè e dei suoi insegnamenti, mi chiedevo se le piramidi esistessero già a quel tempo."
S: "Si dice che questo era il luogo dove nacquero gli insegnamenti. Ma non so. Per quanto mi riguarda, credo che siano li da molto più tempo di qualsiasi piccolo regno d'Egitto. La conoscenza è molto maggiore di quella di qualsiasi faraone che io abbia mai sentito nominare.
D: "Sai come sono state costruite?"
S: "Ho sentito molte idee diverse. Si dice che avessero utilizzato degli schiavi, ma é impossibile. Non é possibile dare vitto e alloggio a tutte le persone che ci vorrebbe per costruire in quella zona. Altri sostengono che vennero costruite in loco. Che la struttura fu collocata con stampi riempiti di terra che venne poi indurita e in fine le forme vennero rimosse. Ritengo che sia possibile ma ciò richiede troppo tempo. Ho anche sentito che abbiano usato la musica per sollevare i blocchi. So che è possibile usare la musica per sollevare le cose. Ma questo è in una scala esponenziale

rispetto a quello che hanno finora sperimentato. Quindi non saprei. Tuttavia penso che sia un po' di tutte e tre."

Apparentemente era un mistero anche al loro tempo. Non avevo mai sentito parlare dell'idea di usare la musica in questo modo. Poteva esserci una connessione con l'uso del suono per proteggere Qumran? Mi aveva fornito un diverso tipo di conoscenza circa le piramidi, ma nessuna risposta chiara. Pensavo che ci volessero individui speciali per decifrare la conoscenza delle piramidi.

S: Ci vogliono molti anni per essere in grado di comprenderle. Ci sono individui che hanno questa conoscenza e stanno cercando di trasmetterla.

D: *Sai chi ha messo la conoscenza lì, in primo luogo?*

S: Si dice che coloro che costruirono le piramidi erano quelli di Ur.

Harriet aveva fatto un elenco di vari termini e nomi che ricordava dai libri che aveva letto. Erano semplicemente informazioni confuse. Gli chiese se aveva mai sentito parlare della Sfinge, e lui disse che era il custode della conoscenza. Harriet chiese: "Avete mai sentito parlare dell'Arca di Ammon?" Suddi borbottò in una lingua che non era l'inglese. Poi rispose: "Sì, è il simbolo della vita". Quando lei chiese ulteriori spiegazioni, lui si arrabbiò: "Mi chiedi questo pretendendo di non sapere. Eppure le tue domande dimostrano conoscenza. Perché?" Sono curiosa di sapere come la tua gente lo rappresenta. Avete un simbolo preciso? "Sembrava come se avesse detto: "L'arca". Gli ho chiesto di ripetere e ancora sembravo la stessa parola.

Harriet: Avete tra i vostri documenti nulla su Horus?

S: Si. Lui è il primo degli dei egiziani a camminare sulla superficie della terra quando era nuova. Si dice che lui... Ehm, come faccio a spiegarmi..? Fu il primo ad accoppiarsi con le donne della terra, e questo fu l'inizio dell'Egitto.

D: *"Tutto ciò prima del tempo del vagabondaggio del Kaloo?*

S: "Questi sono eventi che risalgono alle profondità del tempo. Non c'è nessun modo di sapere quando. Era tutto prima che il tempo venisse misurato."

Capitolo 10
Il primo viaggio di Suddi nel mondo esterno

Suddi era nato e cresciuto tra le mura di Qumran, la comunità isolata in cima alle scogliere saline che circondano il Mar Morto. Sapevo che non aveva vissuto tutta la sua vita lì, in clausura, perché al nostro primo incontro stava andando a visitare i suoi cugini a Nazareth. Mi chiesi cosa avesse provato nel lasciare la comunità. Quale fosse la sua prima impressione del mondo esterno e cosa ne pensasse del modo in cui le altre persone vivevano. Così lo riportai a quel tempo per scoprirlo. Aveva diciassette anni e si stava preparando per andare a Nazareth con una carovana. Non era mai stato da nessuna parte prima di allora. Qumran era tutto ciò che conosceva. Avevo sperato che potesse andare in una grande città come Gerusalemme, che era di fatto più vicina a Qumran. Ma dal momento che non avevo alcuna conoscenza di Nazareth, ho pensato che sarebbe stato interessante fare domande circa il luogo dove la Bibbia ritiene Gesù trascorse la maggior parte della sua adolescenza. La carovana era la stessa che spesso si fermava lungo il mare per raccogliere il sale.

S: È tutto così diverso da ciò che sono abituato. La carovana è molto lunga, ci sono forse venti cammelli, e fanno tutti un sacco di rumore. E tutto accade velocemente. Sono un po' nervoso ed eccitato.

D: *Porti nulla con te?*

S: Un paio di cose. Mi porto una borsa con alcuni vestiti e un po' di cibo.

Mi aveva già detto che ogni volta che qualcuno usciva dalla comunità doveva vestire in modo comune così da non essere riconosciuto. Le altre persone non indossavano vesti bianchi.

S: Io sto indossando il... (Parola straniera che suonava come 'shardom') e il burnus degli arabi. (il burnus è un lungo mantello con un cappuccio). Terrà fuori il sole e il caldo, così non sarà insopportabile. Un burnoose è come una veste, ma è insolito avere qualcosa che svolazza sulla testa. Non è male, è interessante. Mi sembra di intraprendere una grande avventura, è qualcosa di nuovo ed eccitante.

The Camel Caravan to Jerusalem

Avrebbe viaggiato da solo. Stava per incontrare "la gente dalla mia famiglia", i cugini che non aveva mai incontrato prima. Vivevano a Nazareth da molti anni. Aveva intenzione di rimanere per un paio di settimane "per imparare che cosa si prova a vivere al di fuori". Lo avrebbero incontrato nella piazza, dove la carovana si fermava a vendere il sale. Lo feci saltare avanti fino a quando il viaggio era finito e si trovava a Nazareth. Volevo sapere le sue prime impressioni. Sembrava un po' deluso, "È molto piccola". "Ti è piaciuto il cammino? " "Fatta eccezione per le asperità del viaggio, Sì. È stata un'esperienza interessante. I cammelli sono noti per la loro mancanza di temperamento, ma è stato divertente." Il viaggio durò un paio di giorni, evitarono gli altri villaggi e si fermarono solo ai pochi pozzi lungo la strada. Mi ricordai di alcuni luoghi menzionati nella Bibbia. Provai a buttarglieli li per vedere se sapeva dove fossero. "Sai dov' è Cafarnao?" "Ah, fammi pensare... Sulla riva settentrionale del Mar di Galilea. Però non sono sicuro di dove sia." Successivamente quando guardai la mappa nella mia Bibbia, non ero sorpresa che ancora una volta mi avesse dato informazionoi accurate. La sua conoscenza ormai stava diventando un luogo comune. A volte mi chiedevo perché mi prendevo ancora la briga di ricontrollare, se non per soddisfare il mio amore per la ricerca.

D: *"È il mare di Galilea, vicino a Nazareth?"*
S: "È a un giorno di distanza".
D: *"Sai dov'é la città di Gerico?"*
S: "A nord della comunità."
D: *"Hai mai sentito parlare del fiume Giordano?"*
S: "Sì, é il fiume che conduce nel Mare della Morte."
D: *"Durante il tuo viaggio, sei andato in quella direzione?"*
S: "No. Abbiamo attraversato le colline e le montagne."
D: *"Che dire di Masada? Hai mai sentito parlare di questa città?"*
S: "È situata a sud. Non è una città, è una fortezza. Un tempo, quando Israele era più forte, era una roccaforte di protezione. Ora é caduta in disuso, per quel che ne so."
D: *"Il paesaggio intorno a Nazareth é forse uguale alla zona di Qumran?"*
S: "No, è più verde qui. Fuori dalla città, si possono vedere gli alberi sulle colline e le coltivazioni agricole. Forse ci sono alcune colline e montagne in più attorno a Qumran." Ma non è molto verde, lungo il Mare della Morte. Solo sterpaglie e cespugli crescono la. Qui ci sono frutteti sulle colline. Ma Nazareth è solo un villaggio. (Sembrava ancora deluso.)
D: *"È grande come la comunità?"*
S: "Probabilmente no. È difficile giudicare. Fammi pensare: l'area di terreno coperto è forse la stessa, ma non c'è la stessa quantità di persone o di edifici."

Questo sembrava essere un altro indizio che Qumran fosse originariamente più grande della zona scavata dagli archeologi, perché probabilmente lui aveva incluso la zona residenziale e l'osservatorio nella sua stima.

D: *"Pensavo che Nazareth fosse un grande paese."*
S: Chi potrebbe mai averti detto questo? Nazareth è solo un... paesino. Non è niente."
D: *"Come appare Nazareth quando si arriva da lontano?"*
S: "Polveroso. Molto polveroso."
D: *"Non c'è alcun tipo di muro intorno alla città o qualcosa di simile?"*
S: "No, si tratta di un villaggio aperto. Non è ... non si possiamo chiamarlo una città. È proprio minuscolo."

La sua delusione era molto evidente. Pensò che si stava imbarcando in una grande avventura, e invece Nazareth fu una profonda delusione. Suppongo che si aspettasse qualcosa di più grandioso.

Suddi aveva detto che gli edifici di Qumran erano fatti di un certo tipo di mattone. Gli edifici a Nazareth non lo erano.

S: "Sono di forma quadrata con forse uno o al massimo due piani, e l'apertura sul tetto per dormire sotto le stelle. Sono molto diverse da Qumran perché hanno un aspetto di... indipendenza. Sono tutte diverse, non c'è uguaglianza. Qui è come se un bambino stesse giocando con le Lego e le avesse accatastate in un modo o nell'altro. Questo è l'aspetto che hanno. Questa è la differenza. Sono di forma quadrata, ma non corrispondente. È come se non fossero connesse tra di loro."

A Qumran gli edifici erano tutti connessi e dovevano aver avuto un aspetto molto ordinato. Mi chiedevo se avessero dei cortili interni con pareti intorno che li dividevano gli uni dagli altri.

S: "Ovviamente dipende dalla situazione finanziaria di ogni individuo. Chi aveva più soldi, aveva un cortile. Chi era molto povero, ovviamente no, perché non avrebbero potuto sostenere le spese extra del terreno per il cortile. A prescindere, avrebbe avuto bisogno di più spazio o stanze nella casa."
D: *"C'è qualche grande edificio a Nazareth?"*

S: "Non c'è niente di grande a Nazareth."

D: "Riesci a vedere dov'é il pozzo d'acqua?"

S: "Si tratta di una fontana. In realtà è una bocca circolare che esce da un muro. Una struttura muraria con uno scolo d'acqua. Non so se è una fonte corrente. L'acqua è costante, a quanto pare. C'è un... (difficile trovare la parola) bacino di fronte, dove possono mettere le giare a raccogliere l'acqua. Non so dove l'acqua finisca. Viene convogliata altrove. Non c'è riflusso da quello che vedo. O semplicemente la usano tutta. Ma esce con tale velocità che deve andare altrove."

La mia ricerca rivelò che Nazareth è tutt'ora una piccola cittadina. I resti della vecchia Nazareth sono più in alto sulla collina rispetto alla moderno Nazareth. Nel suo libro "The Bible As History" Werner Keller mette a confronto le due aree, Qumran e Nazareth.

"Nazareth, come Gerusalemme, è circondata da colline. Ma quanto diverso è il carattere delle due scene, così diverse nell'aspetto e nell'atmosfera. C'è un'aria di minaccia e oscurità sulle montagne della Giudea (zona di Qumran). Tranquillo e affascinante per contrasto é il contesto ambientale dei dintorni di Nazareth. Giardini e campi circondano il piccolo villaggio con i suoi agricoltori e artigiani. Boschetti di palme da datteri, fichi, melograni rivestono le verdi amichevoli colline che la circondano. I campi sono pieni di grano e orzo, i vigneti trabocano di grappoli maturi e ovunque tra le vie e i sentierini cresce un'abbondanza di fiori colorati".

Il signor Keller dice che c'era una strada militare romana che scendeva da Nord e una via carovaniera non lontano a Sud. Anche vicino a Qumran ci sono resti dei sentieri delle carovane.

Keller descrive anche Ain Maryam, 'Il Pozzo di Maria', a Nazareth. Si tratta di un pozzo, ai piedi della collina alimentato da una piccola sorgente. Le donne raccolgono ancora l'acqua in vasi, proprio come facevano ai tempi di Gesù.

Dice che questa fontana è chiamata 'il Pozzo di Maria' da tempo immemorabile e fornisce l'unico approvvigionamento idrico della zona. Non è più all'esterno, ma è protetta all'interno della Chiesa del 18° secolo di San Gabriele. Notate le sorprendenti somiglianze tra queste descrizioni e quelle che ci ha dato Suddi.

D: "Riesci a vedere il mercato?"

S: "(Impaziente) Noi siamo al mercato. Questo è dove si trova la piazza e la fontana, è tutto qua. Non riesci a vederlo? È proprio qui!"

D: *"(Sorrisi) Beh, ho pensato che fosse una città più grande e che il mercato fosse da qualche altra parte."*

S: "Io non so chi ti ha parlato di Nazareth, ma inizio a pensare che mi stai prendendo in giro?"

D: *Va bene, scusa, porta pazienza. Il mercato é forse movimentato?*

S: Se ritieni un paio di capre, donne in piedi in un angolo a parlare e ragazzini che si rincorrono, occupato. Forse, si. Ma io non la penso così. Tuttavia é mezzogiorno e probabilmente la maggior parte di loro é andata a casa a mangiare o a riposare. C'é troppo caldo per restare qui fuori a fare nulla.

Mi chiedevo se la gente avesse qualche modo di restare all'ombra quando vendevano i loro prodotti sul mercato.

S: I benestanti hanno una tenda aperta e picchettata, in modo da coprirgli il capo. Ma i più poveri non l'hanno.

D: *Tuo cugino non é ancora arrivato?*

S: No, arriverà presto. Almeno lo spero, sono molto affamato. Ho ancora un po' di cibo che mi é rimasto dal viaggio. Però preferirei un buon pasto.

D: *Hai qualche soldo?*

S: Ho shekel che mi ha dato mio padre in un sacchetto appeso alla cintura.

D: *Non mi avevi detto che non si usa il denaro in Qumran?*

S: Non ce n'è alcuna necessità. Cosa potresti comprare lì? Non c'è nessuno che venda qualcosa.

D: *Mi puoi descrivere come sono fatte queste monete?*

S: Quello che ho è rotondo e in argento. Ha un foro nella parte superiore, in modo da poterlo legare con un filo e avvolgerlo nella borsa, per non perderlo.

Non tutte le monete avevano il buco. Lui credeva che qualcuno le avesse bucate. Probabilmente non erano fatte in quel modo in origine. Speravo di poter verificare, quando gli ho chiesto se avevano tutte un'immagine.

S: Alcune, sì. Altre, è difficile dire cosa rappresenassero. Una ha l'uccello che vola da un lato, e il volto di un uomo sull'altro. Non sono sicuro sono molto consumate. E la maggior parte delle altre, non si può nemmeno dire. È rimasta solo una superficie ruvida sul lato, come se ci fosse un rilievo ma è ora completamente consumato.

D: Sai dove tuo padre ha preso le monete?

S: Non ho modo di saperlo. Non ho chiesto e non me l'ha detto. Ma mi ha detto di usarle con saggezza. E di nasconderle bene, perché la gente avrebbe ucciso per meno.

D: Sì, se qualcuno le vede, penserà che sei ricco.

S: Non mi confonderebbero per un ricco.

D: Ebbene, qual'è la tua prima impressione del mondo esterno?

S: Penso che sarei più felice a casa.

D: Le persone sono forse molto diverse?

S: Le persone sono le stesse. Forse sono un po' più ottuse durante la loro esistenza. Non mettono in dubbio nulla della sopravvivenza quotidiana.

D: Che dire dei soldati? Ce ne sono in giro?

S: Perché dovrebbero esserci soldati qui? Non c'è la legione. Se ci fosse un presidio qui, ci sarebbero anche i soldati. Non avrebbero dove stare. Inoltre non siamo in guerra con i Romani. Loro sanno che ci hanno catturati tutti. Non sono minimamente preoccupati. Hanno guarnigioni in altri luoghi, perché dovrebbero averne una qui? Qui non c'è nulla. Si sono stabiliti nelle città più grandi, e in luoghi dove ci potrebbero essere rappresaglie. Chi verrebbe mai qui a creare problemi?

D: Hai mai visto i soldati romani?

S: Ne ho visti alcuni ieri sulla strada, mentre ci sorpassavano a cavallo.

D: Cosa ne pensi?

S: Non ho avuto la possibilità di incontrarli, quindi non posso giudicare. Avevano gli elmetti e le loro spade lucenti. Erano vestiti in cuoio, sembrava molto caldo.

Ovviamente stava diventando impaziente per l'arrivo del cugino. Disse che aveva un figlio che aveva la sua età.

D: Magari avrai un amico mentre resti qui.

S: Forse. Vedremo.

D: Dovrai forse lavorare mentre sei da loro?

S: Ma certo! Per mangiare si deve lavorare. Questo è ovvio. Come no?

Decisi di non aspettare più a lungo, così lo spostai in avanti nel tempo finché non era a casa di suo cugino. Dimenticò la sua delusione circa Nazareth quando lo portarono in collina a pochi chilometri da Nazareth a casa del cugino. Sembrava soddisfatto. Non era una casa grande.

S: È di medie dimensioni, diverse camere, mi da una sensazione di spazio, di apertura. È molto bello in collina, c'é un senso di libertà. Non c'é nessuno qui a dirti costantemente di fare le cose in una maniera o nell'altra. E la sensazione di conoscere se stessi e di contare su se stessi, piuttosto che sugli altri. Questo è molto importante. In Qumran c'era sempre qualcuno in giro.

Si era sentito molto a suo agio dal momento in cui aveva visto i cugini. Si riconobbero all'istante: era come se fossero vecchi amici. La famiglia era composta da Sahad, sua moglie Thresmant e il figlio Siv. I suoi cugini vivevano scambiando uva e olive per frutta e cose varie. Tenevano ciò di cui avevano bisogno e producevano abbastanza vino per tutta la famiglia. Poche pecore venivano allevate per la lana. Un uomo lavorava con loro per aiutarli con i vigneti.

Per lo più Suddi dormiva sul tetto, perché era molto più fresco e più tranquillo fuori. Gli piaceva addormentarsi guardando le stelle. Il suo letto era fatto di giunchi e raccolto con alcune coperte. C'era molto da mangiare e lui fu introdotto da alcuni nuovi tipi di cibo che non aveva mai provato prima. Un tipo di verdura, in particolare, il cavolo, era qualcosa a cui non era abituato.

S: Hanno i fichi e il riso. È diverso da quello a cui sono abituato. Non sono sicuro che mi piaccia quanto il miglio o l'orzo.

D: *Ti hanno trovato qualche lavoro da fare?*

S: Li aiuto con tutto ciò che c'é da fare durante il giorno. Che si tratti di faccende domestiche o fuori nei campi. Ci arrangiamo.

D: *Allora Qumran non ti manca troppo?*

S: Mi sto godendo questa vacanza. Sto studiando anche qui, solo in modo diverso e senza pergamene.

Sarebbe rimasto lì per due mesi in tutto. Mi sembrava una scelta saggia come primo viaggio per un giovane adulto al di fuori delle mura. Nazareth era un luogo piccolo e tranquillo. Forse sarebbe stato uno shock per lui andare in un posto come Gerusalemme. Per qualcuno che era stato allevato in un ambiente così protetto, sarebbe stato un brusco risveglio.

D: Come calcoli i mesi?
S: I giorni sono segnati su un calendario. Ci sono le diverse fasi della luna e quando un giorno passa, viene segnato. In questo modo, sappiamo quando passiamo da un mese a quello successivo, grazie alle fasi della luna.

I calendari erano realizzati su tavolette d'argilla. C'erano dodici mesi come le dodici tribù d'Israele, e ogni mese era composto da 29 giorni, perché questo era il ciclo della luna. Ho cercato di convincerlo a dirmi i nomi dei mesi. Divenne confuso e aveva difficoltà. Disse sei diverse parole che non erano in inglese, ma io non le posso trascrivere.

S: So che ce ne sono dodici. Io non so come contarli (i mesi). Fa parte del lavoro quotidiano del rabbino. Ci fanno sapere quando arrivano le feste.

La ricerca ha rivelato che le informazioni condivise da Suddi erano nuovamente corrette. Le festività venivano dichiarate dal Sinedrio di Gerusalemme, e i corridori venivano poi inviati ad annunciarle per i rabbini. Il mese si basava sulle fasi della luna, che completa il suo ciclo approssimativamente ogni 29,5 giorni con la luna nuova, considerato il ventinovesimo giorno. A quel tempo i mesi non avevano nomi, ma avevano numeri: il primo mese, secondo mese, ecc..

Conosceva la parola 'settimana'. Che andava da un sabato all'altro ed era composta di sette giorni. Ancora una volta sembrò confuso quando gli chiesi i nomi dei giorni. Non comprese quello che volevo dire. Sapevano quando era sabato perché marcavano un giorno dopo l'altro.

Sono rimasta sorpresa di scoprire che anche oggi i giorni non hanno alcun nome nel calendario ebraico. Hanno numeri: Domenica è il 1° giorno, Lunedì è il 2° giorno, ecc.. Solo il sabato ha un proprio nome, anche se a volte è chiamato il 7° giorno. Come protestante americana questo era qualcosa che non avrei mai sospettato. Siamo così abituati ad avere nomi per i giorni e per i mesi. Questo è stato un altro esempio di estrema precisione di Katie. Continuai su questa linea di domande. "Sai cos'è l'ora?"

S: È la distanza tra un nodo e il successivo su un orologio a nodi. Ci sono orologi di corda, che vengono accesi e quando bruciano da un nodo al successivo, è passata un'ora. (Mi sembrò così insolito, che chiesi una descrizione migliore.) È fatto di una corda molto grande (con le dita mi mostrò un diametro di circa tre pollici). Usiamo anche candele che hanno le tacche. Quando una tacca viene bruciata è passata un'ora.

D: *Questi orologi di corda li tenete in casa?*

S: Alcune persone possono permettersi case con gli orologi. A volte, ce n'é solo uno per paese, così sanno sempre che ore sono. Alcune città non hanno nemmeno quello. Altri possono dedurre che ora del giorno sia grazie alla posizione del sole.

Questo era il suo primo viaggio da suo cugino a Nazareth, ma sarebbe tornato molte volte nel corso della sua vita. Non avrebbe più viaggiato con la carovana, ma avrebbe camminato con un asino per trasportare il cibo, l'acqua e la sua tenda. Il viaggio richiedeva almeno due giorni, e doveva dormire fuori almeno per due notti. Una volta gli ho chiesto se non fosse più facile cavalcando l'asino. Mi rispose: "Probabilmente, ma poi avrei bisogno di un altro asino per portare il carico, così cammino. Mi stanco, ma la perseveranza fa bene all'anima."

Era diventato il suo posto preferito quando non stava studiando o insegnando. Spesso andava sulle colline a meditare e contemplare. Nelle sue parole: "Cerco di portare me stesso in contatto con l'universo. Medito sulla mia vita. Guardo in me stesso e studio quello che sono."

Era un luogo tranquillo e a lui piaceva molto. Negli anni quando era diventato troppo vecchio e malato per fare il viaggio avanti e indietro da Qumran, rimase stabile presso la casa del cugino, circondato dalle colline sopra Nazareth. E fu in questo luogo di pace che alla fine mortì.

Capitolo 11
Sarah la sorella di Suddi

Per la maggior parte, gli stranieri si vedevano raramente a Qumran.

D: *Che dire di persone che vagabondavano nel deserto? Era loro concesso di fermarsi e rimanere per un po'?*

S: Non nella zona principale, a meno che non venissero testati dagli anziani. Ricevevano cibo, abiti puliti e venivano invitati a proseguire per la loro strada.

Questo spiega la sua riluttanza a parlare con me circa la comunità: per lui ero un forestiero. Per tutto il tempo che abbiamo lavorato insieme, era sempre molto difficile superare queste sue difese naturale.

La maggior parte di coloro che venivano dall'esterno volevano essere studenti. Erano quelli che indossavano la fascia rossa. Non era facile diventare uno studente a Qumran. Gli anziani dovevano conoscere le intenzioni di ogni straniero, ed egli avrebbe dovuto superare un esame. "Non avendo dovuto superare l'esame", Suddi non aveva modo di sapere in cosa consistesse l'esame. La maggior parte degli studenti nasceva in comunità, come ad esempio Suddi e sua sorella Sarah.

Sarah non viveva più a Qumran, ma a Bethesda che si trovava nella zona di Gerusalemme. Rimasi sorpresa che gli permisero di lasciare la comunità e vivere altrove.

S: Certo! Questa non è una prigione! Questo é ciò che desiderava. Non era il percorso che doveva seguire in questo momento. Lei ha un'altra via da percorrere. Ha incontrato un altro studente qui... hanno deciso di voler stare insieme, si sono sposati e se ne sono andati.

D: *Quindi ci sono persone che non vivono tutta la vita in comunità?*

S: Ci sono molte persone nel mondo. Naturalmente, non tutti coloro che sono nati qui vogliono rimanere. E alcuni che non sono nati qui, desiderano venire. Pertanto, è una situazione equilibrata. Era uno studente. Uno di quelli che, da fuori, vengono a studiare le nostre credenze e a condividere la nostra conoscenza. Proveniva

115

da altrove. Credeva in alcuni dei nostri insegnamenti e dottrine, ma non era uno di noi. Suo padre voleva che lui studiasse con noi, e quindi era stato mandato a fare l'esperienza.

Era uno di quelli che indossavano la fascia rossa. Poteva aver pagato qualcosa per l'esperienza, ma Suddi non ne era sicuro. Rimase per cinque anni prima di sposare Sarah e ritornare a vivere a Bethesda. Uno studente può riuscire a finire il suo corso di studi in cinque anni, ma di solito ci vuole un po' di più. Dipendeva tutto dallo studente, dalla sua voglia di imparare e dalla sua capacità di assimilare i concetti. Chiesi che tipo di lavoro facesse il marito di Sarah a Bethesda. "Lui non fa niente. È ricco."

Avevo la sensazione che gli mancasse la sorella e che risentisse della sua lontananza. Inoltre il suo tono di voce suggeriva che non gli piacesse parlarne.

S: La sua famiglia è benestante, e sono membri del Sinedrio (fonetico: 'Sanhadrin'). È la stessa cosa del senato romano per Israele.

D: *Mi avevi detto che al tuo popolo non era permesso avere molti beni materiali. Quando uno studente veniva da fuori come lui e ed era ricco di famiglia, erano forse autorizzati a mantenere i loro possedimenti?*

S: Dipende dal loro intento di assumere o meno il nostro stile di vita. Alcuni vogliono solo venire, imparare e andarsene. Altri desiderano venire ed essere accettati come parte della comunità, in quel caso devono cedere i loro beni alla comunità. Ma è una loro scelta. Se vogliono diventare membri e rimanere qui devono condividere con gli altri, in modo che tutti abbiano ciò che è necessario. Altrimenti rimane di loro proprietà. Siccome lui non aveva nessuna intenzione di restare qui, né divenne un membro, non dovette rinunciare ai suoi possedimeti. Tutto è tenuto in un magazzino, se abbiamo delle esigenze allora vengono comunicate e se qualcuno ha realmente bisogno di qualcosa, allora riceve i mezzi per acquistarlo. Le necessità vengono colmate con ciò che appartiene a tutti.

Ecco da dove proveniva il danaro che Suddi aveva con se per il suo primo viaggio a Nazareth.

D: *I beni o il denaro vengono mai restituiti al proprietario?*

S: Non ho mai sentito parlare di un caso del genere. La decisione di rimanere richiede molto tempo prima di essere presa. Entrambe le parti deliberano a lungo, sui pro e i contro dell'essere accettati in comunità. Perciò non ho mai sentito di nessuno, che dopo aver ricevuto l'ammissione avesse deciso di andarsene. La decisione di restare non è presa con leggerezza o rapidamente. È presa solo dopo lunghe riflessioni e preghiere e meditazioni. Non sempre le decisioni che vengono prese richiedono molto tempo, alcune persone sono diverse. Ma diamo a tutti la possibilità di schiarirsi le idee. Non sempre ci vuole molto tempo, ma è necessaria molta ricerca interiore prima di prendere una decisione definitiva. È diverso da persona a persona. Ci sono coloro che sanno subito che questo è ciò che vogliono per il resto della loro vita. È come se fossero nati per venire da noi. Altri, necessitano di un processo più lungo.

D: *Che dire di coloro che non sono mai diventati maestri?*

S: C'è molto lavoro da fare per coloro che non sono maestri. Lo scopo (pronunciato stranamente) delle cose. Anche solo le cose semplici di tutti i giorni devono essere completate. C'è molto lavoro da fare. Diventare un maestro non è il percorso di tutti.

D: *Se un uomo e una donna sono sposati e vivono nella comunità e hanno dei figli, ci si aspetta che i bambini restino in comunità?*

S: Sono tutti liberi di scegliere, proprio come ha fatto mia sorella. È stata lei a decidere di andare con l'uomo che amava, e condividere la sua vita. È stata una sua scelta. Gli uomini e le donne hanno tutti la stessa libertà di decidere, se rimanere o meno. Di solito la scelta non è fatta prima del Barmitzvah o Botmitzvah, ma a volte sanno già molti anni prima ciò che vorrebbero fare e trovano qualcos'altro di diverso. Ci sono molte vie che portano nella stessa direzione. Alla fine raggiungono la stessa destinazione.

Non conoscendo nulla dei costumi ebraici, immediatamente non ho dato importanza a questo passaggio. Successivamente mi é stato spiegato che Barmitzvah è la cerimonia di passaggio alla mascolinità per i ragazzi, 'Bar' significa 'figlio' e 'Bot' significa 'figlia'. Il Botmitzvah è un rituale abbastanza recente per le ragazze, che è stato istituito principalmente a causa del movimento di liberazione della donna. Un rabbino mi disse che questo rito non dovrebbe essere consentito, perché: "Come può una ragazza diventare mascolina?" Anche se il Botmitzvah non veniva osservato se non in tempi recenti, questo non significa che gli Esseni più liberali non lo osservassero durante il loro tempo a Qumran. Credevano nella uguaglianza delle donne. Alle donne era permesso insegnare e ricoprire cariche che potevano svolgere. È significativo che Suddi avesse menzionato entrambi i rituali, infatti poteva essere rappresentativo dell'entrata in età adulta per entrambi i sessi.

Mi chiedevo perché Suddi non si fosse mai sposato. Aveva detto precedentemente che le tabelle di nascita dovevano corrispondere perché una coppia fosse autorizzata a sposarsi. Era forse questa la ragione? Non c'era davvero nessuno il cui schema fosse considerato compatibile con il suo?

S: Io non volevo... anzi non è che non volessi. Non mi sono sposato perché non era la mia strada questa volta. (Sospirone) La persona con cui avevo l'abbinamento perfetto è nata come mia sorella.

D: *(Questa è stata una sorpresa) Non c'era nessun altro che avresti potuto sposare?*

Divenne impaziente, non voleva parlarne.

S: Avrei potuto sposarmi, ma ancora una volta come ho già detto non era la mia strada. Quando ho deciso quale sarebbe stato il mio percorso, si è discusso e si è scelto che questa volta avrei dovuto essere un insegnante.

Sapevo che la ricerca per individuare Bethesda sarebbe stata semplice, perché è un nome associato con la Bibbia. Abbiamo una città negli Stati Uniti che porta questo nome: Bethesda nel Maryland. Ma quando andiamo per supposizioni troviamo spesso che ricercando un po' più in profondità, sono sbagliate. Bethesda è menzionata solo una volta nella Bibbia, in Giovanni 05:02, ed è descritta come una piscina situata nei pressi di Gerusalemme. Suddi ne parlava come se fosse un luogo, una città. Sono propensa a pensare che lo fosse, proprio perché ho scoperto che 'Beth' di fronte ad un altro nome significa "casa di", come Betlemme (casa del pane), Betania (Casa dei Fichi) e Bethesda si traduce come 'Casa della Misericordia'.

Da nessuna parte questo prefisso viene associato con l'acqua se non in questo caso. Ricercatori della Bibbia mostrano che la piscina era situata fuori dalle mura antiche di Gerusalemme e dentro alle mura attuali. Si tratta di una zona conosciuta come Bezetha e Bethzatha in diversi libri e mappe, e sembra essere stata una zona simile ad un sobborgo di Gerusalemme. Dalla nostra storia penso che probabilmente fossero lo stesso luogo, tanto più che la sua pronuncia strana spesso rendeva difficile trascrivere accuratamente. Doveva essere vicino a Gerusalemme perché aveva detto che sua sorella Sarah era sposata in una famiglia dove il padre era membro del Sinedrio e questa corte si trovava a Gerusalemme. Il Sinedrio fu fondamentale nell'influenzare il processo di condanna e crocifissione di Gesù.

Capitolo 12
Andando a Bethesda

Durante una delle sessioni incontrai Suddi come un uomo più anziano. Era in viaggio per Bethesda allo scopo di vedere sua sorella Sarah. Ora aveva due figli: un maschio, Amarre, e una femmina, Zarah. Questa volta invece di camminare stava cavalcando l'asino. Apparentemente era diventato troppo vecchio per coprire le lunghe distanze, che percorreva un tempo. Era determinato a completare il viaggio anche se per lui era ovviamente una sfaticata.

S: (Purtroppo) Lei ha bisogno di... di vedermi. È per dirmi addio. (Ripetuto solennemente) È per dire addio, perché presto lo farà... Farà il viaggio che tutti dobbiamo fare.

Ero un po' confusa. Voleva dire che la sorella stava per morire? Era forse malata? "No. Semplicemente vuole andare." Stava ovviamente parlando di morte, piuttosto che di un vero e proprio viaggio. A quanto pare aveva ricevuto questa spiacevole informazione psichicamente e voleva vederla un'ultima volta. Sembrava molto triste, anche se si era rassegnato all'idea.

D: *Ha qualche timore?*
S: No. Perché dovrebbe esserci alcuna paura? Semplicemente desidera dire addio. Si sa che toccherà anche a noi. La morte non è da temere. Che sciocchezza. Non è che un batter d'occhio, e poi è come se non fosse successo niente. Rimani solo, senza il corpo fisico. È come la proiezione di se stessi. (Proiezione astrale?) Ti ritrovi lo stesso che eri, ma in qualche modo leggermente diverso. Ma è molto monotono, è solo un'altro passo.
D: *Molte persone temono la morte perché hanno paura dell'ignoto.*
S: Non è forse più ignoto ciò che accadrà nei prossimi due giorni? Di quanto lo sarebbe se avessi ascoltato quello che i profeti e gli uomini saggi avevano discusso? Inoltre sapresti cosa accade dopo aver attraversato quella porta.
D: *C'è qualcosa nei vostri scritti che indica cosa ci aspetta quando lasciamo il corpo fisico?*
S: Sì, ci sono moltissimi riferimenti nei nostri scritti. Si parla di un grande senso di pace che discende su di te, quando guardi verso il

basso e ti rendi conto che hai superato la soglia. Che non sei più uno con il fisico e sei totalmente ciò che si potrebbe definire un'anima o uno spirito. Ci sono persone che sono confuse (dopo la morte). Questi vengono accolti da qualcuno che li aiuta a fare il percorso che li aspetta. E tutti coloro che sono lì per aiutarti, ti vogliono bene. Non c'è alcun bisogno di preoccuparsi, perché niente può farti del male.

D: *Sono questi gli insegnamenti trovati nella Torah?*

S: No, si trova negli scritti dei saggi, il Kaloo.

D: *Alcuni dei nostri libri e pergamene parlano di posti terribili e spaventosi dove si può finire dopo il passaggio.*

S: Allora questi sono luoghi che questa persona è morta in attesa di vedere. Perché non c'è niente là, tranne quello che é creato da voi. Ciò che credete, così sarà. Perché i pensieri e le credenze sono molto potenti.

D: *E se qualcuno morisse improvvisamente e in malo modo? Sarebbe la loro morte diversa?*

S: No, ma potrebbero svegliarsi confusi, e quindi qualcuno sarebbe lì per aiutarli.

D: *Che dire della morte di un bambino?*

S: I bambini sono molto vicini a quello che erano in principio, che è l'anima. Perché non hanno del tutto perso i ricordi di prima, quindi gli é più facile accettarla. Certamente più di quanto non lo sia per le persone che hanno vissuto, per un lungo prolungato periodo di tempo. Questi non desiderano altro che tornare al modo in cui erano prima di attraversare. In larga misura per un bambino è più facile da capire. Perché sono più intuitivi riguardo a ciò che gli sta succedendo.

D: *Di solito quando smettono di essere aperti? Ha qualcosa a che fare con i loro corpi?*

S: Molto spesso quando raggiungono la maturità. Ma nella maggior parte dei casi la chiusura non dipende dai bambini o dal loro corpo. Ma dagli altri, da forze che li schiacciano e opprimono. Perché dire ad un bambino che ha fatto qualcosa di sciocco, è una delle cose peggiori che gli si possa dire. Perché poi pensarà che tutto ciò che fa è sciocco, perché un bambino prende le cose molto alla lettera. Devono credere in se stessi. E quindi con queste azioni creiamo impressioni che li limitano e li allontanano da molti di questi fenomeni.

D: *C'è qualcosa nei vostri scritti che parla di spiriti maligni?*

S: Non esistono cose come gli spiriti maligni. Non c'è nulla che è totalmente malvagio. C'è sempre il bene in ogni cosa. Può essere molto piccola, ma c'è sempre una parte che è buona. Forse ciò che tu chiami spiriti maligni é ciò che gli altri potrebbero chiamare demoni. Quelli maliziosi che desiderano creare problemi perché provano un certo tipo di soddisfazione. Molti di questi sono deformi... Come faccio a spiegartelo?... Spiriti che sono stati cambiati, a causa delle loro esperienze. Così che con l'amore e intelligenza possano ancora seguire la giusta via. Ma con la paura e l'intolleranza, sono persi per sempre.

D: *Ci sono storie di spiriti maligni che tentano di entrare nei corpi dei vivi.*

S: Ci sono casi in cui questo è possibile, ma di solito è solo quando... La persona è molto aperta o non intende più restare in quel particolare corpo. E nel ritirarsi, lo lascia aperto agli altri.

D: *Pensi che la gente dia loro più potere avendone paura?*

S: Sì. Ti circondi di buoni pensieri ed energia. E richiedi che solo individui di mentalità elevata ti circondino.

D: *Solo la vostra comunità è a conoscenza di queste cose? Che dire delle altre persone, come gli ebrei e i romani?*

S: I Romani sono ciechi. Non saprebbero riconoscere la verità nemmeno se venisse a morderli sul culo. (Scoppiammo a ridere e fu un sollievo dalla serietà della discussione) Un sacco di gente nelle sinagoghe é persa nella traduzione della legge, e non riesce a vedere al di fuori di sé per sperimentare le gioie del vivere e del morire.

D: *Così non tutti condividono le vostre credenze. Nei vostri insegnamenti avete qualcosa che noi chiamiamo la reincarnazione? La rinascita dell'anima?*

S: Rinascita? È nota a tutti, perché sicuramente è vera. Solo gli ignoranti e gli stupidi temono l'idea della reincarnazione, come la chiami tu.

Il Dott. Rocco Errico un esperto in lingua aramaica, dice che in quella parte del mondo le persone tendono ad esagerare e ricamare le loro storie e dichiarazioni. Ma far precedere una dichiarazione con le parole: "di sicuro, perché sicuramente, veramente o in verità", permette all'ascoltatore di sapere che la dichiarazione non contiene alcuna amplificazione e dovrebbe essere presa sul serio. Ciò è particolarmente vero, se la dichiarazione è stata pronunciata da un insegnante, perché è degno della fiducia di chi ascolta. Questo spiegherebbe perché Gesù usa tanto l'espressione "in Verità" nella Bibbia. Un piccolo, insignificante dettaglio degno di nota, per la persona media che non avrebbe riconosciuto questo dettaglio linguistico in uso oggi così come in tempi biblici, in quella parte del mondo.

D: Molti dicono che si vive e si muore una volta sola, e questo è tutto ciò che c'è.

S: "Ci sono quelli che dicono che appena il corpo ritorna alla terra, tutto ciò che è stato dell'uomo viene lasciato ai vermi. Questo non è vero. Se una persona è morta o non è più nel corpo, come sappiamo devono esaminare tutto ciò che hanno fatto. Devono decidere quali lezioni intendono affrontare e procedere ad eliminare i debiti che hanno accumulato. Poi vanno a scuola (dall'altra parte). A volte decidono di tornare velocemente. Questo non è sempre un bene perché se si torna troppo velocemente - forse, se non é stata una buona vita - non si ha il tempo di capire che cosa si é fatto di sbagliato e come correggerlo. Quindi non è bene tornare subito indietro, lo so io e anche gli altri.

D: È possibile ricordare le vite passate?

S: Si, alcuni di noi, conoscono le loro vite passate. Coloro che sono importanti. È più facile non ricordare, perché se si ricordano, nella maggior parte dei casi, vengono sopraffatti da un gran senso di colpa. Forse non è necessario per loro. Se fosse necessario, si ricorderebbero. A Qumran ci sono quelli che sono addestrati a ricordare. Ci sono anche quelli che vorrebbero prendere questa strada, ma non è per tutti. Gli anziani sarebbero in grado di dirti chi eri, se glielo chiedi. Ci sono maestri che hanno la capacità, non solo di ricordare le loro, ma anche aiutare gli altri a ricordare. Ma per la maggior parte, quelli che sanno chi erano, ricordano. Di solito Yahweh decide se concedere queste memorie e poi inizia il sentiero.

Avevo un libro della biblioteca che conteneva alcune immagini a colori della zona intorno a Qumran. Ho pensato che sarebbe stato interessante vedere se Suddi potesse riconoscere qualcosa. Gli ho chiesto se non gli dispiaceva guardarle e mi rispose con una parola che suonava come 'Sadat'. Avevo detto a Katie di aprire gli occhi; studiò le immagini con uno sguardo vitreo. Una delle fotografie rappresentava delle montagne desolate.

S: Questa è la valle a sud. Ci sono colline che si affacciano su questo lato. E il wadi corre... in questa direzione.

Tracciò il dito verso il basso su quello che a me sembrava una valle o uno spazio tra le colline. Un 'wadi' è una valle o una gola asciutta, tranne durante la stagione delle piogge. Può anche significare un corso d'acqua corrente. Ora stava guardando la foto nella pagina accanto che mostrava da lontano le rovine di una città.

S: Perché sono così lontane? Non mi dice nulla. Questo ha l'aspetto della stessa zona, ma non mi è familiare. Qui c'é un wadi che ha l'acqua. Conosco pochi wadi che rimangono bagnati quando le colline sono così secche.

La foto mostrava da lontano ciò che avrebbe potuto essere una strada o un corso d'acqua. Probabilmente era una strada, ma a Suddi sembrava un wadi. Forse al suo tempo non c'erano strade così chiaramente definite. Presi il libro e la lasciai chiudere gli occhi di nuovo. Se questa era nella zona in cui viveva, sembrava essere molto secco e arido. "Sì, è asciutto. C'è pochissima pioggia."

Disse che quando andava da Qumran a Nazareth seguiva le piste carovaniere attraverso le colline e che queste erano più grandi di quelle nelle immagini. Mi sembrava che sarebbe stato molto più facile seguire il wadi invece di scalare le montagne, che sembravano molto scoscese. Ma era ovvio che non conoscevo la zone. "No. Se piovesse su per le colline, verrei spazzato via dall'acqua. "

Mi chiedevo perché non era mai stato a Gerusalemme, che era molto più vicina di Nazareth e molto più grande. "Io non ho bisogno ne desidero andarci. Non mi importa più di tanto della città. Sono rumorose e piene di persone indisciplinate. Perché dovrei voler immergermi nella confusione?"

Durante la mia ricerca ho trovato molte immagini di libri che mostrano porzioni dei Rotoli del Mar Morto. Ho pensato che potrebbe essere un esperimento interessante vedere se Suddi poteva leggere qualcuno di questi antichi scritti. Era possibile dato che Katie era identificata così profondamente con l'altra personalità. Il primo campione era di sei righe, ciascuna diversa dall'altra. Sembrava esser un esempio di scrittura utilizzato a quei tempi. Non sapevo quanto difficile poteva essere leggere la loro lingua. Nel Capitolo 14 approfondiremo questo argomento. Le feci aprire gli occhi e lei di nuovo fissò la pagina con un'espressione vitrea.

D: C'é forse nulla di familiare?
S: (Dopo una lunga pausa mentre leggeva) Questo è stato scritto da due mani diverse.

Ci fu una pausa più lunga. I suoi occhi scrutarono dall'altro verso il basso e da destra verso sinistra della pagina.

S: Sembra ebraico. (Indicò una linea) No, è diverso. Questi due sono diversi. (Indicò altre linee) E queste due sono la stessa, ma questa è un'altra diversa. Non sono sicuro, ma vedo una similitudine. Sembra quasi che qualcuno stesse solo scrivendo i simboli. Non hanno alcun senso. Sembrava che qualcuno stesse praticando la scrittura, ma non era la stessa persona. Si tratta di stili diversi.

Allontanai il libro. Almeno avevo scoperto che sembrava la scrittura di persone diverse.

Un amico mi aveva dato un vecchio bollettino della Fondazione Noohra. Si trattava di due pagine piegate in formato lettera. In prima pagina era un versetto della Bibbia scritto in aramaico. Era una traduzione da Giovanni e parlava di Gesù. Glielo diedi e gli dissi che non ero nemmeno sicura se fosse scritto nella sua lingua. Lo studiò per qualche minuto, sorridente tutto il tempo.

S: Non sono sicuro di tradurre correttamente. Parla del Figlio dell'Uomo. (Sembrava contento di trovare questo fuori) È la Vulgata, la lingua del popolo. La chiamano aramaico. È un dialetto molto strano, ma sto facendo un tentativo (Dopo una lunga pausa...). Parla del Messia.

Tutto d'un tratto indicò una figura alla fine dell'iscrizione. Era diversa dall'altra scrittura. Era perplesso e aggrottò la fronte mentre studiava quel simbolo.

S: Cosa? Qui in fondo credo che sia una lingua diversa. Non è aramaico. Ed è diverso dalle antiche scritture. È molto strano trovarlo qui.

Indicai un altro simbolo nel testo che era simile a quello. Gli chiesi se era lo stesso. Rispose che era simile. Non c'era alcuna spiegazione al riguardo nel bollettino, ma sembravano essere diversi dal testo.

$$\divideontimes$$

S: Non é in aramaico, no. Come ho detto, si parla del Messia, ma non sono molto sicuro di... (Si fermò e cominciò a palpare la carta). Che strano. Che cosa è questo? Di cosa è fatta?
D: *(Mi prese di sorpresa e dovetti pensare in fretta) Oh, è fatto dalla corteccia degli alberi. In alcuni paesi...*
S: (Lui mi interrogò) Come fanno a fare questo dagli alberi?

Continuava a sentire la carta e la rigirava, studiandone la consistenza. Ero un po' preoccupata che, diventando troppo curioso, avrebbe notato che la scrittura all'interno era diversa. Non sapevo che effetto avrebbe fato su di lui notare troppe cose strane. Uno shock culturale? Cercai di distrarlo.

D: *Beh, è un processo complicato. In realtà non so neppure io come si fa.*
S: (Era ancora assorto nella carta) È molto meglio dei papiri. È più spessa. È come la pelle.
D: *I papiri sono più sottili?*
S: Oh, molto! Sono molto più sottili. Questa sarebbe perfetta per la copiatura.

Presi la carta e gli diedi un'altro libro per evitare che si distraesse ulteriormente. C'era una fotografia di una pagina dei Rotoli del Mar Morto che aveva i simboli molto chiari. C'erano anche immagini della zona di Qumran in bianco e nero anziché a colori. Ma ero interessata soprattutto alla scrittura. Tenevo il libro in modo che potesse vederlo. Cercavo di tenerlo aperto a quella pagina. Non volevo che iniziasse a chiedermi che libro fosse e come era stato fatto. Disse: "Questo è l'ebraico, ebraico antico. Io non sono una buon copiatore, ma questo è sicuramente ebraico. Vedi qui, questa lettera e queste... (Indicò alcune lettere) Ha a che fare con la legge. Io non sono molto bravo, non capisco l'ebraico." Gli dissi che pensavo fosse aramaico. "Non so chi ti abbia detto che è aramaico, ma non lo è!" La sua attenzione andò all'immagine sul pagina opposta. Era il Mar Morto e una porzione della costa. "Cos'è questo? Sembra la zona intorno alla mia casa. Ci sono il lago e le scogliere di sale. Giusto? Sembra proprio la mia zona, sì. "

Sapevo che non avrebbe capito la parola 'fotografia', così gli ho detto che era qualcosa di simile a un dipinto. "Questo non è come nessun altro dipinto che io abbia mai visto."

Gli tolsi il libro. Stava diventando troppo curioso e mi faceva domande difficili che saltavano due millenni nel futuro. Chiuse gli occhi di nuovo, e lo ringraziai per aver guardato quei libri.

S: È difficile guardare cose così vicine per molto tempo. (Strofinandosi gli occhi)

D: *"Oh?!" Ti fanno male gli occhi ora che stai invecchiando?*

S: Probabilmente si, oppure le mie braccia si sono accorciate, non sono sicuro quale delle due. Io non so chi ti abbia detto che quello era aramaico, ma non lo è. Il primo era l'aramaico. Potrebbe venire da... Ah, fammi pensare ...Samaria. Si, Samaria ha quel dialetto. Era aramaico, ma quel simbolo, non era aramaico. Non appartiene alla lingua, é molto antico.

Capitolo 13
Mettere in Discussione

Quando ho iniziato a condurre la mia ricerca sono rimasta stupita dalla sorprendente precisione di Katie. La descrizione della comunità di Qumran fornitaci da Suddi, è stata verificata dai rapporti sugli scavi degli archeologi. Mentre le credenze e i rituali degli Esseni vennero sostanziati dalle traduzioni dei rotoli. Tuttavia c'erano ancora alcune discrepanze, così ho fatto una lista di domande e gliele ho chieste tutte durante la nostra ultima sessione insieme. Avevamo lavorato a lungo e su così tanto materiale che pensai fosse arrivata l'ora di fare a Suddi domande fondamentali sulle cose che avevo letto.

Gli studiosi chiamavano gli Esseni il 'popolo dell'Alleanza' o 'quelli dell'Arca'. Suddi aggrottò la fronte quando gli chiesi se la parola 'alleanza' avesse una qualche connessione con il suo popolo. Disse che il termine era a lui sconosciuto, e non riusciva a capire perché qualcuno gli avesse dato un nome del genere, erano conosciuti solo come Esseni. Disse: "Un patto è un contratto tra due parti per sostenere un affare ". Gli chiesi se il nome Zadok avesse alcun significato per lui. Una delle teorie circa l'origine degli Esseni è che fossero discendenti degli zeloti che erano guidati da quest'uomo. Corresse la mia pronuncia, mettendo l'accento sulla prima sillaba.

S: (Sospirando) Lui è un leader. Molti lo seguono, dicendo che insegna la Via della Vita. È un guerrafondaio che adesso vuole liberarsi di tutti gli oppressori.

D: *C'è qualche relazione tra loro e la vostra comunità?*

S: Non sono dei nostri. Quelli che conosciamo come Zadok sono gli zeloti che vivono sulle colline. Sono molto selvaggi. Si dice che la maggior parte di loro siano "toccati dalla luna". Credono nelle profezie, ma profetizzano la guerra. E al fine di promuovere la venuta del Messia vogliono conquistare il suo regno per lui. C'è molto spargimento di sangue per quest'ideologia. Se avessero studiato più a fondo la profezia, saprebbero che il suo regno non sarà in terra. Ma non si può discuterne con loro.

D: *Quindi si sbagliano quelli che pensano che ci sia una connessione tra la tua gente e gli zeloti?*

S: Sicuramente le loro informazioni vengono da strane fonti. Abbiamo un detto: "Tante lingue si avvinghiano attorno ai racconti e nel raccontare cambiano la storia".

I traduttori presentavano i giubilei come giorni santi, ma a Suddi erano sconosciuti. Mi aveva già detto che non erano persone rigide, amavano celebrare la gioia di vivere. Potevano aver chiamato le feste con un altro nome.

Una pergamena chiamata la 'La guerra dei figli della luce con i figli delle tenebrÈ è una delle poche recuperate intatte e molta importanza è stata data alla sua traduzione. Ci sono state anche molte polemiche sul fatto che non doveva essere presa alla lettera o simbolicamente. Doveva essere la previsione di una guerra terribile non ancora avvenuta, e le istruzioni su cosa fare quando sarebbe accaduta. Questo rese Suddi molto confuso.

S: Ci sono molte pergamene che parlano di guerre. Ma una guerra che non é ancora successa? (Aggrottando la fronte) A meno che non sia la visione di qualcuno, non ho idea. Nelle nostre pergamene sono registrati gli eventi che sono accaduti alle nazioni della terra. Scriviamo quante più informazioni siamo in grado di raccogliere. Anche in questo caso, suona più come la visione di qualcuno che la narrazione di un avvenimento reale. Se viene vissuta attraverso i sensi, è registrata e descritta in dettaglio.

D: *Chi credi che fossero i Figli della Luce?*
S: Non avendo letto la pergamena non saprei. Potrebbero essere chiunque. Non avendola letta sarebbe stupido tirare delle conclusioni.

Nella traduzione si menziona un uomo noto come il Maestro di Giustizia che viene confuso con Gesù perché le loro storie sembrano avere qualche similitudine. Si discute molto sull'identità di quest'individuo.

S: Questo nome mi é familiare. Una volta uno degli anziani aveva quel nome, ma non è più qui con noi. Ha vissuto molto tempo fa.
D: *Era un uomo importante?*
S: Dai racconti, sì. E secondo i racconti tornerà. Si dice che tornerà, non so quando. Egli nascerà di nuovo su questa terra.
D: *Perché era così importante da essere incluso negli scritti?*

S: È molto difficile da spiegare. Era come se fosse un passo avanti a quelli intorno a lui. E aveva la capacità di analizzare il cuore delle questioni, e di comprendere ciò che era giusto. È in parte per questa ragione che era conosciuto come il Maestro.

D: *Alcune persone pensano che potrebbe essere confuso con il Messia.*

S: No, il Messia è il nostro principe, e il maestro era solo un maestro. Non era un principe.

Parte della storia ha a che fare con il Maestro di Giustizia e il Sacerdote Oscuro. Nessuno è mai stato in grado di identificare in modo soddisfacente nessuno di questi individui.

S: Sacerdote Oscuro? Non lo conosco. Non ho letto nulla in proposito. Non dico che non esista. Semplicemente non ne ho mai letto nulla.

Si suppone che Il Maestro di Giustizia sia stato crocifisso. Questa è una delle ragioni della confusione con Gesù. Forse sapeva se il Maestro di Giustizia era morto in un modo particolare.

S: Non conosco tutta la storia. Ho letto molto poco su questo argomento. Ci vorrebbe più di una vita per leggere tutti i rotoli.

D: *Ha nulla a che fare con gli inizi della tua comunità?*
S: Non so. Dai racconti che ci sono stati tramandati, non mi sembra corretto.

Un altro dei rotoli tradotti é noto come "I Salmi del Ringraziamento".

S: (Accigliato) Forse non li conosco in questi termini. Spiegami. Non riesco a capire. Un salmo è come un messaggio a Dio, nel quale si parla direttamente a Dio con il cuore. È molto possibile che alcuni furono messi per iscritto.

C'era un uomo di nome Hillel che avrebbe dovuto essere un saggio dell'epoca. Aveva un seguito di discepoli che si definivano Hilleliti. Si presume che Gesù possa aver studiato con lui. Suddi riconobbe il nome e corresse la mia pronuncia. "È conosciuto per la sua saggezza, sì, sempre se parliamo della stessa persona. Gli Hilleliti, erano i suoi seguaci. "

D: Cosa sai di quest'uomo?
S: Non so molto, era e viveva come un uomo di pace. Anche se credo che alcuni dei suoi seguaci si dedicassero alle vie della guerra. Purtroppo non sono molto informato sulla gente all'esterno della comunità. Diceva sempre parole di verità. Ma i suoi seguaci ragionavano con la mente e non col cuore, e cambiarono gli insegnamenti in ciò che volevano sentire.
D: È ancora vivo?
S: Penso di no. Penso che non viva più su questa terra.

I Maccibi erano persone importanti nella storia ebraica. Ancora una volta corresse la mia pronuncia: 'Mac-ki-bi'.

S: Non so nulla di loro. Ne ho solo sentito parlare vagamente. Sono una famiglia molto potente. E molta gente ascolta quello che hanno da dire. Io lo dico sempre: Il denaro ha molti amici.
D: Oh! Pensavo che fossero persone sagge.
S: Alcuni lo sono. Ci sono alcuni saggi in ogni gruppo, ma poi ci sono anche un sacco di idioti.
D: Di dove sono?
S: Non sono davvero sicuro. Credo che abbiano una roccaforte in Gerusalemme (pronuncia:'Herusalem'). Io non sono per nulla sicuro, ma questo è quello che ho sentito.

I traduttori parlano spesso del Libro di Enoch nei loro rapporti sui Rotoli del Mar Morto. Non è nella versione della Bibbia che abbiamo in questo momento, ma gli studiosi lo considerano un libro importante. C'erano polemiche tra di loro. Così gli ho chiesto se era a conoscenza di questo libro.

S: Sì, ne ho sentito parlare. Alcuni lo insegnano.
D: È visto favorevolmente?
S: Dipende dalla persona con cui ne parli. Crea molto scalpore. Alcuni dicono o lo segui con tutto il cuore o semplicemente pensi che sia una follia (quindi generava dibattiti anche all'epoca). A me non interessa più di tanto. C'é chi crede che sia la pura verità e ci sono quelli di noi che credono che sia pura follia. Ma questa è solo la mia opinione e gli altri possono non essere d'accordo. È un loro diritto.

Era visto favorevolmente dalla maggior parte dalla comunità essena e alcuni lo ritenevano un libro importante. Suddi pensava che molto probabilmente fosse solo frutto dell'immaginazione di qualcuno.

D: Da dove viene quel libro? Fu aggiunto più tardi, no?
S: Il Libro di Enoch lo abbiamo ricevuto dal Kaloo. Cosa intendi per aggiunto più tardi? Aggiunto a cosa? Non capisco.
Avevo fatto un errore, un lapsus. Era difficile per me ricordare che non sapevano nulla della nostra Bibbia. Così feci riferimento alla Torah, perché sembrava essere il libro che lui conoscesse meglio, anche se non avevo idea di come fosse composto. Disse che il Libro di Enoch non era nella Torah.

Ho letto 'I segreti di Enoch' che si trova tra gli apocrifi Libri Perduti della Bibbia. Che fosse la versione a cui Suddi faceva riferimento o no, era sicuramente un libro difficile da leggere. Fa molti riferimenti all'astronomia, il simbolismo e apparentemente contiene molti significati nascosti. Ci potrebbero essere altri libri che fanno riferimento a Enoch.

Conoscevo i nomi di diversi gruppi di persone menzionati nella Bibbia. Ho pensato di tirarli fuori e vedere cosa avrebbe detto Suddi a proposito.

D: Hai mai sentito parlare dei farisei? Lui aggrottò la fronte. I Sadducei? (Ancora avuto feci fatica con la pronuncia.)
S: I farisei, sono i ben facenti. Sono i cosiddetti legislatori. I Sadducei hanno a che fare con l'amministrazione dei templi e delle leggi che saranno tramandate. Questi se la battono anche con Erode, per ottenere ciò che vogliono. Entrambi i gruppi sono membri dell'Assemblea, e si siedono lì a discutere per tutto il giorno così non fanno mai niente. Sono sempre... uno contro l'altra. I Farisei hanno grandi ricchezze e ne fanno sfoggio mentre i Sadducei li criticano rimarcando che non sono pii come loro. Dicono sempre: "Cammina coperto di cenere e tela di sacco".
D: Hai mai sentito parlare dei Samaritani?
S: Da Samaria? Sì (diceva la parola 'Samaria' molto velocemente, era difficile da capire). I samaritani erano discendenti di Giacobbe. E per qualche ragione, che non ricordo, ebbero una faida. Quindi vengono considerati inferiori rispetto ai loro fratelli. Erano uniti in passato, ma ora sono disprezzati per qualche motivo.

La sessione procedeva senza intoppi fino a quando non gli ho chiesto di Qumran, in quel momento ho capito di aver fatto un passo falso. Tutto ciò che volevo sapere era solo il significato del nome. Non ero assolutamente preparata alla sua reazione. Ansiosamente iniziò a parlare in lingue diverse.

S: Che cosa significa? Non dirò nulla. Se non conosci il significato, non hai bisogno di saperlo.

D: *Ho sentito che significa 'luce'.*

S: Ci sono molte accezioni del termine che significa 'luce'. E se non si sa a quale percorso si appartiene, non c'è assolutamente alcun bisogno di chiedere. Se per te fosse importante, lo dovresti sapere.

Che frustrazione, era perfettamente chiaro che non voleva rispondere. Più tardi, mentre continuavo la ricerca, trovai che quando i Romani conquistarono gli Esseni, questi si lasciarono torturare a morte piuttosto che svelare le risposte a domande come questa. Ciò che a me sembrò un semplice argomento assunse proporzioni gigantesche per lui. Naturalmente, io non avrei potuto saperlo, e non ero a conoscenza del fatto che questi fossero argomenti segreti.

D: *C'è qualche motivo per cui Qumran è stata costruita vicino alle scogliere di sale?*

S: "Non tanto le scogliere di sale, quanto la zona. Si tratta di un punto di (energia 'ken', ma non era chiara) È un'apertura. È uno dei punti di energia.

D: *La gente dice che sia un posto strano per costruire una comunità. È così isolato.*

S: Questo è uno dei vantaggi.

D: *Si pensa che nessuno sarebbe stato in grado di vivere lì.*

S: (Sarcasticamente) E nessuno può vivere nel Sahara. Ma lo fanno!

D: *La gente dice che è estremamente isolato e non è possibile utilizzare l'acqua del Mar Morto.*

S: C'è acqua potabile qui. Abbiamo quello che ci serve.

D: *Qual è il significato della parola 'Esseni'?*

S: Santo.

Mi chiedevo perché non esitasse a dirmi il significato di quella parola, mentre si rifiutava di dirmi il significato della parola Qumran. Questo stava a dimostrare l'inconsistenza delle sue obiezioni.

133

Harriet iniziò nuovamente a fare riferimento alla sua lista di domande.

"Il nome 'Midrashim' o 'Mishna' ha nessuno significato per te?" La domanda, ovviamente, lo infastidì perché iniziò a parlare ansiosamente in una lingua diversa. Ci furono diversi momenti come questo in cui il suo sfogo emotivo fu abbastanza intenso da farlo scivolare nella sua lingua nativa. "Perché me lo chiedi?"

D: Vogliamo solo sapere se in uno dei vostri scritti si parla di Midrashim.

(Anche questo gli provocò una reazione)

S: Non dirò nulla a proposito!

D: *Non c'è modo di trovare risposte senza fare delle domande.*

S: Perché fai domande che dimostrano solo conoscenza parziale?

D: *Abbiamo sentito parlare di questi argomenti e ti stiamo chiedendo se puoi verificarli o aiutarci ulteriormente nella nostra ricerca. A volte abbiamo solo frammenti di notizie.*

S: (Interrompendo) Può essere pericoloso avere solo informazioni parziali.

D: *(Mi sorprese) Pensi che non sia bene che noi sappiamo queste cose?*

S: Si, é un problema. Nel parlare di cose che sai solo a metà, e invocando parole che hanno un potere che conosci solo parzialmente, potresti trovarti ad affrontare più di quello che sei in grado di gestire.

Ci prese completamente alla sprovvista, perché certamente non ci rendevamo conto di alcun pericolo connesso nel fare semplici domande. Così lo rassicurai dicendo che avremmo rispettato il suo giudizio e gli chiesi cosa suggeriva di fare.

S: Non parlarne più finché non sei sicura che potrai assimilare questa conoscenza. Perché potrebbe essere molto pericoloso parlarne a coloro che potrebbero avere interessi personali e farti rivelare ciò che conosci in qualche modo.

D: *Ma come possiamo ottenere una conoscenza completa senza porci delle domande? Non ci é forse consentito ricercare?*

S: Cercare è permesso, ma devi stare molto attenta.

D: *Non è sempre facile trovare le persone giuste che possano darci queste informazioni.*

S: È vero. Ma devi sempre proteggerti da coloro che... e dal dire troppo a quelli che iniziano a fare troppe domande.

D: *Quindi pensi che sia meglio non ricercare questa conoscenza?*

S: Non ho detto questo! Questa è la tua interpretazione delle mie parole. Semplicemente ti ho detto di stare attenta. E di essere circospetta con chi condividi la tua conoscenza. E di ricevere poco o nulla in cambio.

D: *Beh, la conoscenza per me è più che sufficiente.*

S: No! Perché la conoscenza può essere molto dannosa, se siamo tentati ad usarla. E, non avendo una conoscenza completa, possiamo mettere in pericolo sia noi stessi che agli altri.

L'ho ringraziato per averci avvertito. Questo sfogo era piuttosto inaspettato e sicuramente fuori luogo per il placido Suddi. In precedenza si era rifiutato di rispondere alle domande, ma mai con tale veemenza. Mi sto ancora chiedendo cosa avesse scatenato in lui una reazione così emotiva. Così tornai alle mie domande, con un po' più di cautela questa volta.

D: *Hai mai sentito parlare di un libro chiamato la Cabala o la Kabbalah?*

S: Alcuni di noi lo hanno letto. Ci sono rotoli che contengono alcuni degli scritti.

D: È un libro complicato?

S: Tutto si complica se lo si considera tale. Elucida molte leggi della natura e dell'equilibrio, nonché come utilizzarle per il proprio bene. Come aprirsi ai mondi che ci circondano qui e nel mondo a venire.

Non sapeva chi avesse scritto la Kabbalah, ma era più vecchia di molti degli altri libri che avevano.

Successivamente, quando ho avuto la possibilità di fare ulteriori ricerche, forse scoprii il motivo che lo sconvolse a quel modo. La teologia ebraica è divisa in tre parti: la prima era la legge che è stata insegnata a tutti i figli d'Israele. La seconda è la Mishna, o l'anima della legge, che è stata rivelata ai rabbini e agli insegnanti. La terza parte era la Kabbalah, l'anima dell'anima della legge, che conteneva i principi segreti ed era rivelata esclusivamente al più alto grado di iniziati. Il Midrashim fa riferimento a metodi utilizzati per semplificare o spiegare più a fondo le leggi. Apparentemente, e inconsapevolmente, avevamo sfiorato un capitolo segreto degli insegnamenti in cui Suddi e gli altri Esseni erano coinvolti. Forse questo spiega il suo sfogo emotivo, e i suoi avvertimenti sull'uso di parole di potere e sul parlare di cose di cui non si era a conoscenza. I traduttori dei Rotoli del Mar Morto parlano del Documento di Damasco e presuppongono l'esistenza di altre comunità Essene, una probabilmente nella zona di Damasco. Ma sconfinai su terreno proibito, quando chiesi informazioni al riguardo. Rispose nella ormai familiare, "Non dirò nulla a proposito." Era strano come evitasse di rispondere ad alcune domande e come tuttavia rispondesse ad altre domande simili senza nessuna difficoltà.

D: Sai qualcosa di un gruppo esseno ad Alessandria?
S: (Lunga pausa) Mio padre parlava recentemente di alcuni insegnanti che sono andati, non ad Alessandria, ma in Egitto. Io non so. Ci sono molti altri. Ce ne sono alcuni in Egitto che io conosco. Ce ne sono molti nella zona d'Israele, Giudea, (disse il nome di un altro paese poco chiaro, ma suonava come 'Tode') Noi di Qumran siamo forse la comunità più grande ma non l'unica.

Strano come avesse categoricamente evitato di parlare di Damasco. Disse che per quanto ne sapeva anche le altre comunità erano isolate ma tutte seguivano gli stessi principi di Qumran: la raccolta e conservazione del sapere. Erano ben lungi dall'essere un unico piccolo gruppo isolato.

S: Se dobbiamo conservare la conoscenza ma rimaniamo soli in un gruppo molto piccolo, come facciamo a conservare questa conoscenza se non la condividiamo? Quindi ci dovrebbero essere degli altri.
D: Alcune persone credono che siate un gruppo molto isolato che non trasmette la conoscenza.
S: Alcuni sono degli idioti.

Gli scienziati e gli arabi che perlustrarono tutte le grotte della zona di Qumran alla ricerca di altri rotoli o frammenti. In una grotta, tra le macerie di un muro scolpito, si imbatterono in un ritrovamento raro, due rotoli di rame. I rotoli venivano sempre scritti esclusivamente su papiri o pelle. Quindi quelli di rame erano molto insoliti. In origine, erano una striscia unica lunga circa due metri e larga venti centimetri ma erano stati tagliati a pezzi per qualche motivo sconosciuto. Gli archeologi descrivono simboli insolito impressi nel metallo. Ma il tempo aveva lasciato il segno. Il rame era diventato così ossidato che i rotoli erano pericolosamente fragili da maneggiare. Erano così fragili che era impossibile srotolarli. Per quattro anni cercarono di risolvere il problema di come aprirli in modo sicuro.

Infine, il professor H. Wright Baker dell'Università di Manchester, in Inghilterra, ideò un ingegnoso metodo per tagliare i rotoli a listelle. Funzionò così bene che nemmeno una singola lettera andò perduta.

Dopo tutto ne è valsa la pena? La traduzione dei rotoli conteneva il sogno di ogni cacciatore di tesori. Era una lista di tesori sepolti dal valore inestimabile. L'inventario includeva oro, argento e altri tesori possibilmente di peso totale superiore ad un centinaio di tonnellate. Il loro valore fu stimato oltre ai 12 milioni di dollari nel 1950, quando i rotoli vennero tradotti. Varrebbero sicuramente molto di più ora. I rotoli diedero indicazioni precise per la riesumazione di circa sessanta diversi nascondigli nella zone di Gerusalemme e nel deserto della Giudea. La descrizione dei rotoli e la loro traduzione si può trovare in "Il tesoro del Rotolo di Rame", a cura di John M. Allegro, fornisce un resoconto dettagliato. Allegro era sicuro che fosse l'inventario di un tesoro e che gli oggetti fossero sepolti nei luoghi indicati. Il suo unico dubbio erano le incredibili quantità. Pensava che ci dovesse essere un errore di traduzione, perché gli importi erano troppo da mozzare il fiato. Per esempio: "un totale di più di 3179 talenti (una misura di peso) di argento e 385 d'oro, 165 lingotti d'oro, 14 brocche d'argento e 619 vasi di metalli preziosi." Le indicazioni erano esplicite: "Nella cisterna che si trova sotto il bastione sul lato est, in un luogo scavato nella roccia:. 600 barre d'argento." Tutte le indicazioni erano precisissime. Mr. Allegro ritiene che la maggior parte dei luoghi indicati fossero probabilmente difficili o impossibili da riconoscere dopo che la guerra romana devastò la zona. Niente, assolutamente nessuno di questi tesori è mai stato trovato. L'ultima voce del Rotolo di Rame dava indicazioni circa la posizione di un'altra copia dello stesso inventario. Nascosto "in un pozzo a nord della del Grande bacino di drenaggio nei pressi del Tempio". Questa duplice copia non fu mai rinvenuta.

Alcuni degli archeologi sono giunti alla conclusione che i rotoli di rame fossero una bufala e che il tesoro non sia mai esistito. Ritenevano che dovesse trattarsi di una bufala, perché non c'era modo di spiegare come gli Esseni avessero mai potuto accumulare una tale ricchezza se erano giurati alla povertà? Il rotolo di rame deve esser stato più difficile da inscrivere dei papiri normali. Finirlo deve aver richiesto molto lavoro, troppo perché lo avessero compiuto al solo scopo di perpetrare una bufala.

Altri dicono che il rotolo poteva non fare riferimento ad un tesoro vero, ma era piuttosto una metafora simbolica per trasmettere un altro messaggio che non siamo in grado di decifrare. Ritengo possibile che gli gli Esseni avessero accumulato tanta ricchezza nel corso degli anni della loro esistenza, o che semplicemente l'avessero ricevuta tutta da altre fonti.

I beduini della zona furono di grande aiuto agli scienziati perché conoscevano ogni angolo del deserto. È possibile che negli ultimi duemila anni, avessero trovato parte del tesoro. Inoltre, poiché il rotolo duplicato non é mai stato rinvenuto, è possibile che qualcuno l'abbia scoperto anni fa e abbia trovato il tesoro. Dubito che la nostra generazione moderna sia stata la prima a riesumare ciò che gli Esseni avevano nascosto.

Durante questa ultima sessione decisi di vedere se Suddi era in grado di far luce su questo enigma. Ma come fare senza porgli domande esplicite? Suddi era nella biblioteca al piano superiore che studiava alcune pergamene, era il luogo perfetto. Quando chiesi se stava studiando un particolare rotolo, rispose con l'ormai familiare, "Non dirò nulla a questo proposito!" Mi disse solamente che non era la Torah. Quando andava sulla difensiva su certi argomenti era inutile cercare di ottenere delle risposte, a meno che non riuscissi a sviarlo.

D: Fabbricate mai i rotoli in altri materiale, oltre alle pelli e i papiri?
S: Ci sono altri metodi per fabbricarli. Non sono un copista, non ho
   dimestichezza, ma ci sono altri metodi di sicuro.
D: Hai mai visto dei rotoli fatti di metallo?
S: Sì. (Anche questo a quanto pare era un argomento tabù. E divenne
   nuovamente sospettoso) Perché me lo chiedi?
*D: Stavo pensando che questo fosse un materiale strano da utilizzare.
   Richiede molto più lavoro. Non sarebbe più facile usare stilo e
   papiri?*
S: (freddamente) Sì. (Sospettoso) Perché mi fai queste domande?
*D: Mi chiedevo semplicemente perché fare la fatica di usare il
   metallo.*
S: Potrebbero contenere informazioni più importanti. Ci sono alcune
   cose che devono essere protette.

Non volle elaborare ulteriormente. Sembrava che se qualcosa fosse scritto su metallo, era perché aveva un valore speciale. Stavano cercando di usare il materiale più durevole per assicurarsi che sarebbe sopravvissuto nel tempo. Così non posso credere che il Rotolo di Rame fosse una bufala. Gli archeologi erano solo 2000 anni in ritardo, per la scoperta di questo fantastico tesoro.

Gli archeologi che scavarono le rovine di Qumran non presentarono alcun rapporto relativo alla zona residenziale. Sono giunti alla conclusione che vivessero nelle grotte intorno alla comunità o forse in tende o capanne. Trovarono ceramiche, lampade e pali da tenda in alcune delle stesse grotte dove avevano riesumato i Rotoli del Mar Morto, ne dedussero che avessero vissuto lì. Non riuscivo a capire perché gli Esseni avrebbero voluto vivere in grotte e tende se erano in grado di creare questa meravigliosa comunità con il suo sofisticato sistema idrico. Non aveva alcun senso per me. Così decisi di chiedere a Suddi.

D: *Mi avevi detto che quando eri bambino vivevi in case che erano fuori dalle mura della comunità? Ci sono grotte nelle vicinanze di Qumran?*
S: Ci sono molte grotte.
D: *Il tuo popolo ha mai vissuto nelle grotte?*
S: Si dice che una volta vivevamo là, ma non siamo più così tanti da averne bisogno. Tuttavia, da bambini, ricordo che andavamo spesso là a giocare.
D: *Vuoi dire che un tempo c'era più popolazione, più gente? E durante quel periodo vivevate nelle grotte?*
S: Sì, era all'inizio.

Nei primi tempi, mentre costruivano le case usavano le grotte come alloggio. Con una tale comunità prodigiosamente avanzata non era necessario essere ridotti a vivere in caverne e tende.

Durante gli scavi trovarono molte monete, perfino alcuni sacchi pieni di monete. Grazie alle monete, gli scienziati sono riusciti a datare le rovine. Le monete appartenevano al periodo compreso fra il 136 al 37 A.C., che dall' indipendenza ebraica si estende fino ad Erode il Grande. Poi ci fu un divario, e poche monete tra quelle rinvenute risalgono al periodo dal 37 al 4 A.C.: il periodo di Erode Archelao. In fine vennero rinvenute un gran numero di monete databili tra il 4 A.C. e il 68 D.C., quando Qumran venne distrutta.

Da questi dati gli archeologi sono giunti alla conclusione che Qumran fu abbandonata per 30 anni, dal momento che hanno trovato solo poche monete di quel periodo. Ma questo era il periodo in cui Suddi visse a Qumran e secondo lui gli Esseni non lasciarono mai la comunità. In effetti non c'é alcuna ragione soddisfacente che spieghi perché se ne sarebbero andati. C'erano prove evidenti che la comunità fosse sopravvissuta ad un terremoto (vedi grafico della comunità). E si presume che questo potrebbe aver danneggiato la comunità a tal punto da forzare gli abitanti ad andarsene per questi 30 anni; ma questa è solo una supposizione. Anche gli antichi scrittori, incredibilmente precisi nelle loro narrazione degli eventi dell'epoca, non fanno il minimo accenno all'assenza degli Esseni dalla zona. Questa era solo una teoria degli archeologi basata sui reperti che furono in grado di raccogliere nel corso degli scavi. La mia conclusione é che se l'intero tesoro dei Rotoli di Rame era completamente scomparso, allora perché lasciare qualche sacco di monete? Le rovine erano state occupate e saccheggiate dai Romani durante l'invasione. Anche altri popoli vivevano nella zona prima che Qumran fosse abbandonata completamente. Ritengo che le scoperte degli archeologi non contraddicano le mie, piuttosto offrono una spiegazione alternativa.

Mi stavo chiedendo come fargli alcuna domanda al proposito senza mettergli strane idee in testa. Avrei dovuto formulare la domanda con attenzione.

D: Puoi dirmi, Suddi, se le persone hanno vissuto nella comunità per tutto il tempo da quando è stata costruita?
S: Spiegati meglio.
D: Il vostro popolo ha vissuto ininterrottamente all'interno della comunità, o ci fu un tempo in cui se ne andarono?
S: Stai parlando del tempo della clandestinità. Sì, c'è stato un periodo in cui lasciarono la comunità. Sì, ne ho sentito parlare.

Ma questo si verificò prima della sua nascita. Durante la sua vita non ci fu alcun periodo in cui dovettero abbandonare la comunità.

Nel disegno si può notare che il terremoto danneggiò un'estremità della comunità e lasciò una grande crepa che attraversava uno dei bagni. Gli archeologi trovarono anche prove di lavori di riparazione del danno, soprattutto intorno alla torre. Volevo dei chiarimenti, ma non potevo usare la parola 'terremoto'.

D: Sai nulla di qualche eventuale catastrofe naturale verificatasi mentre vivevi lì?

S: (Pausa, di pensiero) Ah! Vuoi dire quando il... Mi ricordo che quando ero piccolo mia madre mi aveva raccontato dello scuotimento delle scogliere (terremoto). A quel tempo erano tutti preoccupati che l'intera comunità andasse a finire in mare. Avevo due o tre anni, forse, non sono sicuro. Non ho alcun ricordo.

D: Ci furono danni alla struttura della comunità?

S: C'è un danno della larghezza di una mano lì dove quella parte si staccò.

A quanto pare voleva dire una crepa. Ho chiesto dove si trovava. Gesticolò nel tentativo di spiegare.

S: Fammi pensare ... è lungo la parete. Il muro corre vicino alla parete di roccia, ed è in questa direzione. Su quell'angolo, verso i bagni pubblici e la sala dell'assemblea, era in quella zona. Si, attraversava il pavimento in diagonale.

D: La crepa passava attraverso il bagno pubblico?

S: Sì, ma non era così profonda da creare una perdita d'acqua. Ed é stata riparata. Le persone della comunità fecero di tutto. Sapevano che sarebbe accaduto, quindi non ci furono vittime. Gli era stato detto. (Intendeva forse con la chiaroveggenza?)

D: Ma il danno non era abbastanza grave da costringervi a lasciare la comunità?

S: Penso che probabilmente rimasero lontani per un po', mentre venivano completate le riparazioni. Potrebbero essere andati ovunque. Potevano essere rimasti tutti negli alloggi. Avrebbero potuto rifugiarsi nelle grotte. Come ho detto, ero troppo giovane per ricordare. Io so solo quello che mi è stato detto. Non mi ricordo nient'altro.

D: Ho sentito dire che le persone abbandonarono la comunità per molti anni.

S: Glielo abbiamo fatto credere. Se ci dimenticano, ci lasciano soli.

D: Ma sicuramente sarebbero venuti a derubarvi se avessero pensato che la comunità era deserta e incustodita?

S: Erano più intelligenti. Non è mai incustodita.

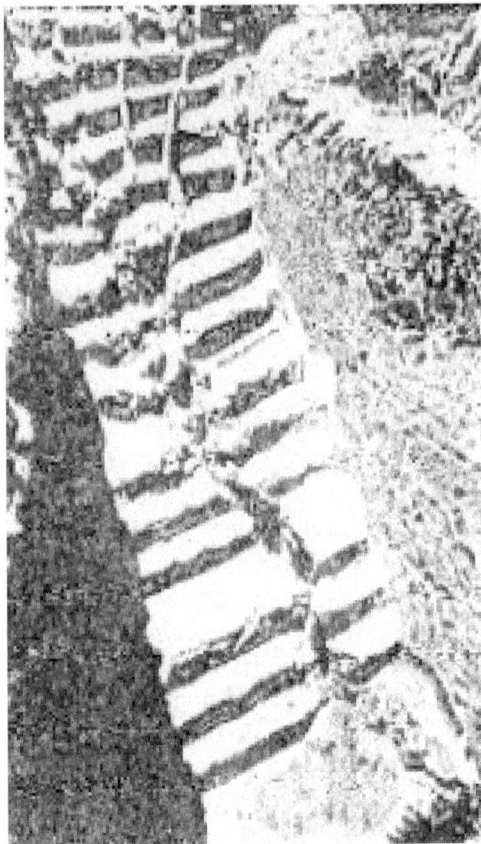

Ruins of Qumran showing the crack in the bath house steps.

Questa volta sembrava fare riferimento ad un metodo misterioso di protezione. Ho presentato questa lunga sezione in dettagliata così che la vita di Gesù possa essere intesa in questo contesto. Le persone che vissero a Qumran erano interessate esclusivamente all'accumulo, alla conservazione del sapere e alla trasmissione di questa conoscenza a coloro che erano qualificati ad imparare.

Gli Esseni sembravano essere placidi e passivi, racchiusi nel loro piccolo mondo. Appartati e isolati, vivevano in un paradiso virtuale, un luogo perfetto, completamente autosufficiente. La comunità era sorprendentemente moderna per gli standard israeliani di quel periodo. Ogni volta che qualcuno si avventurava fuori dalle mura poteva notare il forte contrasto tra i loro stile di vita e quello del mondo esterno, quindi preferivano il loro isolamento. Ma erano temuti e sospettati dagli altri, che non li comprendevano, quindi dovevano camuffarsi. Inoltre la posizione di Qumran era segreta e nota solo a pochi. Mi chiedo se nemmeno le carovane conoscessero il vero scopo della comunità. Gli stranieri non erano ammessi in alcune parti della comunità. Eppure Suddi dichiarò che uno dei loro scopi era quello di trasmettere le loro conoscenze alle masse. Suppongo che ciò avvenisse in modo sottile attraverso gli studenti dalle bande rosse che studiavano e poi lasciavano la comunità per tornare a vivere nella loro zona nativa. Penso che questa sezione renda più facile inquadrare Gesù e l'ambiente in cui crebbe.

Questa sezione mostra anche la grande capacità di Katie di presentare con precisione una cultura che non aveva modo di conoscere. Alcuni sosterranno che lei avrebbe potuto leggere degli Esseni di Qumran, negli stessi libri che ho letto io, e questo spiegherebbe il perché fosse così preparata a rispondere alle mie domande. So che lei non fece alcuna ricerca, l'argomento non le interessava minimamente. Non sapeva mai che tipo di domande gli avrei fatto. In tutta questa sezione ci sono informazioni che non si possono trovare in nessun libro. In questo capitolo ci sono alcuni argomenti riguardanti la traduzione dei Rotoli del Mar Morto di cui nemmeno Suddi era a conosceva. Ovviamente non poteva aver letto tutte le pergamene della biblioteca e possiamo anche supporre che all'epoca avessero nomi diversi. Se Katie avesse realmente preparato una truffa così elaborata, avrebbe fatto in modo d'esser precisa su tutti i fronti e avrebbe tenuto conto di queste traduzioni. Credo che la profondità della trance che Katie stava sperimentando abbia reso impossibile l'inganno. Lei scivolava dentro e fuori dalla personalità di Suddi con grande facilità e nelle sedute durante quei tre mesi in cui abbiamo lavorato assieme, letteralmente diventava quest'uomo dell'antichità.

Vorrei includere qui alcune citazioni di Giuseppe Flavio (Josephus) che ritengo attinenti con la nostra storia. "Ci sono alcuni di loro (gli Esseni) che possono predire eventi futuri, venendo educati fin dalla giovinezza nello studio della Sacra Scrittura, in pratiche di purificazione e nelle parole dei profeti. È molto raro che sbaglino le loro previsioni."

"Disprezzano la sofferenza, e superano il dolore con forza d'animo. Preferiscono morire con onore piuttosto che vivere a lungo. Della loro forza d'animo in tutti i casi la guerra con i Romani ha dato ampia prova. Anche se torturati, perseguitati, bruciati, straziati e sottoposti a tutti gli strumenti di tortura, fino ad essere costretti a bestemmiare il legislatore (Mosè) o mangiare il proibito, mai una volta cedettero. Né mai anche per una sola volta pregarono i loro aguzzini o versarono una lacrima, ma sorridendo dei loro tormenti e dei loro aguzzini, allegramente sostennero le loro anime, come coloro che li avrebbero presto accolti". Gli Esseni dovevano giurare di: "non nascondere nulla alla fratellanza, di non rivelare nulla agli esterni alla fratellanza, anche se a rischio della propria vita. E di non comunicare a nessuno le loro dottrine se non come le avessero ricevute."

Ciò spiega la difficoltà incontrata nell'ottenere risposte in alcuni casi e perché ho dovuto spesso aggirare l'ostacolo per ottenere informazioni. Sono sorpresa di esserci riuscita. Stavo cercando di fargli violare una rigida, fondamentale regola della sua vita; qualcosa che le persone sotto ipnosi non fanno. Non faranno mai nulla che sia contro la loro morale. Ma questa non era la morale di Katie, era quella di Suddi. Questo dimostra quanto profonda era l'identificazione di Katie con l'Esseno. E spiega anche perché era più facile ottenere informazioni da Suddi quando era bambino. Non aveva ancora preso questo giuramento e nella sua innocenza non sapeva che stava rivelando informazioni proibite. Dovremmo essere grati di esser stati in grado di ricevere queste informazione, in un modo o nell'altro. Questo è un altro esempio del grande legame di fiducia che c'era tra Katie e me. Non credo che queste informazioni sarebbero state accessibili in qualsiasi altra circostanza.

Ginsburg nel suo libro, Gli Esseni e la Kabbalah, pubblicato nel 1864, dice che tutto questo mistero era la norma, "dal momento che perfino i Farisei non divulgavano indiscriminatamente i misteri della cosmogonia e della teosofia, che secondo loro, erano contenuti nella storia della creazione e nella visione di Ezechiele, ad eccezione dei loro accoliti". Gli Esseni erano a conoscenza anche di questi insegnamenti. (Vedi cap. 14 e 15) Giuseppe Flavio disse: "Si prendono pene strazianti a studiare gli scritti degli antichi, e selezionano ciò che è benefico sia all'anima che al corpo."

Ginsburg: "A quanto pare studiavano gli antichi libri delle cure magiche e degli esorcismi che erano stati scritti da Salomone, il quale compose trattati su guarigioni miracolose ed esorcismi di spiriti maligni."

Philo: "Usano ivi una triplice regola e definizione: Amore di Dio, Amore di virtù e Amore per l'umanità." Si noti la somiglianza con gli insegnamenti di Gesù.

Gli scrittori del 1800 ritenevano che l'Essenismo conducesse al più profondo significato religioso del Vecchio Testamento. Che gli

Esseni appartenessero alla scuola Apocalittica, e che dovessero essere considerati i successori degli antichi profeti e parte della scuola profetica. Adottarono alcune delle vecchie ideologie orientali, persiane e caldeiane, e portarono con loro alcune pratiche e istituzioni che mescolarono con il punto di vista religioso ebraico. Gli Esseni volevano conciliare la religione con la scienza.

Capitolo 14
Manoscritti e storie bibliche

Una delle attività della comunità era la scrittura e la copiatura dei rotoli in modo che potessero essere trasmessi ad altre parti del mondo. Era un centro editoriale, per così dire.

S: Abbiamo la responsabilità di p⌐⌐roteggere i documenti, così che il messaggio non venga perduto. É quello che fanno in biblioteca. Poi prendono i rotoli e li inviano a molti paesi e molti luoghi dove verranno protetti, nella speranza che almeno alcuni di essi rimarranno. C'è così tanto qui. Ci sono tutte le storie, le comunicazioni dei diversi tribunali e l'esistenza di vita quotidiana. Diventeresti vecchio prima di poter leggere tutti i rotoli.

D: *Sai in quali altri luoghi del mondo vengono conservati i rotoli? Ci sono altre biblioteche?*

S: Suppongo che ci siano. Non ho modo di saperlo. (Ci risiamo con i soliti vecchi sospetti) Perché vuoi saperlo?

Ci provai dicendogli che ero curiosa e mi piaceva leggere. Se fosse mancato loro qualcosa, volevo sapere dove avrebbero potuto trovarlo. Questo tentativo non lo convinse minimamente e chiese: "Saresti in grado di leggerli?" Dovetti pensare velocemente. Gli dissi che se non potevo, lo avrei fatto tradurre da qualcuno, ma neanche questo funzionò.

S: Pochissimi sono coloro a cui é perfino permesso di vedere i rotoli. Ci devono essere dei motivi specifici.

Rimasi sorpresa, pensavo che fossero accessibili proprio come nelle nostre biblioteche moderne.

S: I curatori vorrebbero sicuramente sapere il perché. Se tutti avessero accesso a questa conoscenza, potrebbero usarla in modo negativo.

Durante le sedute, fece riferimento alle lingue parlate al quel tempo nella zona circostante. Tuttavia pensavo che la maggior parte della gente parlasse aramaico.

S: No, parlano anche l'ebraico, l'arabo, l'egiziano. La lingua dei rumeni. Ci sono molte, molte lingue diverse.

Questo riferimento ai rumeni mi fece pensare agli zingari che la parlano tutt'ora.

S: Sono i vagabondi. Si dice che siano due delle tribú perdute d'Israele. Ma non so quanto questo sia vero.

D: *Che lingua parlano i Romani?*

S: Latina Vulgata, alcuni di loro parlano anche il Greco. Ci sono molti dialetti dell'Aramaico. In ogni piccola provincia è diverso, ognuno ha il suo modo di esprimersi. Il mio dialetto è semplicemente Galileico. (Pronunciato: Galilayan.)

Suddi era in grado di capire gli altri dialetti, ma a volte gli era difficile. Queste differenze influenzavano anche la lettura dell'Aramaico.

S: Ci sono tanti modi di esprimersi e anche la scrittura é diversa. A meno che non li si conosca, è possibile fare errori grossolani. É come quando una parola per me, ha un significato totalmente diverso per te. Dipende dalla struttura della frase, dalla parola e dall'intonazione. Si possono avere molti significati. Ci sono parole che hanno cinque, sei, sette significati e sono tutti diversi.

Questo va di pari passo con un'altra seduta in cui aveva detto che erano i suoni e non le lettere a comporre le parole. Lo vedo come un tipo di stenografia in cui i simboli rappresentano i suoni. Se c'erano molti dialetti diversi, anche le parole dovevano avere suoni diversi a seconda di chi le pronunciasse. La persona che stava scrivendo avrebbe scritto i simboli in base al modo in cui parlava la lingua. Chiesi ad un iraniano e mi disse che era vero, nella sua lingua la stessa parola poteva avere molti significati completamente diversi. Per esempio, la stessa parola significa: leone, rubinetto e latte; ciascuna un significato completamente diverso. Gli chiesi come fare a sapere quale fosse il significato corretto. Disse che dipendeva dal contesto della frase. Se si considera tutto ció, oltre al fatto che i segni di punteggiatura non furono inventati fino al XV secolo; é ovvio che incubo dovesse essere il compito di tradurre da queste lingue.

D: *Quindi, se qualcuno leggesse uno dei tuoi rotoli, potrebbe comprendere qualcosa di diverso?*

S: Si, é molto probabile comprendere qualcosa di totalmente diverso dal significato originale.

Anche se i simboli erano essenzialmente gli stessi, il lettore avrebbe potuto comprendere una storia diversa se non avesse saputo in quale dialetto era scritto il rotolo.

Mi stavo chiedendo come riuscire mai a sapere ciò che lo scrittore intendeva veramente dire.

S: Si dovrebbe prendere il testo completo e cercare come si sviluppano i concetti. Se una parola non aveva alcun significato nella frase, allora se ne doveva trovare un altro.

Questo spiegherebbe perché alcune delle storie della Bibbia contemporanea sono diverse dall'originale. Se qualcuno avesse inserito anche solo una parola diversa, durante le numerose traduzioni nel corso della storia, ció avrebbe reso molto difficile sapere in che modo il racconto doveva essere letto originariamente.

D: *Alcuni dei vostri rotoli sono in ebraico?*
S: Sì, sono in tutte le lingue della terra.
D: *Ci sono errori anche in ebraico?*
S: Sì, è altrettanto facile in ebraico come in aramaico. Le parole hanno molti significati.

L'Ebraico usa lettere ma non vocali, solo consonanti, sono possibili tante combinazioini di parole. Tutto questo rendeva molto difficile il lavoro dello scriba. Se facevano anche un solo errore avrebbero potuto cambiare l'intero significato, senza nemmeno accorgersene.

S: Sì, o anche per paura. Non sono uno studioso. Non conosco le ragioni che portano gli uomini ad agire.

Con queste informazioni in mente, presenterò la versione di Suddi delle storie dei rotoli e della Torah. Ci sono molte differenze nella nostra Bibbia moderna. Si deve ricordare inoltre, che questi sono gli insegnamenti che ricevette dai suoi maestri, quindi questa è la verità, come lui la vedeva. Tuttavia a livello temporale, lui era più vicino ai concetti originali, quindi chi lo sa? Accettateli anche solo come spunto di riflessione.

D: Abbiamo un libro oggi che contiene alcuni dei vostri insegnamenti, ma si suppone che sia stato scritto da molte persone diverse. Hanno nomi per ogni diversa parte del libro. Una di queste si chiama Isaia.

S: Sì, c'è il profeta Isaia. Stai parlando di un libro, ma non è un libro, è parte della Torah. Parla del profeta Isaia. E c'è Ezechiele e Deborah e Benjamin e la storia di Mosè e Ruth, e molti, molti altri (Deborah era un personaggio biblico che non conoscevo). É la parte dei giudici di Israele. Lei era uno di loro, era uno dei legislatori. Per gli israeliani era insolito che ci fosse una donna con tale autorità. E molti di loro non potevano sopportare di essere governati da una donna. Ma lei era una persona molto saggia. La sua storia non fa parte della Torah, si trova in alcuni dei rotoli.

Nella Bibbia Deborah è menzionata appena al quarto e quinto capitolo dei giudici. Gli chiesi se avesse mai sentito parlare di una parte chiamata Genesi, ma non aveva mai sentito quel nome. Quando gli spiegai che descriveva la formazione del mondo, esclamó: "Vuoi dire la fondazione? É solo l'inizio." Inoltre, non riconobbe nemmeno l'Esodo, ma conosceva la storia di Mosè, era molto importante per gli ebrei. Non conosco la Torah che viene studiata oggi nella religione ebraica, ma gli chiesi che parti fossero incluse nella loro versione.

S: La Torah, si compone delle leggi e delle profezie. E fondamentalmente dopo i tempi di Abramo, c'è rimasto ben poco. Le storie sono negli scritti, ma non nella Torah. Inizia con la nascita di Abramo e la dichiarazione che lui sia il leader del popolo (d'Israele) e sprocede da lì.
D: *Finisce forse con la storia di Mosè?*
S: No, finisce con i profeti. Alcuni di loro sono nella Torah, gli altri sono solo nei rotoli. Ma riunirli fa parte del lavoro. Sto cercando di raccogliere tutte le promesse dei profeti.
D: *Chi è l'ultimo profeta nella Torah?*
S: Fammi pensare. Credo Zaccaria.

Pensanvo che sarebbe più facile se tutte le storie fossero nello stesso rotolo. La sua risposta provocó risate tra i partecipanti di quella seduta.

S: Se fossero tutte su un unico rotolo, sarebbe un rotolo enorme. Sarebbe impossibile sollevarlo.

Per puro caso ci imbattemmo nella sua abilità di raccontare storie. Non mi era mai venuto in mente di chiedere a Suddi informazioni di questo tipo. Le storie seguenti furono raccolte a caso nell'arco dei tre mesi di sedute. Le ho inserite tutte in questa sezione anche se sono prive di un contesto. É ormai un fatto noto che la nostra Bibbia abbia subito molti cambiamenti nel corso dei secoli. Probabilmente ci sono più fatti reali in questi racconti di quanto non vorremmo ammettere. Vi invito a leggerli con una mente aperta.

SODOMA E GOMORRA

Gli stavo facendo alcune domande sul Mar Morto, o il 'Mare della Morte', come lo chiamava lui. La comunità di Qumran si trovava sulle scogliere ai margini di questo corpo d'acqua. Sapevo che a causa del sale non c'era alcuna forma di vita. Ma questa peculiarità non mi era mai stata spiegata in modo soddisfacente. Con questo in mente, gli chiesi se il mare avesse qualche caratteristica specifica.

S: Sì, a volte ha l'odore di catrame, o resina, o bitume. Si dice che la causa siano dei pozzi di bitume a Sud. Inoltre non cresce nulla nel mare della morte. Ci sono solo alcune piante lungo il perimetro.
D: É questo il motivo per cui si chiama il mare della morte?
S: Si chiama così perché Gomorra e Sodomon sono state distrutte su queste spiagge. Ed è per ricordarci di questo evento.

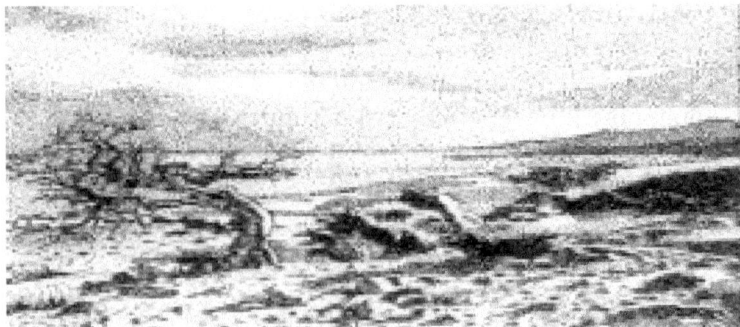

Guardai rapidamente Harriet e mi resi conto che era sorpresa quanto lo ero io. Che informazione inaspettata. Conoscevamo la storia nella Bibbia, ma non avevamo alcuna idea che queste due infami città fossero associate con il Mar Morto. Si noti l'inversione dei nomi rispetto a ció che siamo abituati a sentire e la diversa pronuncia di Sodoma. Era ovvio che nulla di tutto ció gli venisse trasmesso telepaticamente dalle nostre menti.

D: Oh! Abbiamo sempre pensato che il significato del nome deriva dal fatto che nulla puó cresce lì.
S: (Interrompendo) Questo è il motivo per cui non cresce nulla quì.
D: Come furono distrutte queste città?

Suddi rispose con disinvoltura, "radiazioni". Ancora una volta mi prese alla sprovvista, e gli chiesi se poteva raccontarci la storia di ció che era accaduto.

S: Si dice che non fossero gradite agli occhi di Yahweh, perché si erano allontanati dal cammino della verità. E anche dopo aver ricevuto il messaggio di ritornare sulla retta via per molte e molte volte, si misero a ridere. Si dice che Lot vivesse in queste città e avesse ricevuto la visita di due grandi esseri, che gli consigliarono di prendere la sua famiglia e andarsene, solo così si sarebbero salvati. E lui rimase sconvolto, perché dopo tutto era la sua città e anche se era corrotta, questa era la sua gente. Ma gli dissero che non valeva la pena risparmiarli, che dovevano ricominciare da capo. Così prese le sue due figlie e la moglie e se ne andó. Si dice che la moglie morì guardando con i suoi occhi la distruzione della città. Morì per ciò che aveva visto.

Mi venne in mente la storia familiare secondo cui, lei si trasformó in una statua di sale. Ma Suddi disse che non c'era nulla d'insolito nella sua morte, semplicemente guardò indietro e vide la distruzione. Gli chiesi se aveva una spiegazione plausibile per la distruzione delle due città.

S: Dove si trovavano queste città, ci sono sacche di bitume e catrame che causarono un gran calore. I fulmini caddero dal cielo. E quando colpirono queste sacche, causarono una distruzione tremenda. E causarono un... esplosione. E le città affondarono finché non c'era più niente.

D: Quindi ritieni che Yahweh abbia causato tutto ció?

S: Sì, é stata una sua scelta.

Non potevo ritardare le mie ricerche circa questo argomento. Mi aveva incuriosita profondamente e non vedevo nulla di male nel posporre la redazione della storia degli Esseni, nel tentative di trovare ulteriori informazioni su Sodoma e Gomorra. Molte informazioni erano già disponibili nella mia enciclopedia. Bisogna ricordare che non avevo alcun interesse a ricercare questo argomento prima, ma ora vedevo un collegamento.

L'evidenza archeologica e biblica localizza le "Cinque Città della Piana" (due delle quali erano Sodoma e Gomorra) nella valle di Siddim. Questa era una pianura, una volta fertile, situata all'estremità sud della Valle Morta del Giordano. I primi invasori della zona scoprirono che la valle era piena di pozzi di asfalto – "pozzi di bitume' secondo la traduzioni antica. Scrittori antichi e moderni attestano la presenza di asfalto (dal Greco) e bitume (dal Latino) intorno al Mar Morto, in particolare attorno alla parte meridionale. Nei tempi antichi era noto come "Mare del Sale" e "Lago Asphaltitis". Nell'angolo sud-ovest della piana si erge una bassa montagna fatta in parte di compatto, puro, sale cristallino, che gli arabi moderni chiamano Jebel Usdum: il Monte di Sodoma.

Recenti indagini geologiche hanno rivelato la presenza di petrolio, così come di infiltrazioni di asfalto. Si presume anche la presenza di uranio, ma é ritenuto troppo difficile da estrarre. Gli antichi scribi narrano dei cattivi odori e della fuliggine proveniente dal mare. Era così forte che ossidava i metalli. I geologi dicono che questo era gas naturale, sconosciuto alla gente del tempo. Sostengono che una possibile spiegazione della distruzione di Sodoma e Gomorra sia ascrivibile ai fumi del petrolio e del gas, innescati da un fulmine o da un'eruzione sismica che provocarono un'enorme esplosione. Nella Bibbia si dice che Abramo vidde una colonna di fumo salire dalla pianura, come "il fumo di una fornace". Una descrizione precisa della combustione di petrolio e gas, che inoltre si potrebbe anche associare ad un'esplosione atomica.

La superficie del Mar Morto è a 394 metri sotto il livello del mare, ed è il livello più basso rispetto a qualsiasi altro luogo sulla costa terrestre. Il mare scende poi ad una profondità massima di 400 metri ed è ben sei volte più salato di ogni altro mare, il che lo rende anche il luogo più salato della terra. Questo è un fenomeno geologico unico. Nessun'altra parte del globo, che non sia sott'acqua, si trova al di sotto dei 100 metri rispetto al livello del mare. Assolutamente niente puó sopravvivere in quell'acqua.

Secondo Werner Keller nel suo libro "the Bible as History", le esplorazioni in quella zona portarono alla luce qualcosa di strano. Anche se il mare è incredibilmente profondo, all'estremità Sud è molto meno profondo, non più di 15-20 metri. Quando il sole splende nella giusta direzione, si possono vedere sott'acqua i contorni di una foresta conservata perfettamente dall'elevato contenuto di sale nell'acqua. Questa è la prova che prima della distruzione di Sodoma e Gomorra la zona era una pianura fertile e rigogliosa. Si ritiene che le città affondarono sott'acqua e ció spiegherebbe perché il mare sia meno profondo lì.

Il sale è nell'aria, e tutto (comprese le persone) viene rapidamente coperto da una crosta di sale. Questa potrebbe essere una spiegazione plausibile per la storia della moglie di Lot che si trasformó in una colonna di sale. Durante l'esplosione, un'enorme quantità di sale proveniente dalla montagna di sale situata vicino alle città, deve essere stata proiettata in aria.

Vorrei andare in visita per trarre le mie conclusioni personali di quegli eventi. Perché le città sprofondassero e perché la zona rimanesse desolata per tutti questi secoli? Credo che si fosse verificata un'esplosione atomica spontanea. Potrebbe anche essere la spiegazione per l'incredibile profondità del mare? È possibile vista la presenza di uranio, nonché altri elementi chimici altamente infiammabili. É inoltre interessante notare che secondo lo scrittore Erich von Däniken nessuna lettura del contatore Geiger di radioattività sia mai stata effettuata in quella zona.

Ma ció non spiega la presenza dei due esseri venuti a mettere in guardia Lot e la sua famiglia. Se era un fenomeno naturale, come facevano a sapere in anticipo che sarebbe accaduto? Alcuni suggeriscono che invece di un fulmine potrebbe essere stato un raggio laser proveniente da una navicella spaziale ad innescare l'esplosione. Una mente aperta può vedere molte possibilità diverse rispetto a quella ortodossa.

Avevamo una nuova area da esplorare e forse Suddi poteva raccontarci più storie ed inspirare nuovi modi di pensare.

DANIELE

Quando gli chiesi dettagli circa la storia della fornace ardente, disse che non la conosceva. Così gli chiesi se conoscesse qualcuno che era stato gettato nella fossa dei leoni.

S: Stai parlando di Daniele. La sua storia è scritta nei rotoli. Era un uomo saggio e un profeta. La gente aveva paura dell'influenza che aveva sul loro re. Perché lui era ebreo e aveva un diverso sistema di credenze dal loro, così lo gettarono in pasto ai leoni. Ma quando ne uscì vivo, avevano tutti paura perché sapevano che il suo Dio, era il vero Dio. Si dice che l'angelo di Dio venne e chiuse la bocca ai leoni. Io preferisco pensare che Daniele parló ai leoni. Questo è possibile. L'uomo puó comunicare con gli animali. Non sono forse anche loro creature di Dio?

DAVIDE

Una volta Suddi mi disse che discendeva dalla casa di Davide. Così gli chiesi se avesse mai sentito parlare di una storia di Davide che avesse a che fare con un gigante.
S: Stai parlando di Golia. Si dice che Golia era il capo dell'esercito di... Credo che fosse dei Filistei. E il popolo di... fammi pensare, chi era il re? Credo che il re fosse Saul, ed erano in guerra. Ogni giorno l'esercito israeliano veniva sconfitto e molti uomini cadevano in battaglia, a causa di questo leader Golia. Lui li sfidava tutti e immancabilmente vinceva.
D: *Era davvero un gigante?*
S: Era piú grande della maggior parte degli altri uomini. Era con i Filistei, ma non era un filisteo. In altre parole, era di un'alra regione. Si dice che Davide decise che lo avrebbe sfidato e ucciso, e così fu. Lo fece con la sua fionda. Era un pastore ed era molto abile ad uccidere i lupi con la fionda. Se uno é bravo a tirare, puó tenere lontani i lupi e gli sciacalli dalle pecore. Così non si perdono molti agnelli. Davide era appena alla soglia della virilità, credo che avesse solo quattordici anni. Gli fu rivelato che sarebbe stato in grado di compiere quest'impresa. Non è difficile sconfiggere qualcuno quando si è nel giusto e loro sono dalla parte del torto. In questo caso è meglio eliminare un uomo, piuttosto che lasciarlo ucciderne tanti altri. Almeno, così è scritto.

GIUSEPPE

S: La storia di Giuseppe non è nella Torah. Si dice che avesse molti fratelli da diverse madri. Ma solo un fratello dalla stessa madre che era più giovane di lui. O forse era lui il più giovane, non ricordo; é passato molto tempo da quando ho letto questa storia. Si dice che fu venduto come schiavo dai suoi fratelli, perché erano gelosi delle attenzioni che riceveva dal padre. Perché era... Fammi pensare. Sì, mi ricordo, era il figlio più giovane di sua madre, la quale morì dandolo alla luce. Inoltre, era la moglie prediletta del padre e quindi lui era, come si dice..? Viziato. Ricevette molte cose e i fratelli non lo ritennero giusto. E quando, il padre gli diede un cappotto con le maniche ed era...

Aspetta un momento! Nella nostra storia biblica il padre gli diede un cappotto di molti colori. Lo interruppi: "Un cappotto con che cosa?"

S: Un cappotto con le maniche. Una veste che ha le maniche. Di solito la veste non ha le maniche, è solo una vestaglia aperta. Comunque, era bello e nuovo, e gli altri erano gelosi. Quindi decisero di portarglielo via. Lui disse: "No! Sapete bene che il padre me lo ha dato." Litigarono a causa di questo cappotto e poi gettarono Giacomo in un pozzo... credo che lo obbligarono a scendere nel pozzo, non mi ricordo. E dissero: "Beh, non possiamo lasciarlo tornare dal padre. Gli dirà ció che abbiamo fatto." Così decisero di ucciderlo. Il fratello della stessa madre disse: "No, no, non possiamo ucciderlo, é nostro fratello. Sapete che non siamo in grado di farlo." Di conseguenza, decisero che lo avrebbero venduto a dei mercanti diretti in Egitto, così non lo avrebbero mai rivisto.

D: *Cosa dissero i fratelli al padre?*

S: Riportarono il cappotto al padre imbrattato di sangue di agnello, credo, dissero che era stato attaccato da un leone e che era morto. Il cappotto era tutto ció che ne era rimasto.

D: *Quindi cosa accadde dopo che fu rivenduto dagli schiavisti?*

S: Il suo padrone, dopo aver notato che era un uomo intelligente, lo mise al lavoro di contabilità delle sue proprietà, credo. Sua moglie, peró desiderava Giuseppe ma lui le disse:"No, no, no." Così lei lo mise nei guai col padrone, che lo fece gettare in prigione. Fammi pensare... In prigione c'era un consigliere del Faraone che era caduto in disgrazia, ed aveva sempre gli stessi sogni. Giuseppe essendo in grado di comprendere i sogni, gli spiegó il significato. Così, quando il consigliere del Faraone venne rilasciato, Giuseppe gli disse di ricordarsi di lui. E a suo tempo, quando il Faraone fece un sogno, Giuseppe venne liberato per interpretarne i sogni. In questo modo salvó l'Egitto, perché ci sarebbero stati sette anni di abbondanza e sette anni di carestia. L'Egitto fu l'unica regione pronta ad affrontare la carestia, mentre tutte le terre adiacenti stavano morendo di fame. Si dice che quando non ci fu piú nulla da mangiare, lui e la sua famiglia (il padre di Giacomo) inviò i fratelli in Egitto. Giuseppe venne a conoscenza del loro arrivo e li accusó di furto. Insistendo perché lasciassero il figlio più giovane con lui, questi in realtà era il fratello dalla sua stessa madre. Non furono in grado di riconoscere Giuseppe, perché era cambiato moltissimo.

D: *Erano passati molti anni?*

S: Sì. Così andarono a casa e riferirono al padre che doveva tornare con loro, o qualcosa del genere. Non riesco a ricordare. In ogni caso, alla fine si rincontrarono e tutti dovettero ammettere ció che era accaduto. Ma Giuseppe essendo un grand'uomo, li perdonò e così fece anche il padre. E vissero felici e contenti in Egitto. Questo è come la sua famiglia si spostó in Egitto. Si tratta di una storia molto lunga che fa parte della nostra storia.

ADAMO ED EVA

Suddi aveva accennato Adamo ed Eva, così colsi l'occasione per chiedere chiarimenti.

S: Sì. La storia della creazione dell'uomo e della donna. Adamo fu creato dall'argilla della terra in antichità. E quando Dio scoprì che Adamo era solo e aveva bisogno della sua metà, gli prese la costola destra. Anche se non posso vedere so che l'uomo ne ha tante quante la donne. In ogni caso, la sua costola venne estratta per creare la donna che sarebbe diventata la sua anima gemella, la sua altra metà.

D: *Mi chiedo quale potrebbe essere il significato della costola?*

S: La donna è la compagna per eccellenza, è parte di te ed é parte del tutto.

D: *Pensi che questa sia solo una storia o hanno in realtà...*

S: (Interrompendo) Non lo so. Io non c'ero!

Disse che il nome del luogo era Paradiso. Ma quando gli chiesi del Giardino dell'Eden, non conosceva quel nome.

D: *Adamo ed Eva vissero in Paradiso per il resto della loro vita?*
S: Secondo la leggenda vennero cacciati fuori perché cercarono di prendere da Dio ciò che Dio voleva tenere per sé, che era la conoscenza della vergogna. Mangiarono dall'albero della conoscenza, il che é molto curioso. Perché desiderare la conoscenza, se si puó scegliere tra la vita e la conoscenza? Chi non sceglierebbe la vita eterna? (Non capii e gli chiesi di chiarire). C'erano due alberi. L'albero della conoscenza e l'albero della vita. Pertanto, perché mangiarono il frutto della conoscenza? La maggior parte desidererebbe la vita eterna. Per me è molto curioso. Preferirei essere forse un po' ignorante. Se vivi in eterno, ci sono molte piú possibilità di acquisire saggezza durante tutto quel tempo.

La sua strana filosofia mi faceva sorridere, ma aveva senso. Gli chiesi che aspetto avessero i due alberi.

S: Erano unici ed erano di gigantesche dimensioni. Ho sentito dire che erano dei melograni, ma questo, ancora una volta, è una leggenda.
D: *C'era nient'altro nella tua storia a proposito dell'essere tentati a mangiare i frutti dell'albero?*
S: Si dice che il serpente tentó la donna. Cedere alla tentazione, secondo la leggenda, causó la punizione che portó le donne alla sofferenza durante il parto. Non credo a questo, perché le donne non devono soffrire. Credo che questo sia qualcosa che gli uomini hanno aggiunto successivamente. Perchè mettere al mondo la vita dovrebbe portare sofferenza? Certo che non c'è bisogno di soffrire! Ci sono molti modi di dare vita ad un figlio senza far soffrire la madre. Basta imparare l'igiene e il respiro calmante, e l'utilizzo... dell'attenzione per allontanare il pensiero dal corpo, mantenendo i movimenti in corso. Bisogna concentrarsi invece su ciò che è molto bello e rilassante. Più calmo è il corpo, più facile è il parto (Sembra molto simile al metodo moderno di Lamaze).
D: *Le donne vengono addestrate a farlo da sole?*
S: Ci sono donne a cui viene insegnato come farlo e naturalmente ci sono altre donne. Di solito il compagno è lì con loro. Ma io non ho mai partecipato ad una gravidanza.
D: *Quando citavi il serpente, volevi dire che c'era un vero e proprio serpente?*

S: Alcuni dicono che era uno degli esseri di luce caduti. Entrò nel serpente con il suo spirito. Ci sono molte leggende a proposito, ma io non ci credo. Credo che l'uomo crei la sua stessa rovina attraverso l'avidità e la lussuria. Più si possiede, più si desidera. L'uomo fu la causa stessa della sua espulsione dal Paradiso. É più facile dire che é colpa del serpente piuttosto di ammettere che quel serpente è uno dei tuoi stessi demoni interiori.

D: *Che cosa è successo quando hanno mangiato il frutto?*

S: Si dice che sono stati scacciati dal Paradiso. Si resero conto che non avevano i vestiti, e ció introdusse la vergogna nel mondo. Fin d'allora cerchiamo di coprirci. Vergognarsi del corpo quando questo è il tuo stesso tempio, non è certamente una cosa buona. Questo corpo è il veicolo che Dio ci ha dato per trascorrere la nostra vita. È necessario trattarlo bene, e trattarlo in modo che duri una vita. Vergognarsi di ciò che Dio ci ha donato è un grande peccato.

Questo riferimento al corpo come un tempio sembrava un commento di Gesù nel Nuovo Testamento.

D: *Ma voi coprite il vostro corpo.*

S: Sì, ma non ci nascondiamo. Quando siamo bambini, c'è ancora un senso di libertà nel muoversi come il giorno della nascita. Ed é accettabile. Non c'è vergogna nell'essere così disinvolti nel proprio corpo. Non ti nascondi immediatamente perché qualcuno ti ha visto senza vestiti.

D: *In alcune comunità questo è un grosso tabú.*

S: Di solito sono quelli che hanno la maggior parte dei problemi.

Questo spiega i bagni misti a Qumran. Era una cosa accettata. Aveva parlato di un essere di luce che era caduto e ho subito pensato alla storia di Lucifero, l'angelo caduto. Ma Suddi non aveva mai sentito alcun racconto su di lui. Tuttavia, conosceva l'arcangelo Michele.

S: Io so di Michele. Si dice che Michele è alla destra di Dio. É uno degli esseri che non sono discesi qui, é sempre rimasto con Dio perché lui non si allontana mai. Quindi è perfetto ora, come nel giorno della Creazione. É come un messaggero per Dio. Se vuole parlare con qualcuno, anche solo intimamente, Dio a volte invia Michele o Gabriele (Pronunciate velocemente).

D: Come fa a parlarti?
S: Col pensiero. Come altrimenti?
D: Ma riesci a vederlo?
S: Ci sono quelli che ci riescono. Ci sono quelli che ne hanno bisogno. Ma non tutti hanno la necessità di vederlo. Lui appare in forme diverse ad ogni persona. Appare a volte vestito di luce dorata, o forse in un raggio di sole, o anche solo come un giovane o un vecchio. Sta tutto nel modo in cui lo vedi, che si esprime secondo le necessità di ogni individuo. In molti non sono ancora arrivati. Molti non hanno ancora deciso ció che vogliono fare. Si siedono e osservano aspettando.

Tornando alla storia di Adamo ed Eva, gli dissi che avevo sentito la storia dell'esistenza di giganti in quell'epoca.

S: Così si dice. Secondo le storie che sono state tramandate, Adamo era proprio ció che Dio aveva deciso che l'uomo dovesse essere, era la scelta finale. Ci furono molti, molti tentativi prima di lui che non erano perfetti, e quindi vennero cambiati. In tempi antichi c'erano molti esseri che ora non esistono piú. Quindi è molto probabile.
D: Ci sono molte leggende di strani animali. Pensi che sia da dove provenga la leggenda?
S: Così ho sentito dire. È molto probabile.

C'è di più su questo argomento nel racconto della creazione del mondo al capitolo 15.

RUTH

Durante una seduta, mentre stavo parlando con Suddi da bambino, gli chiesi quale fosse la sua storia preferita. Sono rimasta sorpresa quando disse:"Mi piace Ruth." Pensai che fosse una scelta piuttosto strana per un bambino. Mi vengono in mente un sacco di storie della nostra Bibbia che potrebbero essere più stimolanti per un bambino. Gli ho chiesto se poteva raccontarmela e poi accadde qualcosa di strano. Di solito l'ipnotista deve fare un sacco di domande per mantenere la conversazione col soggetto. Diventano molto rilassati e c'è sempre il rischio che si addormentino naturalmente. Non ho mai avuto questo problema, ma è sempre una possibilità. Katie era molto loquace, soprattutto quando era 'sotto' ipnosi. Ma questa volta, Suddi raccontando questa storia continuó a parlare per sette minuti e mezzo senza interruzioni. Non mi lasció l'occasione di fargli nemmeno una domanda mentre narrava la storia. Sono sicura che questo sia una specie di record, se ci fossero altri casi simili. Un altro esempio di quanto Katie fosse profondamente identificata con la personalità di Suddi. Mi raccontó la storia con l'entusiasmo di un bambino che voler condividere la sua conoscenza.

S: Si dice che Naomi, suo marito ei suoi due figli andarono nella terra di Moab (pronunciato quasi in una sillaba) per guadagnarsi da vivere. E così facendo, i due figli crebbero fino a maturità, quando decisero di prendere moglie. Ora nei rotoli é detto che non dobbiamo prender mogli diverse da ció che noi stessi siamo. Tuttavia, i due giovani parlarono con il sacerdote a proposito e questi gli disse che gli sarebbe permesso sposarsi a condizione che le donne avessero accettato Yahweh come loro Dio. Le due mogli che scelsero di sposare erano sorelle. Una era Ruth, e purtroppo non mi ricordo il nome dell'altra sorella. Comunque! Passarono molti anni e ci fu una grande pestilenza tra la gente. Il marito di Naomi si ammalò e morì, insieme ai loro due figli. Così, portando con sé i pochi beni che aveva accumulato, decise che sarebbe tornata al suo paese, dalla sua gente, che era in Israele. Poi disse alle due giovani nuore di restare tra la loro gente e risposarsi. La sorella di Ruth accettó di tornare a casa dai suoi genitori. Ma Ruth rispose che da quando aveva lasciato la casa dei suoi genitori, non era più loro figlia, e che Naomi era la sua famiglia. Quindi sarebbe andata ovunque Naomi fosse andata. Naomi continuó ad insistere:"No, no, non puoi. É strano. La nostra gente é molto diversa." E Ruth rispose: "Non seguo forse Yahweh proprio come la tua gente?" E lei disse: "Sì". "E non osservo forse le leggi?" E lei disse: "Sì". "Perciò, io sono una di voi. Così Naomi decise che piuttosto di fare il lungo, difficile viaggio da sola, sarebbero andate insieme. Intrapresero il lungo viaggio e giunsero a casa. Dopo essere arrivate, ovviamente, tutti erano dispiaciuti che Naomi fosse senza marito e senza figli per portare avanti il nome di famiglia. Non erano povere ma non avevano denaro o oggetti per cucinare; vissero così per un po'. Naomi aveva un cugino, di nome Boaz, che era un uomo importante nella loro comunità. Era discendente di Davide, era importante ed era un uomo giusto e buono. Boaz possedeva molti campi e Naomi invitó Ruth ad andare a spigolare nei suoi campi. Le disse che era una buona idea, sapendo che Ruth avrebbe attratto l'attenzione. Perché mostrare la povertà portava vergogna sulla loro casa. La gente avrebbe pensato che stavano vivendo nella stessa città dei loro cugini ma dovevano andare nei campi a spigolare. Pertanto, ció avrebbe attratto l'attenzione sulla loro condizione. Sperava che in questo modo qualcosa sarebbe cambiato. O forse, avrebbero detto che lei sapeva ció che stava facendo e che causó l'incidente. Comunque... Ruth andò nei campi a spigolare, i sorveglianti cercarono di scoraggiarla ma lei disse che secondo la legge aveva il diritto di farlo. Perché loro erano le foglie che erano rimaste (riferimento Bibblico). Tutto ció giunse alle orecchie di Boaz, il quale realizzó che era sposata con suo cugino, quindi erano famigliari. Vista la loro condizione, invió loro molto cibo in modo che non dovessero piú lavorare nei campi. Ora, c'era un altro cugino più vicino, che Ruth se voleva, avrebbe potuto sposare. Perché secondo la legge il parente maschio più vicino all'uomo che muore senza figli deve prendere sua moglie in sposa se non è sposato. Ma questi non poteva sopportare l'idea che lei fosse una moabita (pronunciato 'Mobite'), diversa dalla sua famiglia. Inoltre non sapeva se Boaz voleva Ruth per se stesso. Perciò era in un dilemma. Se lui avesse detto che l'avrebbe sposata, allora avrebbe avuto una moglie straniera. Ma se l'avesse lasciata a Boaz, allora avrebbe saputo che Boaz la voleva. Così non riusciva a decidersi e venne portato davanti al giudice. Poteva sposarla o dargli il sandal, vale a dire che l'affare sarebbe stato cancellato. E fu così che passó il sandalo e venne umiliato di fronte a tutti. Così Ruth venne data sposa a Boaz. Successivamente, grazie a Ruth e Boaz ebbe origine la Casa di Davide. Sono molto importanti. Sono la mia gente, la mia casa. E, il loro figlio era... Fammi pensare. Davide era loro nipote, il figlio del loro figlio. E noi proveniamo da lì.

Tutto ció parlando per sette minuti e mezzo senza nessuna interruzione.

D: Perché è la tua storia preferita?
S: É la storia della mia famiglia. Questo fu l'inizio della nostra casa.
D: Ruth era soddisfatta della decisione? Dicono nulla i rotoli?
S:Sì, era felice perché si dice riveló a Boaz le sue intenzioni, in modo che lui avrebbe saputo ció che lei voleva. Questo é quanto. Insieme ruppero il pane. E successivamente completarono la pubblica abrogazione dei diritti.

D: Beh, se lei non fosse tornata con Naomi, non l'avrebbe mai incontrato.

S: Lo avrebbe incontrato. Sarebbe successo in un modo o nell'altro.

D: É così, in modo prestabilito, che si incontrano le persone?

S: Se ci sono dei debiti devono essere pagati, sia in bene che in male, devono essere pagati. E quindi queste cose accadono. Il nostro ruolo é di imparare a non sfidare le situazioni, perché ció causa molta angoscia e dolore. Se solo facessimo del nostro meglio ci sarebbe una crescita incredibile.

D: Basta non combattere e lasciare che la situazione si sviluppi.

S: Sì.

Capitolo 15
Mosè ed Ezechiele

MOSÉ

La storia di Mosè era ben nota a Suddi dato che era un maestro ed un insegnante della Torah, nella quale erano contenute le leggi di Mosè. Ho raccolto molti pezzi di questa storia nel corso di tre diverse sedute. Li ho combinati e si adattano perfettamente. Contengono più riferimenti strani di ogni altra storia biblica che abbia ricevuto da Suddi, eppure sono abbastanza plausibili. Fin dall'inizio differiva profondamente dalla nostra versione della Bibbia. Ci è stato insegnato al catechismo che alla nascita, Mosè fu nascosto in un cesto di giunchi e abbandonato alle acque del Nilo da una donna ebrea. Venne raccolto poi dalla figlia del faraone che lo accudì a palazzo come se fosse suo figlio. Ció che segue è la storia che ci ha raccontato Suddi.

S: Sua madre era la principessa d'Egitto.

D: *Ho sentito la storia che era nato da una donna ebrea.*

S: No! É nato da un padre ebreo (la sua voce era molto aggravata). Questa è la storia che venne fatta circolare negli anni successivi, per proteggere la principessa da un amante e un figlio ebrei. Mosè era il primogenito della figlia del faraone.

D: *Perché dovevano nascondere le sue origini?*

S: Perché all'epoca gli ebrei in Egitto erano tutti schiavi, anche se Mosè era di nobile discendenza. Infatti si dice che fosse della casa di Giuseppe, (pronunciato: Yoseph), ma in Egitto era solo il figlio di uno schiavo ebreo. Credo che la storia del suo ritrovamento venne divulgata per proteggerne la madre. Si dice che fu trovato in un cesto di vimini sulle sponde del Nilo. Ma non fu affatto così.

D: *Crebbe nella casa del faraone? Cosa accadde successivamente da fargli decidere di andarsene? Secondo la storia della Bibbia, durante la pubertà accidentalmente divenne un assassino. Quando il Faraone lo scoprì, decise di uccidere Mosè, che si ritiró nel deserto per sfuggire alla sua ira. Anche in questo caso la versione di Suddi era discordante.*

S: Non fu costretto a fuggire. Semplicemente, scoprì che suo padre era uno schiavo. Se suo padre era uno schiavo, allora anche lui era uno schiavo. Così decise di andare a vivere con la sua gente. Questo faceva parte della sua preparazione per essere in grado di sostenere ció che avrebbe dovuto affrontare.

D: *Le nostre storie sembrano essere diverse. Abbiamo sentito che se ne andó nel deserto.*

S: Fu esiliato perché osó amare la principessa Neferteri, che doveva diventare la moglie del faraone. Per questo fu mandato nel deserto. Tutto ció accadde dopo la sua decisione di diventare uno schiavo. Se non avesse abdicato, non lo avrebbero esiliato nel deserto. Ramses sapeva che Neferteri amava Mosè ed era geloso. Quindi decise di inviarlo nel deserto per poi farlo uccidere. Pertanto credeva di essersi liberato di Mosè, ma non sapeva che la mano di Yahweh era su di lui.

D: *Come venne a sapere del suo destino se era nel deserto? (Stavo pensando alla storia di Dio che gli parlava dal roveto ardente.)*

S: Non so! Io non c'ero! Ho sentito dire che ricevette la visita degli angeli. Ma ritengo che semplicemente si aprì al suo Sé interiore. Ci sono molte versioni. Credo ebbe molto a che fare con... lui non poteva sopportare l'idea di essere libero e felice, mentre il suo popolo era schiavo d'Egitto.

D: *La nostra storia parla di un roveto ardente.*

S: Ne ho sentito parlare, dicono che Dio gli apparve come un roveto ardente. (Sospirando) A me sembra piuttosto strano. Perché Dio dovrebbe bruciare uno dei suoi cespugli, al fine di attirare l'attenzione di un comune mortale? Avrebbe potuto semplicemente dire: "Io sono Yahweh, mi ascolterai?" Credo che Dio parló direttamente all'anima di Mosè e lui ascoltò. Alcune persone trovano molto difficile credere che qualcuno possa sentire la voce di Dio all'interno. Essi devono avere un qualche riferimento esteriore per dire: "Sì, Dio ha parlato a me". Per ascoltare Dio basta solo aprire il cuore ed Egli è lì, in ogni respiro ed ogni momento. Si deve solo ascoltare.

Naturalmente questo sembra essere troppo facile da accettare per la maggior parte delle persone. Gli chiesi se conosceva la storia del Mar Rosso e se era simile alla nostra.

S: Vuoi dire quando attraversarono il Mar Rosso? Chi sa? Alcune narrazioni riportano che il mare venne diviso, ma non é la verità.

La verità é che semplicemente attraversarono il mare. Avevano la capacità di... come dire? Attraverso i pensieri e lo sforzi di tutti, la loro energia semplicemente li sollevó. Così che non si bagnarono nemmeno i piedi.

D: *Vuoi dire che camminarono o galleggiarono sull'acqua?*

S: Sì. Alcuni dicono che le acque si divisero, così che ad ogni passo non toccarono l'acqua. (Si sentiva frustrato dall'incapacità di esprimersi precisamente) Avevano l'energia per camminare sull'acqua, e comunque lo si voglia dire era un fenomeno naturale. Non è contro natura. Si sta solo mettendo l'energia in modo che la superficie diventi solida. Capisci...? Separare le acque di un mare è totalmente contro natura. Quando si fa qualcosa secondo le leggi dell'energia, si deve sempre seguire la natura. Andare contro queste leggi, provoca la caduta dell'equilibrio e causa gravi danni. In comunità, ci viene insegnato ad utilizzare l'energia in questi modi. Con la fede, tutto è possibile. Devi solo credere.

D: *Ma c'erano molte, molte persone che attraversarono il mare. Pensi che tutti credevano?*

S: No, ma la maggior parte ci riuscì e così gli altri seguirono. L'esercito del Faraone non aveva fede, né la capacità di riuscirci, e quindi quando fecero un passo finirono dritti sott'acqua.

Anche se non riuscii a capire che cosa era così evidente e semplice per lui, procedetti ad un altro mistero collegato a Mosè: L'Arca dell'Alleanza.

S: Sì. É l'arca del patto tra Mosé e Dio. É... Come faccio a spiegare? Un canale con cui comunicare con Yahweh. É parte della comunicazione. È anche parte di uno scambio energetico. Si dice che contenga tutti i segreti del mondo e l'universo.

D: *Si dice che contenga i Dieci Comandamenti.*

S: I libri ci sono, sì, ma è, come ti ho detto, un canale per Yahweh. É parte di qualcosa che una volta, in un altro tempo era molto più grande. E ci hanno permesso di mantenere alcuni dei segreti. In questo modo si possono imparare i segreti di ogni cosa. I Levi proteggono i segreti dell'Arca. Sono i figli di Aronne.

D: *Dove si trova l'arca ora? Esiste ancora?*

S: È protetta. Loro (i Levi) mantengono i segreti tra di loro. Si dice che durante e dopo il periodo Babilonese, venne rubata ripetutamente da re e imperatori che volevano piegarne il potere alla loro volontà. E così facendo i loro regni caddero in rovina.

L'arca è stata nuovamente nascosta ed é tuttora inaccessibile. L'arca fu un regalo, la cui conoscenza venne offerta a Mosè ed Aronne per costruire tutto questo. E in fine il Signore si rese conto che l'uomo non era pronto per usarla e doveva essere protetto dall'arca perché la sua energia era troppo forte.

D: *L'arca può essere distrutta?*

S: No, mai. Solo la volontà di Dio puó distruggerla. É protetta dai Levi.

D: *Ho sempre sentito dire che l'arca fosse pericolosa.*

S: Sì, per coloro che hanno cuori impuri e intenzioni malevole, ne verrebbero uccisi. Il livello di energia é così elevato che puó fermare il cuore, danneggiare la mente e portarti ad uscire dal corpo.

D: *Questo é il motivo per cui Yahweh pensa che l'uomo non sia pronto?*

S: Perché per molti anni l'uomo ha cercato di piegarla alla sua volontà, per ottenere ciò che desiderava. Si dice che chi la possedeva avrebbe governato il mondo. Questo è il motivo per cui è ancora nascosta.

D: *Saremo mai pronti per un potere di questo genere?*

S: Chi sono io per giudicare? Possiamo solo sperare. Si dice che molte persone siano morte. Un tempo era nel sancta sanctorum del tempio di Salomone. Ma il suo potere quasi distrusse l'intero santuario, venne quindi rimossa e nascosta anche da lì.

D: *Ritieni che l'Arca dell'Alleanza avesse nulla a che fare con la loro capacità di attraversare il Mar Rosso?*

S: L'arca non c'era allora. Non venne creata fino... ai quarant'anni nel deserto. Venne creata successivamente per raccogliere le tavolette e i papiri della Legge. Mosè creó il contenitore esterno, i Kaloo portarono la fonte di energia da mettere al suo interno.

D: *La gente ha cambiato la storia così tanto. Le nostre storie sono molto diverse dalle vostre.*

S: Si dice che ogni volta che la lingua di un uomo racconta una storia ne ricama un nuovo pezzo.

D: Secondo la nostra versione della Bibbia, dopo aver attraversato il Mar Rosso gli Ebrei vennero guidati da una nuvola di fumo di giorno e una nube di fuoco di notte. Ma Suddi non aveva mai sentito questa storia.

S: Si dice che il bastone di Mosè, avesse un enorme cristallo sulla cima che illuminava l'oscurità. E questo gli indicava la... direzione.

D: Che sorpresa. Secondo il suo racconto, se stavano andando nella direzione giusta il cristallo irradiava luce, e quando deviavano dal percorso iniziava a spegnersi.

S: Si narra che durante il viaggio, quando iniziarono a vagabondare a lungo, il problema fosse causato da Mosè, che aveva perso la fede e aveva iniziato ad andare nella direzione che la gente suggeriva, invece di seguire la direzione in cui era guidato. Aveva dei dubbi. Aveva perso la fede che gli aveva permesso di fare ciò che aveva già fatto. E i dissidenti continuavano a dire:"No, No, ci stai conducendo nella direzione sbagliata. Si farà come diciamo noi. Andremo in questa direzione. E quella fu la volta che si persero completamente. Da lì in poi Mosé non riusciva a sopportare l'idea che si fossero completamente persi, mentre la sua gente moriva e soffriva. Pregò Yahweh dicendo che lo avrebbe seguito ancora una volta se solo lui avesse salvato il popolo. E fu così che Yahweh lo guidó ancora una volta.

C'è anche la storia della manna e dell'acqua trovata miracolosamente per sostenerli mentre vagavano nel deserto.

S: Si dice che la manna crescesse sugli alberi ed era come il pane che è la manna; questo è il motivo per cui è chiamata così. Ci sono cespugli nel deserto che hanno dei semi. Quando si aprono hanno qualcosa che è... Come faccio a spiegarlo? È molto nutriente, e sostiene la vita, per questo vissero a lungo grazie a questi cespugli. Non ho mai visto questi cespugli, quindi non saprei. Ovunque riuscissero a trovare questi cespugli erano in grado di colpire il terreno col bastone per far fuoriuscire l'acqua, e berla.

D: Il bastone di Mosè aveva forse qualche proprietà speciale? Lo usava per fare molti miracoli?

S: Mosé aveva trovato il suo bastone, era in grado di trovare l'acqua e altre cose, ma qualsiasi bastone se usato correttamente ne é in grado. Il cristallo invece venne tramandato da molte generazioni. Abramo lo aveva portato con sé in Egitto, nella terra dei faraoni; da allora ebbe inizio la prigionia e fu poi tramandato di padre in figlio. Si dice che suo padre, che era un ebreo, gli diede il cristallo quando divenne un uomo. Per un certo periodo lo portó al collo, apparteneva a Yahweh, quindi doveva essere protetto.

D: Pensi che Mosè sapesse quanto era potente?

S: Non sono Mosè, non saprei dirti. (Abbiamo riso) Quando Giuseppe venne in Egitto, gli Ebrei erano molto riveriti. Ma divennero così tanti, che molti degli egiziani erano gelosi, così molti di loro finirono in schiavitù. Questo era il popolo che attraversó il mare, seguendo Mosè. Erano questi i discendenti della casa di Giuseppe. *D: Come riuscì Mosè a convincere il Faraone a liberare la sua gente?* S: Il faraone era suo fratello, furono allevati insieme. Era in grado di convincerlo attraverso diversi metodi e, alcuni dicono, perfino con la stregoneria. Lanciò su di loro le piaghe d'Egitto.

Avevo sentito delle piaghe d'Egitto fin dall'infanzia e ne ero rimasta affascinata. Sono descritte nell'Esodo: 7-12. Forse questa era una buona occasione di esplorare il loro significato dal punto di vista di Suddi. La Bibbia ne presenta dieci:

1. L'acqua del fiume si trasforma in sangue,
2. Le Rane,
3. I pidocchi,
4. Gli insetti volanti,
5. La moria degli animali,
6. Le vesciche,
7. Fuoco e Grandine dal cielo,
8. Le locuste,
9. L'oscurità,
10. La morte del primogenito (che risultó nella tradizione della Pasqua ebraica).

D: Queste piaghe erano reali?
S: Sì, ma la maggior parte erano... Mosè era un uomo molto intelligente. Secondo la leggenda delle ultime piaghe il cielo si oscurò e le acque divennero rosse. Si dice che quando il cielo si oscurò sapeva che a monte... Era stato messo al corrente che il vulcano era esploso. (Aveva difficoltà a spiegarsi) E la paura dell'acqua rossa del fiume? Sapeva che in un paio di giorni sarebbe successo, perché a monte questo era il colore della terra. Se si fosse mescolata all'acqua del fiume, anche questa sarebbe diventata rossa. Era stato informato. Presumibilmente anche le locuste e le altre cose. Non so, se si verificarono tutte. So, che per alcune di queste piaghe era stato informato che certe cose stavano accadendo.
D: Un uomo molto intelligente. Quindi pensi che non fosse prevalentemente l'ira di Yahweh?

S: Fino all'ultima, all'inizio della Pasqua, no. Ma l'ultima provenne dall'angelo della morte di Yahweh. Questa non suona come il Dio che conosco io, lui non é vendicativo. Ma il Dio che io conosco, non avrebbe nemmeno sterminato tutti gli uomini sulla faccia della terra, come fece quando disse a Noè di costruire la grande arca. Questo non suona come il mio Dio, ma é ciò che ci è stato detto. La piaga delle bolle, si dice che faceva parte della morte portata dai topi. La pittura sulle porte, credo che avesse molto più a che fare con il fatto che gli Israeliti avevano altri standard di pulizia, al contrario degli egiziani che furono colpiti dalla pestilenza. Credo che... che pensavano di essere... Immuni.

D: *Sì, la storia dice che dipinsero le porte e questo spinse l'Angelo della Morte a proseguire.*

S: Questo è ciò che ci viene detto. Ho anche sentito dire che appendevano diverse erbe nelle case.

D: *Quindi pensi che fosse una malattia trasportata dai topi, e che le bolle fossero solo uno dei sintomi?*

S: Sì, questo è ció che si dice. Ed é ciò che i nostri insegnanti considerano una probabilità molto alta.

D: *Doveva colpire solo il primo nato.*

S: No, non era solo i primogeniti. Colpì i primogeniti e mezzo popolo d'Egitto. Si dice che quando Mosè informó il Faraone, gli disse che avrebbe preso il suo primo nato. Non aveva detto che avrebbe colpito il primo nato di tutte le famiglie. Semplicemente disse che questo era quello che aveva visto, e che sarebbe accaduto. Non era una maledizione, era solo una premonizione.

D: *La nostra storia narra che Yahweh mandó le piaghe per spingere il faraone a liberare il suo popolo.*

S: Ritengo che avesse tanto a che fare con Yahweh, quanto ne avesse con l'uomo. Ma Mosè, fu l'esempio lampante di ció che un uomo può fare con un po' di conoscenza.

D: *Avevi detto che usava anche la stregoneria?*

S: Sì, questo è ciò che alcuni potrebbero pensare. Essere in grado di vedere cosa accadrà prima che sia avvenuto.

D: *Ci hai già detto che ci sono maestri nella comunità che hanno queste capacità. Forse Mosé era un maestro addestrato in queste arti?*

S: É molto probabile. Si dice che suo padre fosse un maestro della Fede, e naturalmente, sua madre era la principessa d'Egitto. Venne educato non solo dai sacerdoti ebrei, ma anche dai sacerdoti d'Egitto. Era per metà egiziano e aveva sicuramente ricevuto i loro insegnamenti.

É incredibile quello che può accadere quando si introduce un'idea originale in una mente aperta. Improvvisamente ero in grado di vedere in una nuova luce le cose che avevo dato per scontato tutta la mia vita. L'idea era radicale, ma era possibile spiegare le piaghe d'Egitto in questo modo? Suddi aveva detto che il fiume era rosso a causa della catastrofe vulcanica a monte del fiume. La Bibbia dice che l'acqua puzzava e che la gente non poteva berla. Forse questo poteva essere causato dallo zolfo proveniente dal vulcano? Chiunque può riconoscere che questa sostanza chimica naturale rende l'acqua imbevibile. Inoltre, l'acqua solforosa certamente puzza.

Le rane lasciando il fiume invasero le città e le campagne. Questo potrebbe essere stato causato dai cambiamenti tettonici in atto; infatti gli animali sono molto sensibili a questi fenomeni. Quando le rane iniziarono a morire, gli egiziani le raccolsero in mucchi puzzolenti. Così la piaga degli insetti potrebbe essersi verificata naturalmente perché attratti dalle rane morte. L'oscurità fu un'altro risultato dell'esplosione vulcanica, e questo potrebbe anche spiegare la grandine mista a fuoco. Sappiamo che ció puó accadere durante le eruzioni.

Suddi aveva detto che la peste provocó la morte delle persone e instituì la Pasqua Ebraica che era una malattia causata dai topi. Questo spiegherebbe la piaga dei pidocchi, perché è noto che le pulci portano i germi della peste nera. La morte degli animali e le bolle negli esseri umani potrebbero essere tutti sintomi correlati. La piaga delle locuste avrebbe potuto essere un evento naturale o il risultato dell'impatto atmosferico dell'eruzione del vulcano. È strano come tutti i conti iniziavano a tornare, eppure non ci avevo mai pensato, almeno finché Suddi non mi avesse introdotto l'idea.

Gli Ebrei erano schiavi e vivevano separati dal resto degli Egiziani. Rimanendo all'interno delle loro case, fino al passaggio dell'Angelo della Morte, stavano osservando una quarantena autoimposta. Si erano tenuti lontani dai ratti portatori di malattie e dalle persone infette. Anche questo è un concetto interessante che possiamo aprire ad ogni tipo d'interpretazione.

D: Quando ricevette i comandamenti Mosè? È stato dopo il peregrinare nel deserto?

S: Sì, aveva sentito la voce di Yahweh, mentre era diretto al Monte Sinai. Dopo aver raggiunto il monte, si dice che iniziò a comunicare con Dio e ricevette le Leggi direttamente da Lui.

D: Pensi che parlasse davvero con Dio?

S: Sì, si dice che fosse totalmente cambiato dopo essere ritornato dalla montagna. Sono sicuro che era una persona completamente diversa. Era aperto alla conoscenza e a tutto il resto.

D: Come ha fatto Dio a dargli i comandamenti?

S: Non sono sicuro, ma erano scritti. Alcuni dicono che furono scritti dal dito di Dio. Penso sia più plausibile pensare che vennero scritti come fanno i nostri scribi. Quando scrivono sui rotoli, lo fanno senza pensare, sono come un veicolo. Ritengo che avvenne in questo modo. Sono stati inscritti su tavolette d'argilla. (Proprio come facevano gli studenti di Qumran per praticare la scrittura) Quando tornò dalla montagna con le leggi di Dio, si dice che splendesse, perfino l'aria intorno a lui brillava. Tuttavia, prima di raggiungerli, avevano già trasgredito la maggior parte delle leggi creando la statua d'oro per Baal e Durue (fonetico). Nella collera frantumò le tavolette, e quindi dovette scriverle di nuovo. Dopo esser stato toccato dalla gloria di Dio non poteva sopportare che le persone fossero così ignoranti. Non riusciva a capire e sentiva che non si meritavano la parola di Dio. Mosè era noto per il suo temperament irascibile, quindi è molto probabile che sia vero.

D: Perché le persone fecero la statua d'oro a Baal?

S: Dopo quarant'anni di viaggio nel deserto, improvvisamente, ebbero il tempo di sedersi e fare quello che volevano, e iniziarono a darsi alla pazza gioia. Avevano Aronne. Ma Aronne non aveva la forza di volontà di suo fratello ed era più malleabile.

D: Mosè rimase sul monte per un lungo periodo di tempo?

S: Non mi ricordo. Penso un anno, non sono davvero sicuro.

La Bibbia dice che Mosè era così arrabbiato con il popolo per le loro azioni che oltre a frantumare le tavolette, in un impeto di rabbia, causò la morte di migliaia di persone del suo popolo. Suddi non era d'accordo. Disse che l'ira di Mosè si placò dopo aver distrutto le tavolette.

S: Non aveva autorità su di loro. Erano auto-governati. Così riscrisse le tavolette ancora una volta. Non so se tornò sul monte per farlo. Ma questa volta la gente era molto più contenta. E successivamente trovarono la terra che gli era stata promessa. Ma a Mosè non fu permesso di entrare nella terra promessa perché morì poco prima. Questo a causa dei suoi dubbi e del permissivismo nei confronti dei desideri degli altri. Quando questi dubbi sopraggiunsero e lui smise di seguire la guida (il cristallo) che il Signore gli aveva dato, dimostró di non essere pronto e che aveva bisogno di piú tempo. Fu una nuova generazione a raggiungere la terra promessa. Non era quella che aveva vagato nel deserto. Credo che Aronne fosse l'unico di quel periodo che riuscì ad arrivare.

EZECHIELE

Molto è stato scritto su Ezechiele e la sua strana vision. Così ho pensato che fosse un buon racconto biblico da chiedere a Suddi. Tuttavia, ebbi la sensazione che potrebbe aver confuso le storie di Ezechiele e di Elia, forse perché erano simili, o forse perché in origine erano più simili di quanto non lo siano le nostre versioni moderne.

S: Ezechiele é il nome di uno dei profeti, la sua storia si trova in alcuni dei rotoli. Era un profeta, un saggio e uno degli insegnanti. Era considerato strano, pur avendo pochi studenti, visse da solo per la maggior parte della sua vita. Si dice che verso la fine gli venne rivelato che non sarebbe morto, ma che sarebbe asceso direttamente a Dio. A me questa sembra solo vanità. Peró sembra che fosse visitato e portato via da alcuni degli altri, non credo che questi fossero la gente di Dio.

Non capii cosa intendesse per "altri".

S: Ci sono altri simili a noi, ma diversi, questi lo visitavano. Essi non sono della terra, vengono da un'altra parte, ma non sappiamo da dove. Ci viene solo detto che fin dall'antichità, ci sono stati dei visitatori. E alcune persone sono più benedette, più scelte, o quel che sia. Non so cosa li qualifica. Ma alcuni vengono visitati e altri vengono portati via. Altri rimangono qui tra di noi per parlare di questa esperienza. I suoi seguaci raccontano di come fosse partito in un... Credo che abbiano usato il termine "carro di fuoco". A loro poteva sembrare un carro, ma era sicuramente una delle macchine volanti dell'antichità, piuttosto che un carro. É possibile che sputasse fuoco, ma non so, ce n'erano di diversi tipi.

Forse gli scrittori ipotizzanti che la visione di Ezechiele fosse relative ad un UFO, dopo tutto, non erano poi così lontani dalla verità!

S: E lui se ne andò. Non so se decise di andare con loro o se loro decisero di portarlo via. Si dice che non si è piú sentito parlare di lui. Non ho modo di sapere. Non conosco questo rotolo, non fa parte della legge. Ne ho solo sentito parlare e l'ho letto quando ero bambino.

Ero curiosa di sapere che cosa intendesse con le macchine volanti di un tempo.

S: Molto tempo fa c'erano macchine costruite per attraversare l'aria come uccelli. Appresero la conoscenza e la usarono; tuttavia per la maggior parte è ormai andata persa. Ci sono ancora alcune persone, i maestri, che hanno la conoscenza, ma non la utilizzano. La conoscenza è nella biblioteca. Fa parte degli insegnamenti dei misteri. Ma é meglio non usarla.
D: *Sai come venivano alimentate queste macchine?*
S: No, non lo so. Usavono qualcosa per la forza centrale, era diverso da quello che ho... ancora una volta, non è ció che ho studiato. So solo quello di cui ho discusso con gli altri. I babilonesi avevano queste conoscenze nei primi tempi, ma non so se sia vero. I Kaloo condivisero queste conoscenze con noi. Fu prima di perdere la capacità di parlare con gli altri che i Kaloo avevano sapevano come crearli. Avevano molte cose meravigliose, ma l'abilità di usarle venne persa. Se non venne persa, decisero che era meglio non utilizzarle piú, perché generavano troppo dolore e distruzione.
D: *Se la tua gente ha queste conoscenze, potrebbero creare queste macchine volanti in caso di necessità?*
S: Se fosse necessario, probabilmente sì. Io non sono un ingegnere. Non lo so.

Mi diede una descrizione precisa:"Venivano fabbricate di cose diverse. Alcune erano di legno, altre di metallo, bronzo, oro e strane leghe di metalli. Alcune erano molto piccole e altre erano abbastanza grandi."
Pensai che venissero utilizzate per i trasporti, ma rimasi sorpresa ancora una volta quando gli chiesi a cosa servissero. Rispose con disinvoltura.

S: Le utilizzavano in guerra. Venivano usate anche per il trasporto. Ma ritenevano che la capacità piú importante fosse quella di eliminare il nemico a grande, grande distanza. Collocavano armi su queste macchine.

D: *Anche i nemici avevano lo stesso tipo di macchine?*

S: Non tutti. La maggior parte di loro no.

D: *La vostra storia spiega come venne persa la conoscenza?*

S: (Con molta calma) Il mondo venne distrutto. Un cataclisma. Non so esattamente di che tipo. Era come se le forze della natura si fossero ribellate e la terra esplose.

Non smisse mai di stupirmi con queste affermazioni inaspettate.

D: *Pensi che fu causato dalla guerra con queste macchine?*

S: Non lo so, non c'ero.

Disse che i Kaloo erano alcune delle persone coinvolte in questa guerra, ma non riusciva a ricordare chi fossero gli altri. Mi chiedevo se la guerra era limitata ad una sola parte del mondo.

S: No, stavano combattendo in diverse aree. C'era grande agitazione.

Questo mi diede una sensazione di profondo disagio. Sembrava stesse parlando esattamente di ció che sta succedendo adesso nel mondo. É possibile che la storia si stia ripetendo? Dopo questo grande cataclisma, disse che i Kaloo cominciarono a vagare, quindi non tutto venne distrutto.

S: No, ma i pochi superstiti erano molto più saggi. Avevano acquisito molta conoscenza, furono in grado di mantenerla e di insegnare come metterla in pratica. A condizione che non venisse utilizzata nuovamente per distruggere se stessi e gli altri con loro. Questa conoscenza é preserveta nella speranza che un giorno saremo in grado di utilizzarla con giudizio.

D: *Come hanno fatto queste persone a fuggire?*

S: Non lo so. La storia non è chiara. Sapevano che sarebbe accaduto. Se ne andarono prima dell'inizio della catastrofe.

D: *Pensi che qualcuno troverà mai una qualsiasi di queste macchine volanti?*

S: É possibile. Il metallo dura a lungo. Ne deve essere rimasta qualcuna da qualche parte.

D: Pensi che si possa mai trovare una qualsiasi delle loro città?
S: Non so. Non ci hanno dato alcun luogo specifico della loro provenienza.

Così chiedendo chiarimenti a proposito del racconto biblico di Ezechiele ho ricevuto un extra bonus per cui non ero minimamente preparata.

Capitolo 16
Creazione, Catastrofe e i Kaloo

LA CREAZIONE

Quando Suddi mi raccontó la storia di Adamo ed Eva, mi fece venire in mente la storia della creazione del mondo. Decisi di chiedere chiarimenti.

S: La creazione, sì, non proviene dalla Torah ma é precedente. Si dice che agli albori ci fosse solo oscurità, tutto era un vuoto. Dio vedendo ció, decise che ci doveva essere qualcosa per colmare il vuoto. Non c'era nulla, solo il vuoto. Così disse ci deve essere qualcosa lì, perché questo è vuoto e io sono vuoto. Perciò tutto proviene da Lui. Non appena decise... qualcosa si manifestó immediateamente: le masse. C'erano grandi nuvole che si stavano formando ed unendo. Questo fenomeno continuó per un pó. Era la formazione delle stelle e dei pianeti, tutto faceva parte di Dio. C'erano corpi definiti di pianeti, stelle e galassie. Ritenne che questo era giusto, ma ancora una volta sperimentó il vuoto, un senso di separazione. Allora decise di creare gli esseri viventi. C'erano molte decisioni da prendere sul loro aspetto. Molti tentativi e cambiamenti, ma alla fine stabilì quali animali voleva che ci fossero lì.

D: *C'era qualcuno ad aiutarlo a prendere decisioni, o fece tutto da solo?*

S: C'erano gli altri. Gli Elori, il tutto, tutti. Non mi sto spiegando bene (sospiró). Non è Elori, è Elorhim, essi sono tutto. In sostanza, tutto, tutti insieme.

D: *Ho sempre pensato a Yahweh come ad un individuo... (Interrompendo)*

S: Yahweh è... Egli è nostro, Egli è per noi come gli altri sono per gli altri. Egli è l'individuo che si è interessato e si è preoccupato di noi. Ci sono altri... Dei, come li chiameresti tu. Altri esseri che hanno contribuito e lavorato con Yahweh. Sono il totale, sono insieme. Sono parte di un tutto. Uniti, ma separati. Ognuno di loro ha delle prerogative, ma quando si tratta di fare qualcosa insieme, sono uniti. Quando sono insieme c'è un senso di totalità e completezza. Occasionalmente sono autorizzati a lavorare insieme. Ma una volta che le decisioni sulle zone di competenze sono state prese, restano più isolati di prima.

L'idea di un Dio unico universale é dura a morire. Suddi disse che Yahweh era parte degli Elorhim, ma non era il loro capo. Non avevano bisogno di un capo perché "Sono". Ognuno aveva la propria area, per così dire, ma lavoravano collettivamente anche tutti insieme, se necessario.

D: *Yahweh si preoccupa principalmente del nostro pianeta o del nostro sistema solare, o, semplicemente, della nostra gente?*
S: Tutto. La nostra galassia.

Questo difficile concetto che stava cercando di trasmettere era ancora confuso per me, così gli chiesi delle decisioni che furono prese riguardo a cosa mettere sui pianeti.

S: Molte cose sono state modificate. Molte cose vennero introdotte, ma riconobbero che non era ancora tutto. Non era completo, e vennero fatti dei cambiamenti, pertanto alcune cose vennero eliminate. Dovevano vedere cosa permettesse di raggiungere il tutto e la completezza.

Sembrava che stessero sperimentando. Cercavano diverse modalità e quando non funzionavano semplicemente venivano eliminate.

S: Facevano cambiamenti, sì. Avevano delle buone idee, ma non perfette. Pertanto, facevano molte modifiche e cambiamenti. E quando Lui scoprì che che erano bene, i Suoi figli desiderarono moltissimo di avere l'esperienza che si puó fare qui.
D: *Che cosa vuoi dire, i suoi figli?*
S: (Fece fatica a trovare le parole giuste) Gli... Angeli. (fonetica 'angel'). Gli spiriti che creó quando... Vedi, nel momento in cui non c'era nulla e poi c'era qualcosa, una parte di loro si formó. Erano esseri più piccoli di luce ed essenza. Quello fu il momento della loro formazione.

Al momento della creazione dal nulla, ci fu una tremenda esplosione di energia che piccole scintille volarono in ogni direzione, e queste piccole scintille divennero le anime individuali o, come le chiamava lui, gli 'angeli'. A questo proposito, noi tutti siamo stati creati allo stesso tempo.

S: Questi erano i curiosi che avevano deciso di vedere com'era vivere in questa esistenza. La terra non era sterile, c'erano la vita e le cose. Gli alberi erano stati creati e l'acqua e le terre erano stabiliti e... potremmo continuare all'infinito contando tutto ciò che era stato creato in questo tempo prima che questi sopraggiunsero. Tutto era in un'epoca di: "Vediamo cosa possiamo creare e quanto bello possiamo farlo"; e continuarono per un lungo periodo di tempo.

Pare che tutto ció si fosse verificato dopo lo sviluppo della terra e della vita. Il regno animale era già ben stabilito e i primi ominidi erano già presenti quando gli spiriti divennero curiosi di provare questa nuova esperienza.

S: C'erano esseri sulla terra ed erano ciò che le anime divennero una volta entrati in esistenza, in corpi simili a quelli, quando fu finalizzata la decisione della loro completezza. All'inizio solo pochi alla volta vennero: gli avventurosi e i curiosi. Poi ce ne furono sempre di più. Presto la terra divenne molto affollata e questi furono tra i momenti piú cupi della terra. Perché l'esistenza in quei corpi li aveva deformati, avevano perso la loro perfezione e avevano ogni sorta di problemi, vizi e altre cose.

D: *Ebbene, quando gli Elorhim stavano mettendo questi spiriti sulla terra, gli permisero di...*

S: (Interrompendo enfaticamente) Gli spiriti non sono stati messi. Essi vennero autorizzati a fare questa esperienza. Era una loro scelta. Non sono mai stati forzati. Per un po' era tutto bellissimo, finché non divennero legati alla terra. A lungo furono in grado di staccarsi dal corpo volontariamente, per evitargli ogni deformazione. Quando venivano autorizzati a lasciare il corpo, questo continuava a respirare ed esistere con una forma simile. Poi quando si riunirono agli altri spiriti che non avevano sperimentato quest'esistenza terrena, videro ció che erano, quanto bello era stato, ancora una volta tornarono per godere della bellezza e delle cose. Fu quando persero questa capacità di comunicare con gli altri, per sapere quello che realmente erano, che si trasformarono. É stato quando hanno perso questa capacità, che iniziarono a cambiare e a deformarsi.

D: Se il corpo è deforme, è a causa di una forza negativa?

S: No! No! Non ha nulla a che fare con questo. Alcune persone deformi sono molto belle. Forse sono portatori di handicap perché vogliono migliorare se stessi. Forse non possono utilizzare un braccio e per questo devono compensare per essere piú forti. E le persone che sono piú forti sono molto più belle e più vicine alla perfezione rispetto a quelle che si siedono e dicono: "Oh! Ho solo un braccio! Oh, aiutatemi, aiutatemi!" Hai capito?

D: Sì, si trovano a dover lavorare di più, ma per questo stanno crescendo.

S: Sì, se ci riescono crescono molto di più.

Abbiamo capito ora che non voleva dire un corpo fisico deforme, ma uno spirito deforme o deformato.

D: Forse la gente viveva più a lungo in quei giorni?

S: Come no? Perché ogni volta che lasciavano il corpo si ricaricavano ed erano in grado di accumulare più energia in esso. Quindi, lasciavano il corpo solo quando volevano. (Parlava della morte?)

D: Questo lasciare il corpo, assomigliava al nostro stato di sonno?

S: Un po'. Ci sono persone che quando dormono sono in grado di fare queste cose. Ci sono alcuni che ancora lo fanno a proprio piacimento. É una grande, grande abilità. Non è esattamente lo stesso. É diverso. Ci deve essere un maggior controllo.

Sembrava stesse parlando di un'esperienza fuori dal corpo. In quei primi tempi ringiovanivano così il corpo e quindi vivevano molto più a lungo di noi oggi giorno.

D: Quando Yahweh e gli Elorhim stavano creando, misero la vita solo su un pianeta, il nostro?

S: (Interrompendo indignato) No! Ce ne sono molti nella sua zona. Sì, distribuiscono la vita in modo diverso. Sembra che una volta la luna avesse un'atmosfera e fosse viva, ma ora é distrutta e morta. Non so molto di questo, ne ho solo sentito parlare.

D: Se c'era vita, facevano mai visite da un pianeta all'altro?

S: Se la conoscenza era benefica allora se autorizzati ne facevano. Per la maggior parte, se erano pericolosi per gli altri, non ricevevano il permesso... Come dire?... Sì, di comunicare.

179

D: *Chi era considerato pericoloso?*

S: Le persone che volevano distruggere se stessi erano pericolose per gli altri. L'umanità ha fatto questo! L'uomo si è distrutto molte volte, in molti modi diversi. Dio obliteró quasi ogni cosa a causa degli orrori che gli uomini compirono. Gli uomini uccidono. Gli animali non uccidono gli animali, ad eccezione di certe ragioni. Ma l'uomo uccide un altro uomo senza nessun motivo.

D: *Abbiamo sentito molte storie della distruzione del genere umano da parte di Yahweh. Pensi che fosse invece colpa dell'uomo?*

S: Pensi che Dio sia così ipocrita da distruggere anche gli innocenti? No. Questo è qualcosa che accade solo a causa dell'uomo. Non è forse più facile dare la colpa a Yahweh, piuttosto che assumerne la responsabilità?

D: *Puoi fare un esempio di una volta che l'uomo ha distrutto il mondo?*

S: Si dice che questo è il motivo per cui i Kaloo siano in viaggio, perché il mondo venne sollevato e cambiato. Ci sono molti metodi di utilizzare potenza e forza che non comprendo, ma non per questo sono meno reali. Volevano usare il potere per i loro fini e mezzi egoistici. Erano persone che ricercavano ciò che non era necessariamente bene per loro: il piaceri e altre cose come questa. Si distrussero tra di loro, utilizzando più energia di quanta avrebbero dovuto. Usandola in modo negativo e disturbando il semplice equilibrio della natura. So che crearono un vuoto, da ogni azione c'è una reazione. Pertanto quando si prende e prende e prende ancora, ci deve essere anche un dare. Così la terra si riprese il suo potere. Ci deve essere stato un danno enorme, è questa forza che ha causato la catastrofe.

D: *Allora pensi che fosse un evento naturale, piuttosto di qualcosa che causarono accidentalmente?*

S: Sì, ma era qualcosa che avevano creato. Lo fecero, anche se erano stati avvertiti. Erano stati avvertiti che questo sarebbe successo e quindi ne erano responsabili.

Mi fece pensare, forse poteva avere qualcosa a che fare con l'ecologia e i problemi ambientali.

NOÉ

Il racconto biblico di Noè e la sua arca è sempre stato uno dei miei preferiti, ero curiosa di vedere quello che avrebbe detto a questo proposito.

S: Sì, la storia dell'alluvione universale? É piena di speranza, forse può essere questo il motivo per cui è la tua favorita. Si tratta di coltivare la perseveranza, indipendentemente da quanto difficile sembri il cammino. Noè era un grande individuo, un uomo molto buono, Dio poteva vedere questo e ne era contento. Sapeva che avrebbe mantenuto ciò che era buono e giusto, e che tutti i suoi figli avrebbero seguito la via di Yahweh.

D: *Perché Yahweh avrebbe causato il diluvio universale?*

S: Anche in questo caso, credo che fosse più un problema di abuso della terra. Inoltre, mi avevano insegnato che probabilmente si verificó prima che tutto fosse stabilito. Oppure, intorno allo stesso periodo del cataclisma, da cui sarebbe originato il diluvio. Se i mari cambiano, anche le acque non avrebbero forse la tendenza a spostarsi in un modo o nell'altro soprattutto attraverso la pioggia? Non credo che tutto accadde solo in quaranta giorni e quaranta notti, non poteva essere abbastanza. Può avere piovuto per quel periodo, ma credo che avesse a che fare con i cambiamenti tettonici del cataclisma. Il mare puó aumentare in una zona e diminuire in un'altra. Penso che durante questo periodo ci furono altri cambiamenti, non solo le piogge e le maree. Si dice che Noè prese... lasciami pensare qui... due e sette. Gli animali che raccolse erano sette puri e due impuri. Se un animale non era... commestibile, allora ne raccolse solo una coppia, in modo da continuare quella specie.

Gli chiesi chiarimenti circa gli animali puri ed gli impuri.

S: Fammi pensare... Si dice che i puri sono i ruminanti con lo zoccolo aperto. Ma se hanno una sola di queste due caratteristiche, non sono puri. Come ad esempio i suini, hanno lo zoccolo aperto ma non sono ruminanti, quindi sono impuri. I buoi e i torelli, essendo entrambe sono commestibili. Le pecore, avendo entrambe, sono commestibili. Ma il cammello, anche se é un ruminante non ha gli zoccoli. Ha piuttosto una soletta, é aperta, ma è completamente diversa, e quindi non sono mangiati. Il cavallo e l'asino non hanno lo zoccolo aperto e quindi sono impuri. A Noè venne detto di prenderne sette di puri, in modo che ci potesse essere abbastanza cibo e che questi potessero riprodursi. Aveva preparato una grande... (fece fatica) arca ed era stato istruito sulle dimensioni, ma io non le ricordo. Gli animali si avvicinarono dopo esser stati chiamati, li scelsero e li portarono a bordo. Tutti ovviamente lo deridevano, perché, voglio dire, stava costruendo una barca enorme nel bel mezzo del deserto. Gli dicevano: "Tu sei pazzo". Ma lui rispondeva loro che erano stati avvertiti, perché Yahweh aveva parlato e la sua ira sarebbe stata implacabile. E naturalmente, continuarono a deriderlo per aver raccontato fiabe e storielle. Vedi, non potevano sapere ció che stavano facendo, né che sarebbe accaduto a causa loro. E non volevano nemmeno comprendere perché Dio lo avesse deciso. Scelsero di ignorare queste profezie anche se erano stati avvertiti. Noé prese i suoi figli, la moglie, le mogli dei figli ed i loro figli. Prese anche tutti i suoi averi, le provvigioni di grano e le altre granaglie. Si dice che rimasero in mare per circa due giri della luna. Sessanta giorni... No, cinquantotto. (Qui mostra di nuovo l'uso del calendario lunare.) Ricevettero dei segni. La prima colomba che venne inviata, ritornó all'arca. La seconda volta, inviò un corvo che non tornò, da ció realizzarono che erano vicini. E poi ancora la colomba che tornó con un ramoscello, per il suo compagno. Pertanto sapevano che avevano trovato terra. Trovarono questo punto sulla sommità di una montagna, dove giunsero a terra. Dopo di ché cominciarono a ricostruire la civiltà. La prima cosa che fecero fu offrire grazie a Yahweh che li aveva risparmiati, perché c'era solo distruzione tutt'intorno.

Mi chiedevo perché il dettaglio dell'arcobaleno non era incluso nella storia.

D: *Nient'altro d'importante accadde in quel momento?*
S: I figli di Ham vennero scacciati per qualche motivo. Non mi ricordo, fecero qualcosa che dispiacque a Noé.

Dov'era il mio arcobaleno? Ci girai attorno parlando di Yahweh che diede loro un segno, una promessa che non avrebbe mai permesso che questo potesse ripetersi, ma Suddi non aggiunse nulla di simile nella sua versione della storia. Alla fine andai dritta al punto.

D: *Vedo che le nostre storie sono un po' diverse. Noi abbiamo la storia dell'arcobaleno all'approdo dell'arca. Il Signore mise l'arcobaleno in cielo e disse: "Questa è la mia promessa: Mai piú."*

S: Questo mi sembra molto bello, ma non ne ho mai sentito parlare.

D: *Non c'é nessuna storia dell'arcobaleno e da dove fosse venuto?*

S: (Rise) Era qui! Non so, non l'ho mai messo in discussione. Alcuni dicono che si tratta di un segno che Dio é compiaciuto, che Yahweh sorride. É molto bello. Però ora mi ricordo del perché venne il diluvio, fece parte del periodo in cui l'uomo era stato colpito, in modo da non essere più in grado di comunicare uno per uno con tutti (telepaticamente). Questa conoscenza venne perduta e quindi c'era una gran confusione nel mondo. Parlavano uno come uno, pensare era comunicare con gli altri. Ma si è persa questa capacità, a causa delle loro azioni. Pensarono e condivisero tra loro:"Se facciamo questo esperimento, saremo in grado di diventare come Yahweh e trovare il modo di essere ancora più grandi e avere più potere". A causa di questo, persero l'abilità di comunicare e caddero nel caos. Yahweh gli tolse questa facoltà e l'uomo divenne muto, perché non aveva mai comunicato con gli altri in nessun altro modo, fu una grande perdita. Poi imparó a parlare con la bocca e con le parole. Prima di questo, non ce n'era bisogno.

Questa storia mi suonava familiare. Forse é da qui che proviene la storia della Torre di Babele e ciò che si suppone possa significare. La perdita di poteri telepatici, a causa dell'uso improprio.

D: *Prima di perdere questa capacità, potevano comunicare tra di loro anche a lunga distanza?*

S: Sì, era come se fossero lì con voi. Ci é stata portata via perché l'uomo era orgoglioso e faceva molte cose che non era... Stava sovvertendo le leggi di natura. E quindi causó una grande distruzione. Per questo motivo abbiamo perso questa capacità. Si dice che la terra stessa esplose, come se volesse vomitare l'uomo dalla sua superficie.

Mi stavo chiedendo se questa catastrofe era la stessa di cui Suddi stava parlando prima, in connessione con i vagabondaggi dei Kaloo.

S: Non lo so. Vedi, la nostra conoscenza ci giunge a pezzi. La dobbiamo raccogliere e chiederci: "Bene, che cos'è questo?" Quindi non tutte le discussioni sono complete. Questo è ciò che stiamo cercando di fare, stiamo cercando di raccogliere e riunire tutti i pezzetti della conoscenza.

D: *Mettere insieme tutti i pezzi e vedere se si ottiene l'intera storia. È per questo che mi interessa. Sai quando i libri vengono modificati da una lingua all'altra, molte cose vengono aggiunte o tolte.*

S: A volte intenzionalmente.

D: *Ecco perché siamo curiosi, perché i nostri libri sono scritti in modo diverso.*

S: Cosa vuoi dire? Questi libri... Che cosa sono? Perché dovrebbe essere molto diverso se stiamo parlando della Torah, che è l'opera di Dio? Perché dovrebbe essere diversa?

D: *(Dovetti pensare velocemente) Beh, vedi, nel tempo in cui vivo parliamo diverse lingue. E ogni volta che cambiano qualcosa da una lingua all'altra, anche le parole vengono cambiate insieme al significato. É come prendere qualcosa da una lingua e...*

S: (Interrompendo) e lo metti in un'altra, sì, sì. Forse ha anche a che fare con la persona che sta scrivendo?

D: *Potrebbe essere. Tu capisci perché avete altre lingue anche al vostro tempo?*

S: Sì, la gente non parla più una lingua. Questo è a causa del grave danno che l'uomo ha fatto.

D: *Da dove vengo, alcune persone hanno idee sbagliate.*

S: Si dice che ad ogni narrazione della storie, la storia si allunga.

D: *E molti errori si presentano durante la ripetizione. C'è molto da imparare, non è vero?*

S: Smettere di imparare è come morire.

GLI OSSERVATORI E I KALOO

Suddi aveva già detto che gran parte della loro conoscenza era stata tramandata dai misteriosi Kaloo. Ma mi chiedevo se poteva provenire anche da altre fonti. Harriet era molto interessata a questo argomento. Tuttavia Suddi era restio a condividere alcuni aspetti della comunità, c'era il rischio che non avremmo ricevuto alcuna informazione, ma ho pensato che valesse la pena provare. Questa volta era un uomo più anziano.

Harriet: Tu o la tua comunità avete mai avuto contatti con esseri di altri mondi o di altri pianeti?
S: Sì.

Che sorpresa, la domanda era solo un salto nel vuoto. Quando avevo fatto la stessa domanda a Suddi da bambino, non riusciva a capire come fosse possibile venire da punti di luce.

S: Sono gli Osservatori che guardano ció che facciamo. Sono contenti dei nostri sforzi di mantenere la conoscenza, e riportare la pace.

Le sue risposte erano evasive. Disse che erano stati contattati in diversi modi. A volte di persona. La sua cautela si fece sentire con forza quando gli chiesi se fossero mai venuti in comunità. "Non parlerò più di questo! Non è un argomento di discussione!" Ogni volta che rispondeva così era inutile proseguire con altre domande sullo stesso tema. Il suo senso di protezione eliminava sempre ogni possibilità che Katie rispondesse alle mie domande. A volte le risposte si potevano ottenere usando parole diverse o girando intorno all'argomento. Ma non avrebbe mai ridiscusso questo argomento. Almeno, non mentre era ancora in vita. Quando un paziente si trova nello stato dello spirito, il cosiddetto stato di 'morte', tra una vita e l'altra; sono in grado di ottenere molte informazioni. La maggior parte di questi casi verrà presentata in un altro libro. Qui presenteró esclusivamente il minimo indispensabile. Mentre Katie era in questo stato dopo la morte di Suddi, pensai che fosse il momento giusto per conoscere meglio gli Osservatori. Suddi non era mai altrettanto restio in quello stato. Gli dissi che volevo cercare le risposte alle domande che lui non aveva il permesso di discutere precedentemente, perché la sua cultura non glielo permetteva.

K: Ci sono ancora molte cose che non si possono conoscere ora.
D: *Che non potranno mai essere conosciute?*
K: No, solo al momento. C'è molta conoscenza da acquisire, ma ci sono cose che devono essere protette.
D: *Sì, posso capire. Ma ritengo che ci siano alcune cose abbastanza importanti da trasmettere ad altre persone.*
K: (Enfaticamente), Non è una tua responsabilità decidere ciò che è importante. Tuttavia se mi è permesso, io ti risponderó.

Potevo capire che fosse sulla difensiva mentre era in vita, perché c'erano cose che aveva giurato di proteggere. Ma non pensavo che avrei incontrato un atteggiamento difensivo anche dall'altra parte.

K: La conoscenza che tutti condividiamo da questa parte é molto pericolosa nelle mani dei deformi che si trovano dalla vostra parte.

D: *Hai mai sentito il termine gli 'Osservatori'?*

K: Sì, gli Osservatori sono coloro che provengono dall'esterno, da altri mondi, che sono qui sulla terra dalle origini di ció che ricordiamo. Stanno studiando l'umanità nel suo insieme e, si spera... Vogliono che ce la facciamo. Vogliono che troviamo la strada giusta. Ma sono quì, forse, solo nel caso in cui non riuscissimo a trovarla.

D: *Quindi c'è vita su altri mondi?*

K: E perché no? Avete la presunzione di essere l'unico punto di vita di Dio in tutto l'universo? Avendo creato tutti i cieli e tutto ciò che esiste, ovviamente decise che questo minuto, insignificante pianeta, sarebbe stato l'unico posto in cui doveva esserci la vita? Questa è la presunzione più grande che possa mai esistere.

Dopo averlo calmato, gli chiesi di continuare a parlare degli Osservatori. Parló molto deliberatamente.

K: Gli Osservatori hanno le intenzioni più elevate. Non vogliono fare del male a nessuno. Non sto dicendo che non ci sono altri della stessa levatura mentale, ce ne sono. Ma gli Osservatori sono la nostra protezione, e più o meno anche una valvola di sicurezza. Se dovessimo raggiungere la completa autodistruzione, cercherebbero di evitarcelo con qualsiasi mezzo possibile. Perché se distruggiamo questa terra, non ci sarebbero forse ripercussioni in tutto l'universo? Non si può distruggere un corpo e non avere echi... per sempre.

D: *Gli osservatori si incarnano mai su qualche pianeta?*

S: Sì, Assumono forme che vengono considerate umane. Si incarnano spesso sul nostro pianeta. Ma ci vuole una persona molto speciale per riuscire a vederli. Forse uno che è molto sensibile all'influenza delle loro emanazioni. Poiché le repliche, per così dire, sono impeccabili. Questi esseri, assumono forme che sono repliche, non sono esattamente umani. Ma ci sono anche quelli che prendono forme che gli esseri umani considerano normali. Si, avrebbero un corpo, non sono al punto di diventare esseri di pura energia. Ci sono quelli che sono energia, ma non sono Osservatori.

D: *Quindi non nascono nel un corpo di un neonato come fanno gli esseri umani?*

K: Ci sono stati spiriti di Osservatori che nacquero in corpi, ma questi sono esseri umani come voi, forse con un'anima più elevata mentalmente.

D: *Gli esseri di energia di cui parlavi sono diversi?*

K: Sì, hanno superato la necessità di avere un corpo fisico.

Ho letto il termine 'esseri di luce' in molti libri. Disse che questo potrebbe essere un altro termine per descriverli.

K: Alcuni di loro sono anime che non hanno mai lasciato il fianco di Dio fin dalla formazione. Alcuni di loro hanno riconquistato quella perfezione. Altri provengono da mondi che sono al di là della capacità di comprensione umana. Sono così avanzati che ci guardano come un essere umano guarderebbe un'ameba.

D: *Pensi che raggiungeremo mai quel tipo di sviluppo?*

K: (Sospirando) Non se continuiamo sulla strada attuale.

D: *Anche questi altri riveriscono Yahweh?*

K: Tutti venerano Yahweh! Dio è tutto e tutti sono Dio!

D: *Gli osservatori ci aiutano in qualche modo speciale?*

K: Se influenzano una persona questi potrebbe forse influenzare... anche un Paese. Così raggiungono il loro obbiettivo. In questo modo contribuiscono a mantenere la pace. Aiutare a ... come faccio a dire?... mantenere l'equilibrio intatto com'era.

D: *Hanno un'anima, come me e te?*

K: Tutti gli spiriti sono uguali.

D: Sai da che altri mondi provengono?

K: Provengono da diversi gruppi, ma questa non è conoscenza che ho il permesso di trasmettere.

Apparentemente anche da trapassato stava ricevendo una censura. Ha comunque ammesso che provenivano dalla nostra galassia, ma non dal nostro sistema solare. Stanno osservando la terra fin dal tempo in cui l'uomino é stato messo qui. Gli chiesi di altre forme di vita nel nostro sistema solare.

K: Sì, ci sono diverse forme di vita ma probabilmente non sempre nelle forme a cui siamo abituati di solito. Alcuni sono spiriti. Ci sono luoghi dove troviamo le origini della vita.

Cercai di portarlo verso l'anno 70 D.C. in modo da poter, eventualmente, osservare cosa accadde a Qumran. Presumibilmente

187

venne distrutta nel 68 D.C. e pensavo che avrei potuto scoprire di piú. Ma quando lo portai lì, si trovava nel luogo del riposo, cercando di dimenticare tutto.

Dopo essere passate dall'altra parte, spesso le persone vanno a scuola. Ma se hanno avuto una serie di vite particolarmente difficili e preferiscono evitare di andare a scuola in quel momento, vengono mandate al luogo del riposo per un po'. Quando una persona è lì, sembra molto assonnata e preferisce non comunicare. Ho scritto di questo luogo anche nel mio altro libro, "Conversazione con uno spirito". Lo spirito vuole solo riposare, dormire ed essere lasciato stare. Ho avuto alcuni soggetti che rimasero lì per qualche anno o qualche secolo. Dipende da quanto frenetica doveva essere stata la loro ultima vita o da quello che stavano cercando di dimenticare. Il tempo non ha molta importanza quando si trovano lì o quando si trovano nella scuola. Tuttavia se si trovano nel luogo di riposo, è inutile fargli domande. Così provai con una tattica diversa questa volta, perché ero curiosa di sapere cosa era successo a Qumran. Presi Katie appena poco prima di entrare nella zona di riposo. A volte, quando una persona é appena passata dall'altra parte, ha la capacità di vedere eventi futuri, se lo desiderano. Forse poteva provarci per me.

D: Dal vostro punto di vista si possono vedere molte cose che stanno per accadere. Sei rimasto legato alla comunità così a lungo. Mi chiedevo se sei in grado di vedere ciò che sta per accadere a Qumran?

K: Molti verranno uccisi durante l'invasione e il saccheggio dei Romani. Perché la sua necessità è passata.

D: Gli Esseni sanno che questo sta per accadere?

K: Sì, ed è loro scelta di rimanere. Il criptaggio della conoscenza ebbe inizio molte generazioni or sono. Gran parte della conoscenza è stata nascosta. Questa conoscenza non deve cadere nelle mani degli altri, fino a quando non è il momento di riportarla alla luce. Ci sarà in futuro il tempo di riscoprire quella conoscenza.

Ció ebbe luogo quando i rotoli vennero ritrovati in numerose grotte. Letteralmente 'riportati alla luce', come aveva detto che sarebbe successo. Ma che dire delle altre cose importanti che non sono state trovate? Come gli oggetti misteriosi che erano nella libreria: il planetario, il cannocchiale e il cristallo? Disse che probabilmente il planetario venne rimosso e nascosto, ma non ne era certo. Sapevo che anche qualora, qualcuno l'avesse mai ritrovato, non sarebbe stato in grado di sapere a cosa servisse. Sembrerebbe solo un mucchio d'aste e sfere di bronzo. Rimuoverlo deve essere stata una decisione difficile, perché sapevano che così facendo, nessuno sarebbe stato in grado di montarlo nuovamente. Ma probabilmente era meglio nasconderlo che vederlo cadere nelle mani dei Romani. Era uno degli oggetti che avevano giurato di proteggere fin dal momento in cui i Kaloo glielo diedero secoli prima. Tutte queste decisioni devono essere state molto difficili, sapevano che stavano giungendo alla fine di un'epoca, la chiusura di una porta. L'unica soluzione a cui potevano pensare era di nascondere gli oggetti di valore, nella speranza che forse in futuro, da qualche parte, qualcuno li avrebbe ritrovati e sarebbe stato in grado di capire perché fossero così preziosi per loro. Dovevano sapere che il tempo, gli elementi e i predoni ne avrebbero potuto approfittare. Quando chiesi del cristallo, il corpo di Katie improvvisamente sobbalzó. Non compresi questa reazione fisica, ma disse: "Non c'è piú! È stato spostato. Non è nella zona. Lo hanno messo su un'altra fonte di luce". In quel momento non ho pensato di chiedergli cosa volesse dire, ma ora mi chiedo se probabilmente fosse stato trasferito su un altro pianeta? Gli chiesi perché la domanda lo aveva disturbato. Fece una pausa, come se stesse ascoltando qualcuno.

K: Dicono che non è ancora il momento giusto per questo.
D: *Beh, vorrei avanzare un'ipotesi. Pensi che gli Osservatori potrebbero venire ad aiutarvi per portare via alcune cose?*
K: È possibile.
D: *Sì, questo potrebbe essere un modo di nascondere permanentemente questi oggetti. Ma se tutte queste cose spariranno, la gente del futuro non saprà mai veramente quanto fosse avanzata la comunità.*
K: Saranno accessibili quando il mondo sarà pronto ad ascoltare.
D: *Dopo la distruzione di Qumran, ci saranno sopravvissuti?*
K: Sì, ma se ne andranno altrove. Alcuni sopravviveranno con la conoscenza. Altri sopravviveranno solo con ricordi, risvegliabili nel momento del bisogno.

Mi chiedo se stesse parlando del tipo di ricordi che stavamo risvegliando ora con il nostro esperimento? Cambiai il tema delle mie domande nel tentativo di scoprire di piú sui mistoriosi Kaloo.

K: Sono quelli a cui stai pensando, provengono dal luogo che voi nel vostro tempo chiamate 'Atlantide'. Ma c'é un chiarimento da fare:

quando si parla di Atlantide, la gente non si rende conto che invece di essere un unico stato, c'erano molti governi e molti paesi in quel continente. I Kaloo non erano costituiti da tutte le genti. Erano solo una fazione.

D: Sai cosa gli è successo?

K: Ce ne sono ancora alcuni in vita sulla terra. Sono i guardiani di alcuni dei segreti che devono essere protetti. Custodiscono molti segreti. La loro conoscenza deve riemergere.

D: Cosa è successo al loro paese?

K: Si verificó un grande cataclisma perché non seguivano le leggi della natura. Ma coloro che conoscono le vie, sapevano che sarebbe accaduto e cercarono di proteggere la conoscenza affinché la scintilla del genere umano non si spengnesse.

D: La catastrofe fu un fenomeno naturale?

K: Era il grido straziante della natura, contro gli abusi degli uomini.

D: Mentre era vivo Suddi aveva parlato di una grande esplosione.

K: Ci fu un'esplosione, ma questo fu solo parte del tutto. Abusavano dell'equilibrio della natura. Quando si prende troppo dalla natura senza restituire si causa uno squilibrio, questo è quello che si verificó. Molti furono avvertiti in anticipo del disastro e lasciarono la zona. Alcuni fuggirono su veicoli volanti, altri via mare, nella speranza che almeno alcuni di loro sarebbero sopravvissuti.

D: Un cristallo era forse coinvolto in alcun modo nella distruzione finale? (Altri autori avevano suggerito questa possibilità e volevo controllare)

K: Sì, almeno uno. Ce ne erano diversi. La causa era il sovraccarico, l'uso improprio e la canalizzazione errata del potere. Tutto ció, doveva in fine tornare al punto d'origine. Per ogni azione c'è una reazione, questo è ció che non presero in considerazione.

D: Suddi mi aveva detto che c'era stata una guerra e che furono usati veicoli aerei.

K: Esatto, faceva parte della fine. Ma la guerra a cui lui fece riferimento... Non ebbe luogo.

Questo fu uno shock che non mi aspettavo. Mi fece venire la pelle d'oca. Quando stavo trascrivendo il nastro sulla guerra, mi mise totalmente a disagio. Le condizioni del mondo che Suddi descriveva erano troppo simili alle nostre. Sembrava così simile al detto "la storia si ripete", che mi mise in soggezione, e questa realizzazione rafforzó questa mia sensazione.

D: *Perché Suddi pensava che fosse già successo?*

K: Confusione di informazioni.

D: *Mi aveva detto che ricevevano informazioni a pezzetti. Parlava di aeromobili antiche.*

K: C'erano navi aeree un tempo, sì. Ma la guerra di cui parlava non ebbe luogo. Da un lato stava parlando delle navi da guerra antiche che esistetero, e dall'altro di una profezia su una potenziale guerra futura. Questo è quello che succede quando si dispone di informazioni frammentate. Coloro che pensano di essere in grado di conoscere e giudicare, spesso adattano le informazioni. Inseriscono le loro interpretazioni, e quindi devono avere ragione.

D: *Non so se ti è permesso darci questa informazione, ma puoi dirci quando avverrà la guerra?*

K: Molti non comprendono che la guerra di cui parlava la profezia non deve necessariamente accadere. Questa è una profezia, e le profezie possono essere modificate. Se un numero sufficiente di entità offrono la giusta energia, allora puó non accadere. Nulla è definito, finché non si è verificato.

D: *Disse che gli Osservatori potrebbero cercare di aiutare.*

K: Stanno cercando di aiutare, ma non possono fare il lavoro di migliaia di persone, con solo pochi scelti. Deve venire dal desiderio della gente di evitare questa catastrofe. Devono essere messi a conoscenza di ciò che potrebbe accadere. Devono sapere che cosa succederebbe se le profezie avessero luogo. Se viene presentatogli in modo corretto, almeno ne nutriranno i semi.

D: *Perché è così difficile ottenere informazioni da Suddi? Se è così importante, dovrebbe collaborare di più.*

K: Ogni entità ha la personalità di quel momento. Pertanto le abitudini e ciò che gli è stato inculcato, è tutto lì. Se ora qualcuno ti dicesse, così come sei, di fare qualcosa che é contro tutto ciò che ti é stato insegnato, tu non lo faresti. Pertanto, non aspettarti che lui ci riesca. Anche tu rimarresti delusa se la tua fiducia venisse abusata.

SEZIONE SECONDA

LA VITA DI GESÚ

Capitolo 17
Le Profezie

Ci sono molti modi in cui avrei potuto presentare questo materiale sulle regressioni. Gli eventi della vita di Cristo, erano effettivamente disseminati in varie sedute registrate durante i nostri tre mesi di lavoro. Avrei potuto lasciarli nel contesto e narrare la vita di Suddi in ordine cronologico. Ma ho pensato che la storia di Gesù sarebbe stata diluita dall'enorme quantità di materiale raccolto. Credo che la vita di Cristo sia troppo importante e che meriti una sezione a sé stante. Così ho deciso di raccogliere tutto questo materiale in una sezione. Avrebbe potuto essere un libro a parte, ma sarebbe stato privo della base che ho cercato d'introdurre. Volevo mostrare com'era la vita in quella comunità desolata e permettere al lettore di conoscere la personalità e la saggezza di uno degli Esseni. Così, con la vita di Gesù presentata in questo contesto, possiamo avere un'idea chiara dell'ambiente in cui aveva vissuto e studiato. Vedere alcune delle credenze e delle conoscenze a cui fu esposto durante gli anni più delicati. Solo in questo modo le parti mancanti della sua vita possono assumere una nuova luce e permetterci di vederlo come il grande uomo che fu.

Abbiamo già dimostrato, nei capitoli precedenti che alcune delle credenze e dei riti cristiani provengono direttamente dagli Esseni, in particolare il rito del Battesimo e il Passaggio della Coppa. Quando i Rotoli del Mar Morto vennero tradotti, questi due riti furono riconosciuti come parte della vita quotidiana degli Esseni. Molti scrittori hanno commentato questo argomento dopo aver studiato le traduzioni. La similitudine tra questi scritti e quello che Katie ricordó mi sorprese. Era qualcosa che non avrei mai sospettato, ero nuovamente stupefatta dalla precisione che dimostrava nel rivivere la vita di Suddi.

Ginsburg, nel suo libro, parla di come un Esseno avanzasse attraverso le diverse fasi di sviluppo all'interno della comunità, finché lui o lei non giungesse al livello più alto raggiungibile. "A quel punto diveniva il tempio dello Spirito Santo e poteva profetizzare." Sopra ogni cosa, il dono della profezia era considerato il più alto frutto di sapienza e di pietà. Successivamente raggiungeva quello stadio in cui era in grado di effettuare guarigioni miracolose, e resuscitare i morti."

Credo che questo passaggio lasci pochi dubbi circa l'origine delle abilità miracolose di Gesù. Questi studi probabilmente erano completati sotto l'insegnamento del Maestro dei Misteri. Suddi, avendo studiato quasi esclusivamente la Torah e la Legge, aveva una formazione minima in altri campi. Ma Gesù dovette imparare tutto da tutti i diversi maestri.

I rotoli sono ancor'oggi sotto studio, ma i rapporti cessarono immediatamente dopo l'inizio delle traduzioni. Perché? Che cosa avevano scoperto negli antichi scritti che non volevano far sapere al resto del mondo? Giunsero forse alle mie stesse conclusioni? Avevano forse paura che il mondo cristiano sarebbe stato sconvolto dalla scoperta che la loro religione non ebbe origine dal ministero di Gesù, ma nacque dagli insegnamenti di questi umili uomini e donne, che apparentemente dedicarono la loro vita ad amare il prossimo e preservare la conoscenza per le generazioni future? Non sono la prima a promuovere questa ideologia. Non ero sorpreso che molti altri scrittori giunsero alla stessa conclusione dopo aver esaminato le prove.

Uno dei primi fu Dean Prideaux, che scrisse "Vecchio e Nuovo Testamento collegati" nel 1600. Prideaux sosteneva che in molti, durante il suo tempo, avevano dedotto la connessione tra il cristianesimo e i documenti degli Esseni. Cristo e i suoi discepoli erano una ramificazione degli Esseni. Nel 1863, Graetz scrisse, nella sua seconda edizione del terzo volume della sua "Storia degli ebrei", che Gesù si era semplicemente appropriato dell'ideologia Essena, e che il cristianesimo primitivo non era altro che un ramo dell'Essenismo.

Vorrei citare ancora dal libro di Ginsburg del 1864: "Coloro che si dichiarano veri cristiani evangelici, sono molto ansiosi di distruggere ogni aspetto di affinità tra Essenismo e cristianesimo, per timore che si dica che l'uno diede origine all'altro."

Questa idea venne ripresa sempre più spesso, dagli scrittori dei libri sui Rotoli del Mar Morto, questa connessione è molto evidente e molto reale. Un'altro autore dichiara che la maggior parte dei teologi ne é a conoscenza e solo il laico rimane ignorante.

Nel numero di dicembre 1958 del "National Geographic", c'era un articolo di approfondimento sulla scoperta e sulle traduzioni dei Rotoli del Mar Morto. Cito: "esistono alcune sorprendenti analogie tra le credenze e le pratiche degli Esseni e quelle dei primi cristiani... Gli studiosi di tutte le fedi riconoscono questi paralleli. Questo sono fatti."

Eppure, tutto ciò che conosciamo di questo meraviglioso gruppo proviene solo dagli antichi scrittori e dagli scavi di Qumran. Spero che ció che ho scoperto possa aprire un'altra porta e lasci intravedere per la prima volta il loro stile di vita e le loro credenze. Un sguardo questo che è impossibile ottenere solo dalla vagliatura e datazione di resti e reperti rinvenuti nelle rovine silenziose di Qumran. Spero che gli scienziati useranno questo libro come strumento per capire questo popolo misterioso e il loro legame con Gesù. Forse alla fine quando l'intera storia sarà rivelata, allora Gesù emergerà ancor più meraviglioso e glorioso di prima. Ora peró lo possiamo apprezzare come un essere umano vero, visto attraverso gli occhi di uno dei suoi amorevoli insegnanti.

D: Hai detto che passi il tempo sulla definizione delle profezie. Puoi spiegarmi cosa volevi dire?

S: In tutta la Torah ci sono molte profezie. Più della metà sono dedicate alla sua nascita. Si dice che il Messia stia per arrivare. Noi dobbiamo conoscere il tempo, e dimostrare che lo sappiamo. Dobbiamo mantenere questa conoscenza in modo che in futuro possa essere condivisa con coloro che stanno accrescendo la loro comprensione. Stiamo studiando come... si dice che la casa in cui nascerà sia nota. Lui sarà della mia casa: la casa di Davide. E nascerà nella città di Davide, che è Betlemme. Si dice che lo disprezzeranno, perché viene da Nazareth, e nulla di buono esce da Nazareth.

D: *Perché? Cosa c'è di sbagliato in Nazareth?*

S: Un tempo c'erano solo taglia gole e fannulloni. Così si dice che nulla di buono esca da lì.

D: *Allora perché ritieni che verrà da lì?*

S: Questo é ció che dicono le profezie.

D: *Le vostre profezie dicono quando questo accadrà?*

S: Si dice che il tempo è giunto, avverrà molto presto.

D: *Nascerà o semplicemente apparirà?*

S: Dovrà nascere da una donna.

D: *Sai nulla dei suoi genitori?*

S: Si dice che la riconosceranno quando la vedranno.

D: *Che dire del padre?*

S: Solo che sarà della tribù di Davide.

D: *C'è nient'altro che puoi condividere con noi?*

S: Si dice che Elias dovrà anticiparlo per preparargli la strada.

D: *Cosa vuoi dire?*

S: Elias rinascerà per spianargli la strada. Per far sapere a coloro che stanno ascoltando che il Messia é qui tra noi.

D: *Sai in chi dovrà rinascere?*

S: Non lo so.

D: *E il Messia, sarà la reincarnazione di qualcun'altro?*

S: Si, é Mosé o Adamo, sono lo stesso.

D: *Puoi dirmi da quanto tempo la setta degli Esseni esiste? Da quanto tempo è stata formata?*

S: Si dice che i primi non fossero nemmeno ebrei, ma erano conosciuti come gli uomini di Ur. In antichità portarono la conoscenza di alcune profezie e del simbolo della croce.

D: *É questo uno dei simboli che gli Esseni usano?*

S: Sì.

D: *Che tipo di croce è? Ne ho viste di molti tipi e sono tutte di forma diversa.*

S: Ha due braccia corte, un cerchio per testa e poi scende verso il basso.

D: Alcune croci hanno tutte le braccia della stessa lunghezza.

S: Non questa (Sembrava un po' come l'ankh, il simbolo egizio della vita)

D: Cosa rappresenta simbolicamente?

S: É il simbolo della salvezza.

D: *Ci puoi spiegare perché?*

S: Si dice che verrà compreso quando le profezie avranno avuto luogo.

D: *La salvezza mi indica il salvataggio da qualcosa. Cosa o chi deve essere salvato?*

S: In qualche modo é tutto collegato con il destino del Messia, ma non sono sicuro come.

Capitolo 18
La Stella di Betlemme

Ci sono state molte discussioni e polemiche circa la stella di Betlemme. Molti pensano che non sia mai esistita, che sia semplicemente un mito o una leggenda. Altri pensano che potrebbe essere stata una rarissima congiunzione di stelle o pianeti. Una congiunzione si verifica quando due o più pianeti attraversando le rispettive orbite nel cielo appaiono, dal nostro punto di vista sulla Terra, come un'unica grande stella. Questo fenomeno si è verificato molte volte nel corso della storia, ma raramente della grandezza descritta nella Bibbia. Secondo Werner Keller come descritto nel suo libro "La Bibbia come Storia", molti esperti parlano di una congiunzione tra Saturno e Giove nella costellazione dei Pesci che ebbe luogo nel 7 A.C.. Anche i registri cinesi fanno riferimento ad una nova luminosa avvistata nel 6 A.C. (un improvviso scoppio di luce proveniente dall'esplosione di una lontana stella che impiegó milioni di anni luce a raggiungerci).

Ci sono anche antichi registri di comete luminose che apparvero in quel periodo nell'area del Mediterraneo: la cometa di Halley, per esempio, fu avvistata nel 12 A.C.. Molte, molte spiegazioni sono state teorizzate, perfino che la stella fosse in realtà una navicella aliena. A causa di molte imprecisioni nel sistema di datazione antico, é ormai un fatto assodato che Gesù non fosse nato nel 1 D.C., all'inizio del nostro calendario Cristiano. L'unica cosa certa in questa discussione è che nessuno sia sicuro di ciò che la stella di Betlemme fosse o quando in realtà apparve.

Certamente non pensavo a nulla di tutto ció ed era l'ultima cosa in cui mi aspettavo d'imbattermi mentre lavoravo con Katie. Questo episodio si era verificato durante la nostra prima sessione, quando avevamo appena incontrato Suddi e stavamo cercando di scoprire di più su chi fosse. Mi sento molto onorata che ci fu permesso di partecipare ad un evento così glorioso. Gli avevo solo chiesto di saltare avanti ad un giorno importante della sua vita. Si tratta di un comando di routine per evitare che il paziente s'impantani nelle banali, noiose, attività quotidiane. Spostandoli ad un giorno importante sono in grado di velocizzare la storia della loro vita. Ciò che è importante per una persona, non è necessariamente importante per un'altra e questo aggiunge validità al racconto.

Così, questa era l'ultima cosa che mi aspettavo, quando gli chiesi di passare ad un giorno che considerava importante e che cosa stesse facendo. Disse che era con suo padre e che stavano guardando le stelle. Nulla d'insolito a prima impressione, ma c'era qualcosa di diverso nella sua voce. Una emozione tranquilla, un senso di meraviglia e di stupore che mi fecero riconoscere il fatto che non fosse una notte qualsiasi.

Prese diversi respiri profondi e disse: "É l'inizio di ogni cosa. Essere in grado di vederlo con i miei stessi occhi é tutto ció che avrei potuto chiedere. Sapere che la profezia si sta avverando". Katie (come Suddi) strinse le mani di fronte a sé e il suo corpo si riempì di vita dall'entusiasmo. Suddi continuó: "Sta notte c'é l'unione dei quattro."

Il padre di Suddi (vedi capitolo 3) gli aveva detto che ci sarebbe stato un segno nel cielo all'arrivo del Messia. "Si dice che dai quattro angoli le stelle si uniranno e al loro incontro sarà il momento della sua nascita."

C'erano molti altri Esseni con Suddi e stavano guardando dal "punto d'attesa delle colline", probabilmente sopra Qumran. Riusciva a stento a contenere la sua eccitazione, "Mai nei mie sogni piú reconditi!" La sua voce era infusa di così tanto stupore che era quasi un sussurro. Gli ho chiesto di descrivere ciò che stava vedendo.

S: É come se i cieli si fossero aperti e tutta la luce stesse brillando su di noi. É come il sole di giorno! É così brillante! Stanno... si sono unite.

Unì i pollici e gli indici delle dita a formare un cerchio per mostrarmi come le stelle apparivano durante la congiunzione astrale. Era chiaro che stesse vedendo qualcosa di molto insolito. Il suo entusiasmo era contagioso e la sua voce mi diede la pelle d'oca. Questa era solo una delle tante volte in cui avrei voluto vedere ciò che vedeva, ma mi dovetti accontentare della descrizione di Suddi. Sembrava ci fossero quattro stelle che si stavano riunendo in un unico punto.

S: Si dice che quando si uniranno, in quel momento, Lui farà il suo primo respiro.
D: *Sai dove nascerà?*
S: A Betlemme. Secondo le profezie.
D: *Come stanno reagendo le altre persone che sono con voi?*

S: Sono tutti felicissimi. E... ognuno è fuori di sé. Sono tutti pieni di gioia e... dell'energia che ci circonda. É come se il mondo intero stesse trattenendo il respiro in attesa.

La sua voce vibrava dall'emozione. Non c'era alcun dubbio nella mia mente che stesse assistendo a qualcosa di estremamente fuori dal comune.

D: *Che cosa avete intenzione di fare? Avete intenzione di cercare di trovare il Messia?*

Presunsi che chiunque in quel momento, sapendo ciò che questo strano fenomeno astrale volesse dire, naturalmente avrebbe voluto andare a vederlo. Riuscire ad ottenere quella storia sarebbe stato davvero straordinario. Non sapevo in quel momento che in seguito avrei avuto molto tempo per conoscere il Messia.

S: Noi No. Sta a loro andare.
D: *Le profezie dicono forse chi lo troverà?*
S: Si dice che sarà trovato da altri che poi se ne dovranno andare.
D: *Quindi non avete intenzione di andare a Betlemme e vedere se lo riuscite a trovare?*
S: No, perché anni oscuri si stanno avvicinando. Dopo di che, Lui verrà da noi. Saremo preparati per accoglierLo.
D: *É stato profetizzato che verrà dalla tua gente?*
S: Sì, questo ci è noto.
D: *Lui studierà proprio con la tua gente?*
S: Non é tanto che lui imparerà da noi, quanto che verà risvegliato a ciò che ha dentro.
S: E voi avete la possibilità di contribuire a questo risveglio?
D: *Possiamo solo provare.*

Questa era la prima indicazione che Suddi avrebbe potuto darci informazioni dirette su Gesú. Avevo compreso a pieno il potenziale di questa connessione e intendevo perseguirla ovunque mi avrebbe portato. Stava facendo grandi respiri profondi mentre osservava le stelle che si avvicinavano. Gli chiesi se sapesse che periodo dell'anno fosse.

S: È l'inizio dell'anno. Il nuovo... anno é appena passato.

É interessante notare qui che potrebbe riferirsi a Rosh Hashanah (o Rosh shofar, come lo chiamava lui), l'inizio del Capodanno ebraico che ora si verifica in autunno. Gli esperti dicono che si verificarono tre congiunzioni nel 7 A.C. di Giove e Saturno e prendendo molte altre variabili in

considerazione, ritengono che la stella potrebbe essere stata frutto della congiunzione che si verificó il 3 Ottobre, il che sarebbe poco dopo l'inizio del loro Anno Nuovo. Naturalmente, quando facevo queste domande non avevo la minima idea che il loro calendario fosse diverso dal nostro, quindi gli chiesi se era durante la stagione che chiamiamo primavera. Egli rispose: "La stagione della crescita è in arrivo, sì. "

D: In che anno di Erode siete?
S: É il ventisettesimo, credo, io non...

Sembrava desiderare che smettessimo di parlare e lo lasciassimo solo. Era così coinvolto in quello che stava guardando che sembrava infastidito dalle mie domande. Dimostró la sua impazienza dicendo:"Tu non lo vedi?! È così... Bella!" C'era tanta emozione in quelle parole. Sembrava sorpreso che non potessimo vederla.

D: Avete intenzione di fare qualcosa in particolare quando le stelle si riuniranno?
S: Di guardare... e rendere omaggio a lui, perché è il nostro re.

Ci sarebbe voluto un po' di tempo, perché il moto delle stelle era ovviamente lento, così decisi di accelerare le cose e muoverlo avanti fino a quando le stelle erano in congiunzione e poi gli ho chiesto che cosa stesse facendo.

S: Stiamo lodando Yahweh per averci concesso di essere qui. E sappiamo che è il grande Ya (?) onore, vivere durante il tempo di tutte le profezie. Gli facciamo sapere che stiamo cercando di fare del nostro meglio per essere pronti. Perché questo è un grande onore che ci viene concesso. Anche se sappiamo di essere indegni, speriamo di riuscire a farci onore.

Le sue mani erano giunte, e queste parole sembravano una preghiera. Gli chiesi un'altra descrizione delle stelle, ora che erano tutte quattro congiunte.

S: C'è un fascio... è come una coda... Scende con tutta la luce. É come un raggio che cade direttamente dalla stella. Si dice che in questa luce, lui nascerà.

Suddi mi aveva detto che erano all'incirca ad una cinquantina di miglia da Betlemme, non potevano vedere il punto esatto in cui il fascio di luce toccó la terra.

D: É più luminoso, ora che sono tutte unite?
S: É come se la maggior parte della luce fosse concentrata. Così non è più diffusa, ma focalizzata in un punto preciso. Ha la stessa luminosità di una enorme luna piena.

Mi stavo preparando per fargli un'altra domanda, quando ho notato che le sue labbra si muovevano in silenzio, come se stesse pregando. Potevo quasi vedere Suddi in ginocchio, con le mani giunte verso la stella che pregava con un enorme devozione.

D: Puoi dirlo ad alta voce. Vorremmo condividere questo momento con voi.
S: No! (Con enfasi) Dovrei forse condividere la mia anima con gli altri? Condivido la mia anima con Yahweh.

Rimasi in silenzio per qualche istante in segno di rispetto e gli permisi di continuare fino a quando sembrava che avesse finito. Non lo spinsi perché andasse ad un'altra scena. Questo deve essere stato un momento così drammatico, volevo lasciargli assaporare ogni istante.

D: Anche Elias é già tornato?
S: Anche lui é nato, giusto un paio di mesi fa. Conosciamo suo padre, perché è uno di noi.

Così anche questa profezia si era realizzata. Ci sono molti riferimenti a questa profezia nel Nuovo Testamento. Infatti la gente del tempo accettava il fatto che Giovanni Battista fosse la reincarnazione di Elias. Quando Gesù stava parlando di Giovanni alle folle: (Matteo 11: 10,14) "Questi è colui del quale sta scritto: Ecco, io mando il mio messaggero difronte a voi, che preparerà la via davanti a voi tutti... E se volete comprendere, egli è Elias, che doveva venire".

Quando l'angelo stava dicendo a Zaccaria che avrebbe avuto un figlio di nome Giovanni, che vediamo in Luca 1,17: "Ed egli andrà prima di lui con lo spirito e la forza di Elia, per ricondurre i cuori dei padri verso i figli, e riportare i ribelli alla saggezza dei giusti, per preparare un popolo pronto per il Signore".

D: *Questo deve essere un momento molto emozionante. Ti ringrazzio profondamente per averlo condiviso con noi. Vedere qualcosa di così bello è un evento che accade una sola volta nella vita.*

S: Più di una volta nella vita, è una volta in un'eternità.

D: *É verissimo. Inoltre é qualcosa che non ci sarebbe permesso di condividere, se non avessimo parlato con te.*

Fu un'esperienza così profonda, sono sicura che Katie sicuramente se ne porterà dietro il ricordo per sempre. Quando la riportai al presente per svegliarla, ero un po' triste perché non ricordava nulla di ciò che aveva visto Suddi. Durante la seduta, ero molto tentata di suggerire che questa memoria restasse con lei. Ma avevamo deciso all'inizio del nostro lavoro insieme che sarebbe stato opportuno lasciare queste esperienze nel passato a cui appartenevano. Chiunque può immaginare quanta confusione potrebbe scaturire nella vita quotidiana, portarsi dietro i ricordi coscienti di tante vite passate? Penso che sarebbe estremamente difficile completare le attività di tutti i giorni. C'erano momenti in cui Katie diceva di ricordarsi scorci fugaci di scene passate. Ma erano simili a frammenti evanescenti di sogni che tutti noi sperimentiamo al risveglio dopo una notte di sonno.

Capitolo 19
I Magi e il Bambino

Stavamo procedendo nella vita di Suddi ed eravamo ad un momento in cui era in visita ai suoi cugini di Nazareth. Era seduto in piazza a guardare i bambini che giocavano nella fontana. Ho voluto interrogarlo ulteriormente a proposito del fenomeno della Stella di Betlemme, nella speranza di capire meglio. Sperando anche di ottenere ulteriori informazioni sulla nascita di Gesú.

D: *Prima, quando stavamo parlando, hai detto che conosci tutte le profezie della venuta del Messia, e che lo stavi cercando. Perchè il Messia è così importante?*

S: É importante perché è lui che porterà la luce nel mondo. Dispenserà speranza a coloro che ne sono privi e ci mostrerà come ottenere le nostre anime.

D: *Quindi sarà una persona molto speciale.*

S: Lui è una persona molto speciale, anche se è solo un bambino.

D: *L'hai visto?*

S: Una volta, quando i suoi genitori vennero da noi, in cerca di aiuto. Sapevano dei piani di Erode e dovetero scappare. Rimasero nascosti con noi per molti giorni, mentre raccoglievano le loro cose per fare il viaggio in sicurezza.

D: *Sai qual'era il piano di Erode?*

S: Uccidere tutti i bambini nati in un arco di due anni. Perché gli hanno detto che il Messia era nato e lui ha pensato che in questo modo lo avrebbe catturato nella sua rete e si sarebbe sbarazzato di questa preoccupazione.

D: *Come ha fatto Erode a sapere che il Messia era nato?*

S: Quando vennero i Magi si fermarono a palazzo. Pensavano, erroneamente, che trattandosi di un re, sicuramente sarebbe nato nel palazzo reale. Ne parlarono ad Erode e grazie a loro, egli venne a sapere che il Messia era nato e che lo avrebbero chiamato Re dei Giudei. Questo, Erode non poteva sopportarlo. Perciò, quando i Magi se ne andarono, ordinò che questo editto venisse eseguito. Perché se il re dei Giudei era appena nato, allora lui che era conosciuto come il re dei Giudei, non sarebbe più stato il re dei Giudei.

D: *Immagino che se i Magi l'avessero saputo, probabilmente non sarebbero andati a palazzo.*

S: (Sospirando) Era il loro destino. Perchè non era forse scritto che questo si sarebbe verificato? Era stato scritto molti, molti anni fa, e quindi tutti ne erano a conoscenza e riuscirono a prepararsi. Stavano solo seguendo il loro destino, come dobbiamo fare tutti.

D: *Alcuni ritengono che quando i Magi giunsero da Erode, il Messia era già nato da molto tempo.*

S: No, perché quando i Magi visitarono il Messia, lui era ancora nel luogo della sua nascita. Non se ne era ancora andato.

D: *Sai quanti erano i Magi?*

S: Erano in tre. Erano uomini di Ur.

D: *Non è forse una città in Babilonia?*

S: Barchavia (fonetico). Questo è un altro nome, come dici tu, di Babilonia. Ur è più un popolo che un paese o un luogo. Sono di Ur. Questa è la loro discendenza.

D: *Capisco! Ho sentito tante storie diverse. Se tu fossi lì, sapresti la verità.*

S: Io non ero con loro quando parlavano ad Erode. Ma ne ho sentito parlare, e so che è vero.

D: *Come facevano i Magi a sapere che era ora di andare?*

S: Era stato predetto nei cieli. Era la congiunzione dei pianeti e delle stelle, e usarono questo fenomeno come guida. Videro la stella e seppero seguirla.

D: *Una volta, quando stavamo parlando, mi hai confidato di aver visto la stella durante la notte della nascita del Messia.*

S: (Emotivamente) Sì.

D: *Pensi che i Magi videro la stessa stella?*

S: Tutti hanno visto la stessa stella!

D: *Cercai di scoprire, se possibile, quali corpi celesti erano coinvolti nella formazione della Stella di Betlemme. Pensavo che potesse conoscere i nomi dei vari pianeti.*

S: Hanno nomi diversi, e le diverse... (cercava la parola giusta) costellazioni hanno nomi. Vengono chiamate in questo modo piuttosto che secondo il nome delle stelle. Si dice che ognuna delle stelle della congiunzione astrale abbia un nome, ma io non li so. Questo non è il mio campo di studio.

D: *Erano stelle che si trovano normalmente nel cielo?*

S: Sì. Era solo una congiunzione. Le loro orbite nel cielo si incrociarono, per così dire.

D: Alcuni ritengono che potrebbe essere stata una strana stella che non si era mai vista prima nel cielo (in riferimento alla possibile nova.)

S: Non fu un fenomeno creato in quella circonstanza, no. In molti cercano di spiegare questo fenomeno in modi diversi. Cercarono di dire che era un avvertimento degli dei circa la caduta di Roma. Che era una cometa. Si dice che c'erano punti dove i cieli si aprirono e la luce iniziò a brillare. Ci sono molte spiegazioni. Ma era Dio che mostrava l'arrivo di suo figlio, e ci dava l'opportunità di sapere della sua nascita. Molte persone dicono che queste cose sono impossibili, o che nulla é impossibile senza la fede. Ma quando uno crede, ogni cosa é possibile. Io non posso dubitare, perché l'ho visto con i miei occhi. Quello che so è che, durante la congiunzione, la luce era abbastanza forte da creare ombre. Per un breve tempo era così forte che non si poteva guardare direttamente. É qualcosa che a memoria d'uomo non era assolutamente mai accaduta prima. Chi sono io per giudicare le vie del Signore? I Magi, si dice che ce n'era forse un quarto. Ognuno di loro seguì una delle stelle, e si incontrarono durante la congiunzione.

D: Vuoi dire che non si incontrarono fino a che non erano nella zona di Betlemme?

S: O per lo meno a breve distanza di viaggio. I Magi s'incontrarono quasi quando le stelle si riunirono. Tutti provenienti da una delle quattro direzioni. Tuttavia sembra che uno di loro non ce la fece, perché ce n'era uno per ogni stella.

D: Si sa cosa potrebbe essere successo al quarto?

S: Se gli altri lo sanno, io purtroppo no.

D: Ritengono che provenissero da quattro paesi diversi?

S: Si può dire che vennero da terre molto lontane, sì, da quattro punti d'origine diversi.

D: Sapete da quali paesi?

S: Non saprei, no.

D: La gente disse che se i Magi avessero visto la stella da paesi lontani, sarebbe stato molto difficile che avessero visto la stessa stella. Inoltre al momento del loro arrivo a Betlemme la stella sarebbe già sparita. Questo era uno degli argomenti di discussione. Se la stella fosse stata un'unica luce, non avrebbero potuto vederla a causa della curvatura della terra.

S: Questo è vero. I racconti si allungano con ogni ripetizione. Sapevano che cosa si sarebbe verificato, quindi seguirono le stelle che stavano avvicinan-dosi alla congiunnzione. Per centinaia e centinaia d'anni scrutarono i cieli in attesa di questo evento. Quando le stelle divennero una, in quel momento viddero... Ovunque.

D: Anche i Magi dovevano conoscere le profezie, o per lo meno sapere come leggere le stelle.

S: Si dice che gli uomini di Ur ci diedero molte delle nostre profezie. Ci hanno anche dato Abramo.

La congiunzione stellare era estremamente luminosa quella notte, e si poteva vedere nel cielo per quasi tutto il mese successivo, ma la luce non si poteva vedere durante il giorno.

S: Era focalizzata solo per una notte. Era... Come fare a spiegarti? La luce non era proprio la stessa. Era come se, dopo la congiunzione astrale, stessero lentamente tornando sulla loro orbita, e quindi erano meno brillanti. Si, ci volle circa un mese perché la luce scomparisse totalmente.

La gente spesso chiede perché Erode diede l'ordine di uccidere tutti i bambini maschi sotto i due anni. Alcuni dicono che questa è la prova che i Magi impiegarono molto tempo per arrivare a Betlemme dai loro paesi. Ma secondo la versione di Suddi, non poteva essere vero. Lui disse che i Magi trovarono il Bimbo mentre era ancora in fasce nel luogo della sua nascita. Mi rendo conto che la Bibbia si presta a molte interpretazioni, ma credo che Erode aspettò a lungo il ritorno dei Magi con informazioni circa la locazione del bambino. Poi probabilmente mandò i suoi soldati a cercarli. Tutto questo avrebbe richiesto tempo. Quando scoprì che i Magi avevano lasciato il paese, con rabbia proclamò che tutti i nati nell'arco di due anni dovessero essere inclusi, in modo che il bambino non avrebbe potuto 'sfuggire alla sua rete'.

D: Come si chiama il Messia?
S: (Esitò) Noi non lo chiamiamo.
D: Egli non ha ancora nessun nome?
S: Lui ha un nome, ma solo citarlo sarebbe nominare la sua morte, e deve essere protetto.

Questo è stato inaspettato. Apparentemente se si sapesse il suo nome, qualcuno potrebbe riferirlo ad Erode o ai suoi soldati, e saprebbero chi cercare. Sembrava che Erode si sentisse sicuro di averlo ucciso con la sua strage dei neonati e non avesse più bisogno di preoccuparsi di lui. Ma gli Esseni pensavano che dovesse rimanere anonimo, finché non fosse arrivato il momento di rivelare la sua identità. Questa precauzione potrebbe presentare problemi per la mia raccolta di informazioni. Gli chiesi se avesse sentito qualche storia sulla sua nascita, sperando di ottenere una versione simile a quella della Bibbia.

S: Conosciamo la storia della sua nascita. Nacque a Betlemme, questo è tutto ciò che è necessario sapere. Questo adempie la profezia. In futuro adempierà ad un'altra profezia che lo renderà noto e perfino un oggetto di incredulità. Ma dire troppo sarebbe sciocco.

Lui stava apparentemente facendo riferimento alla profezia di cui aveva già parlato in precedenza che niente di buono uscirebbe mai da Nazareth. Spinsi ancora per qualche altra informazione, pensando che potesse aver sentito parlare dell'immacolata concezione. Sicuramente non avrebbe messo in pericolo il Messia, se mi avesse dato qualche altro dettaglio legato alla sua nascita.

S: Nacque in una grotta, se questo è considerato insolito.

Questo sembrava strano, ma ci sono molti riferimenti in "I libri perduti della Bibbia" dove il luogo di nascita di Gesù era descritto come una grotta. L'antica chiesa della Natività a Betlemme è costruita sopra la grotta sacra che è riconosciuta come il presunto luogo della nascita. In quel tempo le grotte venivano utilizzate anche come stalle.

S: Ci sono molte storie sulla sua nascita. Ce ne saranno molte di più nei giorni a venire. Ma questo diverrà noto in un periodo successivo. Sapere dove è nato esattamente, sarebbe come dichiarare chi sono i suoi genitori. Le persone sono rintracciabili. Si possono cacciare e se si sa abbastanza su di loro, si possono trovare.

Ovviamente, questo aveva senso. Stavo ancora spingendo quando assumevo che se fossero andati dagli Esseni per nascondersi, allora probabilmente non erano più nemmeno nel paese. La cosa più sicura da fare sembrava essere quella di lasciare il luogo della sua nascita. Ma lui come un pappagallo reiteró la mia osservazione, "Sì, sarebbe la cosa più sicura." Quindi, era ovvio che non avevo intenzione di fargli rivelare nessun nome. Forse la prossima cosa da chiedere dovrebbe essere una descrizione dei suoi genitori.

S: Sua madre era una bambina. Aveva forse sedici anni, non di più. Con tale bellezza e tranquillità, era meravigliosa. Il padre era più anziano, un uomo molto pio. Amava molto sua moglie: si vedeva a primo colpo d'occhio. Erano stati insieme tante volte, in altre vite.

D: *C'era qualcosa di insolito nel bambino?*

S: (La sua voce era piena d'adorazione) I suoi begli occhi. E il fatto che fosse il bambino più calmo. Ti guardava ed era come se conoscesse tutti i segreti dell'universo e tutta la gloria in esso.

D: Allora era diverso da un bambino normale?

S: Come faccio a saper qualcosa dei bambini normali? (Un'ovvia risposta visto che Suddi era celibe) Tutti gridano, piangono e hanno bisogno di essere cambiati. Che cosa si può dire? Era come se guardasse tutto... per imparare, per assorbire e sperimentare tutto in una volta.

Pensavo che se Suddi lo avesse visto, sarebbe stata una tale esperienza che avrebbe ricordato ogni dettaglio.

D: *Mi dicevi che aveva degli occhi stupendi. Di che colore erano?*

S: Non era mai lo stesso. Uno sguardo ed erano grigi, e poi blu o forse verdi. Non eri mai sicuro.

D: *Di che colore erano i suo capelli, se ne aveva?*

S: Quelli che aveva erano rosso chiaro, un rosso molto sabbioso.

Questa era una risposta strana che non concorda con l'immagine che le persone hanno solitamente di Gesù Bambino. Assumiamo sempre che lui fosse moro o almeno dai capelli bruni. Tuttavia, questa descrizione era in linea con quelle fornite da Taylor Caldwell nel libro di Jess Steam, "Search for a Soul" e con gli scritti di Edgar Cayce su Gesù.

Quando il Messia andó dagli Esseni in cerca di protezione era solo un bebè, ma Suddi sapeva che era destinato a rivederlo. Questo era un altro segnale positivo che avremmo potuto ottenere più informazioni sulla sua storia. Cambiai tattica e decisi di chiedere di Giovanni Battista. Forse non sarebbe stato così protettivo e avrei potuto ottenere più informazioni girandoci intorno.

D: Mi hai detto della profezia di Elias, del suo ritorno e della sua rinascita pochi mesi prima del Messia. Avevi anche detto che conoscevate suo padre, perché era uno di voi. (Annuiva) Ho sentito dire che suo padre era un prete, ma non so di quale religione.

S: Ci sono sempre le religioni dei romani, ma si dice che i romani credono in quello che è più conveniente. Era un sacerdote di Dio. Non c'è altra religione diversa da questo. Non era un rabbino, serviva nel tempio.

Ero inconsapevole che ci fosse una differenza tra il tempio e la sinagoga. La Bibbia fa riferimento ad entrambi, ma non spiega che potrebbero essere posti diversi con funzioni diverse. Avevo sempre pensato che fecero riferimento allo stesso posto. Questo argomento è trattato nel capitolo 5, quando Suddi spiega la differenza.

D: Puoi dirmi cos'è successo a quel bambino?
S: Il bambino e sua madre sono qui con noi. É in pericolo, perché anche lui é nella stessa categoria di quelli che Erode vuole uccidere. Il padre venne ucciso. Purtroppo questo editto ebbe luogo subito dopo il censimento, quindi, conoscevano tutti i neonati. Quando andarono a casa sua a chiedere:"Dov'è tuo figlio? "Lui disse loro: Io non lo so", e loro non gli credettero.
D: Il bambino era là?
S: No. La madre è molto infelice, perché ritiene che avrebbe dovuto essere più forte col marito, assicurarsi che fosse venuto anche lui. Ma lui le parlò e le disse di no, che era vecchio e sarebbe morto servendo Dio. Questo era il suo desiderio.
D: Sapeva dove fosse andata?
S: Sapeva da chi, non sapeva dove.
D: Probabilmente non l'avrebbe detto in ogni caso.
S: No, sarebbe morto, e così fu.

Presumevo che la verifica o la negazione dei racconti di Suddi spettasse alla Bibbia, dal momento che è la raccolta più completa che abbiamo della vita di Cristo. Tuttavia, rimasi scioccata di trovare così tante lacune e storie incomplete nei racconti biblici. Un esempio lampante era la storia di Zaccaria. Nella Bibbia, egli è padre di Giovanni, ma la storia del suo destino non viene narrata. Trovai la storia del suo assassinio fedelmente riportata in "The Acquarian

Gospel of Jesus the Christ" e uno dei libri apocrifi perduti della Bibbia noto come "The Protevangelion", presumibilmente scritto da Giacomo. Quando lessi in questi libri che Elisabetta aveva preso il bambino ed era fuggita verso le colline, era come se la fatidica "lampadina" si fosse accesa nella mia mente. "Certo che se ne era andata sulle colline", pensai. "Quale donna con un bambino se ne andrebbe a spasso nel deserto? Sapeva dove stava andando fin dall'inizio. Era diretta alla comunità essena sulle colline, dove sarebbe stata al sicuro". É assolutamente incredibile come la storia che Katie ci offrì mentre era in trance profonda, si ricollegava ad altre storie che venivano lasciate in sospeso nella Bibbia. Finora Suddi non aveva fatto alcun nome, tranne che questo bambino era la reincarnazione di Elias. Gli chiesi se conoscesse il nome del padre. Gli dissi che lo volevo sapere perché lo ritenevo un uomo molto coraggioso.

S: Non é ancora il momento giusto per parlarne. Non era forse anche lui un bambino in pericolo? Pertanto, nominare il padre è nominare il figlio!

Un muro di paura e segretezza si ergeva ogni volta che arrivavo troppo vicina ad argomenti proibiti. C'erano molte cose che si sentiva costretto a proteggere. Dovevo trovare il modo di convincerlo a rilasciare informazioni. Questo atteggiamento difensivo era profondamente radicato, come abbiamo visto nei capitoli precedenti. Ma ora era quasi ossessionato dall'idea di dover proteggere il Messia e Giovanni da ogni pericolo.

D: *Ma non sono più bambini, vero?*
S: Sono bambini. Hanno solo pochi anni.
D: *Hai detto che questo bambino (Giovanni) è con voi. Sembra essere diverso dagli altri bambini?*
S: (Sorridendo) É feroce come un leone. Lui è forte e fa sapere a tutti esattamente cosa sta pensando. Non devono essere d'accordo, ma si assicura che sappiano qual'é il suo punto di vista.
D: *(Risi) È birichino?*
S: No, è un bravo figliolo. Assomiglia molto a suo cugino (Gesù). Solo, lui è più emotivo e più forte come suo padre. Mentre suo cugino é piú calmo e perspicace.
D: *Ha lo stesso colore di capelli?*
S: Il suoi sono sicuramente molto, molto rossi. Risplendono come fuoco sulla sua testa.

D: Molte persone pensano che gli abitanti del vostro paese siano principalmente dalla pelle scura e con i capelli neri.

S: Quelli che ti hanno detto questo forse hanno solo incontrato individui del Sud o da un'altra zona. Ma chi vive qui, (a Nazareth) per la maggior parte ha pelle, capelli e occhi chiari. Ci sono molti matrimoni con la gente del Sud, pertanto, si sta perdendo sempre più. Ci sono sempre meno bambini che nascono con i capelli rossi o gialli e sempre più marroni o neri.

D: Beh, sai, se ci sono altre profezie concernenti la vita futura di questo bambino, il Messia?

S: Si dice che diffonderà la parola e prenderà la sofferenza del mondo sulle sue spalle. E attraverso la sua sofferenza verremo salvati.

Abbiamo sentito questo termine, 'saremo salvati', per tutta la vita. Ma mi sono sempre chiesta cosa realmente significasse, e in particolare cosa significasse ai tempi di Suddi. Da cosa dovremmo essere salvati?

S: Da noi stessi. Dal modo in cui siamo ora, nel mondo in cui ci troviamo. Per esempio, si deve sempre arrancare, per salir su per la scala, per così dire. Mentre, per intercessione divina e chiedendo assistenza o benedizioni, possiamo risalire la scala più facilmente. Non mi sto spiegando molto bene. Mio padre lo spiega molto meglio.

D: Beh, con salire su per la scala, intendi la reincarnazione, la rinascita?

S: Sì, la rinascita. Il raggiungere la perfezione dell'anima. Perché si dice che un uomo deve nascere ancora. Questo è in alcune delle profezie.

D: Al fine di raggiungere la perfezione?

S: Per raggiungere il paradiso.

D: Permettimi di dire una cosa che ho sentito e poi mi puoi dire quello che pensi. Alcune persone ritengono che quando sei salvo, significa che sei salvo dai tuoi i peccati e non andrai all'inferno.

S: (Interrompendo) Non c'è nessun inferno, se non quello che ci si crea da soli. L'immagine che tu proietti, é quella che tu vedrai. Bisogna sempre riconoscere questo. La sofferenza che proviamo, per la maggior parte, è qui. In questo modo quando si muore, la sofferenza che sperimentiamo si manifesta secondo il nostro bisogno o desiderio di soffrire. Perché Dio, che crea tutte le cose perfette, creerebbe qualcosa di così orribile per sé stesso? Per me non ha senso.

D: *Dicono che lui ti invierà all'inferno per punirti.*

S: Nessuno ti punisce se non te stesso! Tu sei il giudice di te stesso. Non si dice forse: "Non giudicare gli altri, o tu stesso sarai giudicato?" Dice, non giudicare gli altri, non dice giudica te stesso. Tu sei il tuo stesso giudice (sembrava essere molto convinto di tutto questo).

D: *Io ho sempre creduto che Dio è buono e amorevole. Lui non fa cose del genere, ma gli altri non sono d'accordo con me.*

St Mary's Well in Nazareth

Il pozzo di Santa Maria a Nazareth

Capitolo 20
Gesuù e Giovanni: Due Studenti a Qumran

Durante un'altra seduta incontrai Suddi mentre stava insegnando. Ancora una volta, non sembrava una situazione insolita. Ma la sua esitazione a rispondere mi permise di dedurre che qualcosa di speciale stava accadendo. C'era il solito sottofondo di segretezza che era presente tante altre volte. Mi chiedevo sempre come aggirare questo meccanismo automatico di sicurezza. Ammise solo che era con due studenti, e dalle sue risposte accuratamente formulate intuii chi potevano essere i due studenti. Dovevo procedere con cautela per ricevere risposte, così gli chiesi cosa stesse loro insegnando.

S: Io insegno la Legge. (Fece una pausa e sorrise teneramente) Mi sembra così strano, come posso insegnare la Legge a qualcuno che la conosce meglio di me? (Fece un sorriso gentile).
D: *Stai parlando dei tuoi studenti?*
S: Sto parlando di uno di loro, sì.

Ora ero certa di sapere a chi stesse insegnando. Ma come farglielo ammettere?

S: Sono entrambi molto intelligenti. Uno ha più un temperamento di fuoco, e l'altro semplicemente si siede lì e ti guarda. A volte ti senti così incredibilmente stupido quado lui esprime un'opinione, è esattamente come se riuscissi a capire tutto per la prima volta. Inizi a vedere le cose in una nuova luce e con nuovi occhi.

Gli dissi che ero sorpresa, perché mi chiedevo cosa potrebbe insegnare un bambino ad un maestro.

S: Un bambino può insegnare a molti adulti molte cose. Come essere aperti, come amare gli altri senza considerare ció che potrebbero ottenere da loro.

Gli chiesi di farmi un esempio di qualcosa che lui gli avesse mostrato e Suddi mi diede il seguente esempio.

S: Lui è molto attento. Osserva tutto come se stesse imparando da ogni cosa. Disse che quando una pianta sta crescendo, sa quando stendere nuovi rami, sa quando fiorire e quando rilasciare i semi. E sa quando fare tutte queste cose senza alcuna guida apparente. Sembra che sappia queste cose, per così dire, dal nulla. Quindi, fondamentalmente ogni uomo puó conoscere dal nulla, proprio come fanno le piante con le cose più semplici. Poiché l'uomo è una creatura più avanzata, puó conoscere cose più avanzate dal nulla, e usare queste cose per guidare la sua vita e le sue azioni. Non saprei ripetere le stesse parole nel modo in cui le ha dette lui. Ha molta diplomazia nel parlare.

D: *Sono queste le cose che ti ha detto a cui non avevi pensato da soli?*

S: Non necessariamente, non c'avevo pensato. Ma piuttosto è come un soffio di primavera che ripulisce la polvere e le ragnatele in modo da poter vedere chiaramente. Probabilmente per la prima volta.

D: *Dev'essere un bambino straordinario. I tuoi studenti sono molto vecchi?*

S: Non hanno nemmeno celebrato il Barmitzvah, hanno dodici anni e mezzo.

Dal momento che non conoscevo i costumi ebraici, pensavo che il Barmitzvah fosse celebrato quando i ragazzi raggiungevano l'età di dodici anni, ma Suddi mi corresse dicendo che era a tredici anni. Volevo un po' più d'informazioni su ciò che gli insegnava. Con "la legge". voleva dire la Torah?

S: Fa parte della Torah, ma la legge sono le direttive che ci ha dato Mosè. Le cose che dobbiamo vivere quotidianamente, al fine di essere considerati santi e sulla retta via. Queste sono le linee guida, per così dire. É solo una parte della Torah. È solo una delle sezioni.

D: *Mi puoi dire, brevemente, alcune delle leggi piú importanti?*

S: Ci sono tutte le regole alimentari. Ci sono le leggi della... ovviamente i Comandamenti. L'onora il padre e la madre, e santifica il giorno del sabato, e non commettere adulterio o peccare, o rubare o esser perso in lussuria o di una di queste. Fanno tutte parte della legge. Come si devono trattare quelli che lavorano con voi. Come si deve affrontare... Per esempio, la morte del marito; sua moglie sarebbe diventata la moglie di chi? Ci sono queste leggi. Tutto ciò che riguarda le attività quotidiane è nella legge. Poi c'è la legge che va... Per quanto tempo é permesso avere uno schiavo come parte dei propri possedimenti. Le leggi sugli schiavi, sugli uomini liberi e tutte queste cose inutili.

D: Che cosa vuoi dire, con "cose inutile"?

S: Se non ci sono schiavi, perché dovrebbero esserci leggi su di loro?

É vero, non c'erano schiavi a Qumran. Ma Suddi disse che anche s'era inutile, faceva parte della tradizione imparare queste cose. Naturalmente, sarebbero importanti da conoscere per chi viveva al di fuori delle mura. Gli chiesi di spiegare la legge dello schiavo e dell'uomo libero.

S: Ebbene, dopo sette anni un ebreo non è più schiavo. Sei tenuto per legge a renderlo un uomo libero. A meno che non si verifichino determinate circostanze. Ci sono differenze in questi casi, ma sono minime. È molto complicato e difficile da capire, ma questa è la base.

D: Le leggi essene sono diverse dalla Torah?

S: Tu non considerarle leggi essene, sono leggi di natura. La legge della manifestazione dice: desiderare e poi sapere che il desiderio verrà soddisfatto, e che anche la necessità deve essere soddisfatta. Queste leggi sono le leggi fondamentali della natura. Gli parlo anche di questo, ma ci sono altri che glielo insegnano. Come utilizzare ogni parte di se stessi, per raggiungere lo scopo della propria vita. Qual'é l'obiettivo finale, così che si possa diventare soddisfatti della propria vita.

D: Queste credenze essene non si trovano nella Torah?

S: Non è che non ci siano. Le leggi ci sono per gli occhi di tutti. É solo che non gli viene data nessuna attenzione.

D: Beh, per molte persone sono solo parole che non capiscono.

S: Ma queste sono le parole del Signore nostro Dio. Voglio dire, sono sante, devono... È al di là della mia comprensione come gli uomini, e ce ne sono tanti, continuino giorno per giorno a negare l'esistenza di Dio. Provo molta tristezza per questi individui, perché passano la vita piú ciechi di coloro che sono nati senza occhi. Perché hanno chiuso gli occhi della loro anima.

Pensai di riprovare ad ottenere i nomi degli studenti. Esitò ma alla fine rispose, "C'é il giovane Bengiuseppe e poi c'è Benzaccaria." Finalmente! Non si era reso conto che lo avevo raggirato. Non poteva dirmi i nomi del Messia e del Battista, ma era in grado di rivelare i nomi dei suoi allievi. Non pensava che sarei stata in grado di associarli. Non era in grado di capire che questi nomi erano a sufficienza perché potessi identificarli. Infatti 'Ben' di fronte a un nome significa 'figlio di', e i nomi Giuseppe e Zaccaria confermavano che stesse parlando di Gesù e Giovanni. Non aveva modo di sapere che conoscessi i nomi dei loro padri, e che sarei stata in grado di mettere insieme due più due. Ora avevo nomi da utilizzare che potevano eludere le sue barriere di sicurezza. Poteva parlare liberamente dei suoi studenti senza rendersi conto che stava entrando in una zona tabú. Disse che questi erano i nomi dei loro padri. Avevano due nomi: "Questo è il loro secondo nome, come dite voi. Ma si rifiutava ancora di dirmi i loro nomi di battesimo. Tuttavia ero soddisfatta, non si rese conto che mi aveva già detto abbastanza.

D: *É tanto che questi giovani studiano con te?*
S: Su per giú da quando avevano otto anni. Quindi circa 4 o 5 anni.

Ora sapevo di potergli fare domande su Bengiuseppe e lui avrebbe risposto, senza sapere che ero a conoscenza che Bengiuseppe e il Messia fossero la stessa persona. Questo metodo si dimostró molto efficace.

D: *Dove viveva Bengiuseppe prima di venire da voi?*
S: Per un po' soggiornò in Egitto, e lontano da lì, per imparare.
D: *Alcune persone dicono che un bambino non può pensare ed imparare nulla quand'é così piccolo.*
S: Questo perché non sono trattati come se fossero intelligenti, quindi non hanno bisogno di dimostrare d'esser in grado di pensare e di assimilare. Si dice che i primi sette anni di un bambino sono ciò che sarà da uomo. Lui è uno studente molto raro. Quindi, sì, direi che gli hanno insegnato. Si dice che andó con suo cugino a vedere molti luoghi lontani. Ma non so, non gli ho fatto nessuna domanda a proposito. Non sento che sia una mia responsabilità
D: *Sai che cugino era quello?*
S: É uno dei cugini di sua madre. Non sono sicuro, credo che sia un suo cugino. Anche lui si chiama Giuseppe.

Mi sorprese che la madre gli permisse di andare così lontano, ma Suddi disse che anche lei andó con loro in quei viaggi.

D: Sua madre vive con voi ora?

S: No, vivono nella loro casa. Hanno vissuto con noi nella comunità una sola volta, ma hanno altri figli di cui prendersi cura. Ci sono molte cose da fare per vivere giorno per giorno. Erano sicuri che a Lui avrebbe giovato molto assimilare la nostra conoscenza ed i nostri insegnamenti. Vengono qui in visita di frequente. E lui va a casa altrettanto frequentemente. Vivono a Nazareth. Si tratta di un viaggio di pochi giorni. Forse una volta al mese vengono a vederlo e poi lui va a veder loro. Quindi sono sempre in contatto.

D: La legge è l'unica cosa che insegni a questi ragazzi?

S: Sì, ma studiano con tutti gli insegnanti. Imparano la matematica, lo studio delle stelle, lo studio delle profezie, i misteri. Tutto ciò che possiamo insegnargli.

D: Pensi che siano buoni studenti?

S: Sì, direi proprio che lo sono.

Ogni volta che parlava di loro, c'era affetto nella sua voce. Erano gli unici studenti di Suddi. Dedicava il suo tempo esclusivamente alla loro educazione, probabilmente gli anziani di Qumran dovevano considerare la loro formazione un progetto molto importante.

Capitolo 21
Gesù e Giovanni:
Completamento Dei Loro Studi

Quando Gesù e Giovanni raggiunsero i quattordici anni, incontrai Suddi mentre gli stava scrivendo un certificato. "Devono andarsene e questo è per dichiarare che ho loro insegnato, li ho esaminati, ho riscontrato una conoscenza sufficiente in diritto, da essere considerati primi in Legge, e perfino abbastanza da esser in grado di insegnare."

A questo punto presi il mio blocco note e gli chiesi di scrivere per me ciò che stava scrivendo sul certificato. In particolare volevo che scrivesse i nomi dei suoi allievi. Ma disse, "Gli studenti dovranno scrivere i loro nomi qui. Deve essere firmato da loro". Aprì gli occhi, prese il pennarello e lo guardò con curiosità. Lo prese con la mano destra, anche se Katie è mancina. Ovviamente era un oggetto strano per Suddi e toccó la punta cercando di capire da che parte utilizzarlo. Scrisse poi qualcosa da destra a sinistra sulla carta, ma a me sembrava solo uno scarabocchio. Gli chiesi cosa c'era scritto.

S: Praticamente é per tutti coloro a cui potrebbe interessare, dice che io ho trovato che questi studenti sono Primi in Legge. Continua con molti altri dettagli, ma questo fa fondamentalmente parte del titolo.

D: *Sono stati buoni studenti?*

S: Per la maggior parte. C'erano alcune discussioni infervorate a volte. Ma per la maggior parte sono bravi ragazzi.

D: *Queste discussioni erano tra di loro o erano con te?*

S: Un sacco di queste erano tra loro due.

D: *Non erano d'accordo con gli insegnamenti?*

S: Non é che non fossero d'accordo con gli insegnamenti. Piuttosto non erano d'accordo con le rispettive interpretazioni (ebbe difficoltà con questa parola) degli insegnamenti.

D: *Hai mai avuto alcuna discussione con loro?*

S: Nessuna che io ricordi. (Sorrise) Bengiuseppe, non discuteva mai. Ti guardava dritto negli occhi. Se sentiva che non avevi capito il suo punto di vista su una certa cosa, e lo aveva già ripetuto più volte, allora ti guardava con quegli occhi profondi. Ed era come se stesse dicendo: "Anche se so che non capisci, ti perdono comunque". E quella era la fine di ogni discussione. Chi avrebbe potuto continuare a discutere allora?

Durante tutti quegli anni erano stati gli unici studenti di Suddi. "Le lezioni sono per pochi studenti in modo d'esser sicuri che imparino tutto ciò che gli viene insegnato. Se ce ne fossero di piú, l'attenzione andrebbe sciamando." Suddi non fece molti viaggi a Nazareth in quel periodo, perché il suo lavoro con loro aveva preso il sopravvento su tutto il resto. Non aveva intenzione di insegnare ad altri studenti dopo che se ne fossero andati.

D: Pensavo che tu dovessi insegnare tutto il tempo?
S: No, ci sono momenti liberi tra gli studenti. Abbiamo il permesso di continuare con altri studi, oppure di fare altre cose. É la mia occasione di uscire per un po'. Per vedere cosa sta succedendo nel mondo. Si tratta di un periodo per... Vacanza. Devo uscire e parlare agli altri, per condividere le grandi cose che stanno accadendo. Dargli la speranza e forse perfino la comprensione di... delle loro vite e il perché delle cose.
D: Vuoi farlo andando a casa della gente o in un luogo pubblico nelle città?
S: Probabilmente entrambi. Diventeremo i loro maestri. Se ce n'è uno solo, allora insegneremo a quello. Se ci sono molti altri che sono disposti ad imparare, allora insegneremo anche a loro... a tutti quelli che sono disposti.

La maggior parte della dottrina era condivisa oralmente in quanto "La maggior parte delle persone non é in grado di leggere o scrivere alcun testo." Questo sembrava molto simile a ció che nel Nuovo Testamento, Gesù disse ai suoi discepoli di fare. Quest'idea molto probabilmente proveniva da un'influenza degli Esseni.

D: Anche alle donne é permesso d'imparare da te?
S: Certo! Tutto ció puó essere compreso sia da donne che da uomini. Perché No?
D: Perché ho sentito che gli ebrei non permettono alle donne, neppure di entrare nelle sinagoghe.
S: Hanno una percezione molto limitata della vita.
D: Le donne essene vanno mai fuori ad insegnare?
S: Di solito insegnano solo nella scuola, a meno che non vadano in una comunità dove sono bene accette, come lo sono qui. Poiché

può essere più pericoloso per loro uscire all'esterno di quanto non lo sarebbe per me.

D: *Ti aspetti di incontrare dell'opposizione?*

S: Sì. Ci sono persone che non ritornano mai. Ai romani non piace quello che ho da dire. Alle persone al potere non piacciono mai i profeti. Non sono molto amati. Dare speranza alle masse significa distruggere la loro rete di controllo. Hanno paura di perdere il controllo, questo fa parte del problema.

D: *Dove hai intenzione di andare quando te ne andrai?*

S: Non è stato ancora portato a mia conoscenza.

Gli chiesi ulteriori informazioni su Gesù, o Bengiuseppe, come lo chiamava Suddi.

D: *Bengiuseppe ha fratelli e sorelle?*

S: Ha, fammi pensare, sei fratelli e forse tre sorelle. Lui è il primogenito.

D: Oltre ai suoi studi, aveva ricevuto nessun'altra educazione al lavoro?

S: É un falegname, come suo padre.

D: *Che tipo di carpenteria è necessaria nella vostra comunità?*

S: Ci sono persone che erigono le case. Ci sono quelli che costruiscono i mobili all'interno. Ci sono quelli che aiutano con la costruzione dei templi. Ce ne sono di diversi tipi. La cosa che fa più spesso, è costruire i mobili e fa alcune cose molto belle. Abbiamo molte varietà di legnio qui. Poi ci sono anche le cose che devono essere importate. Dipende da come si desidera utilizzarle. Abbiamo legno per i mobili. Ma non ne abbiamo per... Ad esempio, la costruzione di un tempio. Dovrebbe essere costruito con mattoni o marmo.

D: *Che tipo di personalità diresti che abbiano i due ragazzi?*

S: Hanno due personalità molto diverse. Benzaccaria è molto esuberante, molto vivace. Lui è molto felice della vita e la celebrazione della vita. Bengiuseppe è... riceve le stesse gioie della vita, ma è forse piú tranquillo. É come prendere il giglio di tigre, che è selvaggio ed esotico e confrontarlo con il semplice giglio dei campi, é molto piccolo e tranquillo. Ma a modo suo bello ed esotico come il giglio di tigre.

Era molto significativo che Suddi usasse questo paragone. Gesù è stato chiamato in molte occasioni il Giglio delle Valli. Suppongo che questo sia il piccolo giglio dei campi a cui fece riferimento Suddi.

D: Ti sembra che Bengiuseppe sia triste di natura?
S: No, lui è un bambino felice. Si diverte con tutto. É come se vedesse con occhi che si sono aperti solo di recente e vede la gloria in tutto.
D: Sai se sa del suo destino?
S: (Sospirando) Lo sa. Ha una profonda e calma accettazione del suo destino. (Sospiro profondo) Ma è ... come faccio a spiegare? Forse sa ció che deve accadere. Ma il suo atteggiamento è: "Aspettiamo e vediamo" e per ora prendiamo ogni giorno come viene.
D: Allora non gli dà fastidio conoscere ció che potrebbe accadere in futuro?
S: Io non sono la sua coscienza, non posso dire se veramente gli dispiaccia.

Suddi era disturbato da questo argomento, così cercai di ottenere alcune informazioni su dove i ragazzi sarebbero andati dopo aver lasciato Qumran.

S: Non sono sicuro. Intraprenderanno il loro viaggio. Il loro percorso è stato determinato dai maestri. Gli anziani sanno. Sanno cosa accadrà ma rispettano il loro sentiero.
D: Beh, andranno in un paese diverso o resteranno in questa zona?
S: É molto probabile che si debbano recare in altri paesi.
D: Pensi che i loro genitori andranno con loro?
S: É possibile che la madre di Bengiuseppe possa andare, ma ne dubito. La madre di Benzaccaria vive con noi. Ma lui andrà in viaggio con i suoi cugini. Probabilmente andranno nuovamente con il cugino della madre di Bengiuseppe.

Questa è stata la stessa persona con cui Gesù aveva viaggiato da bambino nei suoi primi anni di vita.

D: Se ne andranno per lungo tempo?
S: Chi può dire? É Yahweh a decidere.
D: Pensi che rivedrai mai i ragazzi?
S: (Tristemente) Uno non lo rivedrò mai più. L'altro lo rivedrò. Benzaccaria, le nostre strade non si incroceranno piú. Ne sono

223

appena venuto a conoscenza. Mi sento triste, ma ha il suo destino
e io ho il mio. "

Forse la mia domanda innescó la premonizione. Speravo di essere
in grado di seguire la storia di Gesù ulteriormente, e non perderlo di
vista dopo la dipartita da Qumran. Ora mi sembrava possibile, in
quanto Suddi istintivamente sapeva che lo avrebbe visto ancora.

Capitolo 22
I Viaggi di Gesù, e Maria

La volta successiva che Suddi vidde Gesú, aveva circa diciassette anni e nuovamente stava studiando a Qumran. Benzaccaria non era tornato alla comunità ma era rimasto con i suoi cugini. Non sono sicura di cosa volesse dire, perché poteva anche trovarsi con Maria e Giuseppe a Nazareth. Infatti anche i fratelli e le sorelle di Gesú erano suoi cugini. Pensai che Gesù non avesse più bisogno di prendere lezioni dagli Esseni da quando aveva ricevuto il suo certificato e se ne era andato.

S: É vero, non ne ha bisogno. In realtà non è qui per studiare quanto piú per discutere e parlare di molte cose. Per diversi anni se ne andó e rimase in viaggio, ma è tornato di nuovo. Desidera discutere alcune questioni che ci ha sottoposto. Ha alcune domande e interpretazioni a riguardo delle profezie, e i loro significati. Inoltre ci sono leggi aperte a molte interpretazioni, e stiamo discutendone i diversi punti di vista. Come prenderla in un modo e poi esplorare la possibilità di qualche altra interpretazione. E quali ramificazioni questo potrebbe comportare.

D: Eccellente, gli stai insegnando a pensare per se stesso.

S: Si, e a mettere in discussione le cose. Per non prendere nulla superficialmente... Disse che nei suoi viaggi ha notato come molti degli insegnanti parlano in modo che le persone non capiscono. Questo lo preoccupa. Ritiene che ci deve essere un modo di parlare con la gente ed assicurarsi che comprendano cosa dice. Paragonando la conoscenza delle cose che conoscono e vedono nella loro vita quotidiana, forse capiranno il messaggio. Lui osserva la natura e vede lezioni nelle cose più semplici, cose che io non avrei mai visto. (Gli chiesi un esempio) C'è una pianta che cresce e si sviluppa in modo strano. Estendendo un singolo ramo dalle radici, tuttavia altri rami possono crescere dalle radici. I rami che crescono in fuori verso il basso quando entrano in contatto col terreno formano un'altra radice dalla quale nascono altre piante. Egli aveva detto che era un ottimo esempio del ciclo della vita di un uomo. La pianta che dava origine ad altre piante attraverso le radici era come un uomo che passa attraverso le rinascite. I rami che raggiungevano il terreno e davano vita a nuove piante erano come la sua famiglia e i figli che avranno a loro volta una loro famiglia, mentre lui ritorna per una nuova vita e una nuova famiglia. Lui utilizza i cerchi in molti dei suoi esempi. Usa un'altra pianta come esempio, una pianta che è composta di molti strati (simile ad una cipolla). Disse che questa dimostrava i diversi piani di esistenza. Egli indicó che al centro della pianta gli strati sono molto sottili e ravvicinati. Se si considera ogni strato come un piano diverso, si può vedere che al centro tutto è più piccolo e più limitato, questo rappresenta il mondo fisico. Non appena si inizia a viaggiare verso l'alto e verso l'esterno negli altri strati, l'orizzonte di comprensione si espande e si riesce a vedere e capire di più. Un altro esempio lo fece guardando l'acqua. Sottolineava come un'onda del mare infrangendosi sulla riva potrebbe raccogliere qualche detrito. Quando questi detriti si depositano sono quasi nello stesso posto in cui erano prima, ma sono leggermente spostati. Così i detriti gradualmente si spostano lungo la riva, venendo sollevati e depositati dalle onde. Disse che questo è come il nostro ciclo della vita. Si passa attraverso il ciclo della vita, partendo da un certo punto e poi alla morte è come essere raccolti dall'onda ed essere ridepositati in un'altra vita. Il tuo spirito viene ridepositato ed é un po' piú vicino a dove vorresti andare.

D: *Questo ha senso. Dimostra inoltre quanto sia lento il processo.*

S: Sì, è un processo molto lento. E bisogna avere molta pazienza e lavorarci diligentemente.

Sembrava che Gesù stesse cominciando ad elaborare i concetti delle sue parabole. Mi chiedo se alcune di queste fossero ancora troppo complicate da capire per l'individuo medio del suo tempo. Le precedenti non si trovano nella Bibbia, molto probabilmente a causa del loro riferimento alla reincarnazione, che la chiesa primitiva contestava fortemente. Le parabole che sono ancora incluse nella Bibbia dimostrano che continuó a semplificare i suoi insegnamenti e ad utilizzare spesso metafore connesse alla natura.

D: *Tende forse ad essere molto letterale nella sua interpretazione della legge o è piuttosto libero e flessibile?*

S: Ha un'interpretazione ampia, ritiene che l'amore è l'unica legge che si deve rispettare esclusivamente. Che di fronte a questo tutte le altre leggi diventano insignificanti. Ma non glielo abbiamo insegnato noi. É giunto a questa conclusione attraverso interiore...

cosa dico..? discutendo con la sua anima, e decise cosa pensare di certe cose. Non si può insegnare l'amore. É qualcosa che semplicemente deve crescere. E ancora, non mi sto spiegando chiaramente. Le uniche restrizioni di cui parlava riguardavano il danneggiare altri esseri umani o altri esseri viventi. Non danneggiare fisicamente altri esseri viventi e cercare di non farlo nemmeno mentalmente. Conosceva il potere che hanno i pensieri. Se si pensa qualcosa intensamente, le vibrazioni che inviano i pensieri ne causeranno l'avvenire, e lui è consapevole di questo. É importante non pensare male nel tuo cuore.

D: Dov'è andato nei suoi viaggi?

S: Dove non é andato? Ha viaggiato in tutto il mondo conosciuto. Si dice che Giuseppe (d'Arimatea), suo zio andó con lui.

In precedenza, quando chiesi a Suddi chi accompagnò Gesù da bambino, mi parló di suo cugino Giuseppe, anche se non sembrava troppo sicuro della loro parentela. Questo poteva essere un errore in buona fede piuttosto che una contraddizione. Suddi non era troppo sicuro delle parentele di Giuseppe, eccetto che era un famigliare di Maria. Da questo punto in poi ne fa riferimento come lo zio di Gesù.

D: Anche sua madre andó con lui?

S: Solo durante una parte del viaggio, ma poi dovette rimanere a casa con il resto dei figli. Suo padre va e viene a seconda del suo lavoro. Giuseppe é molto di questo mondo. Lui è un uomo molto buono, ma è molto pratico.

D: Sembra strano avere una tale differenza tra la madre e il padre.

S: Perché dovrebbe essere strano? Gli dà una visione di entrambe le parti ed avere uno sguardo equilibrato sulle cose. Lei vive molto in un'altra dimensione, e lui vive nel qui e ora.

D: I fratelli o le sorelle di Bengiuseppe sono interessati alle stesse cose?

S: Forse, non nella stessa misura in cui lo è lui. Lo sono, nel fatto che amano il loro fratello maggiore, e sono interessati alle cose che interessano a lui. Ma lui è andato molto oltre. Non sono tutti i fratelli diversi dagli altri?

In una sessione precedente Suddi aveva detto che gli Esseni conoscevano la madre del Messia prima della sua nascita. Mi chiedevo come sapessero chi sarebbe diventata.

S: Venne scelta dagli anziani per essere istruita e successivamente informata del suo destino. Si sapeva chi fosse dalla sua nascita. E i suoi genitori erano dei nostri.

Avevo letto in un libro di Edgar Cayce che Maria era stata scelta tra molte altre giovani ragazze. Così gli chiesi chiarimenti con questo in mente.

D: *L'hanno scelta tra le altre?*

S: Come scegliere la madre del Messia? Non spetta a noi ma a Yahweh. Ma Lui ci ha permesso di conoscere, così che forse potessimo istruirla e guidarla nella via. Gli anziani sapevano, ma non scelsero. C'erano altre, il cui tema astrale poteva eventualmente funzionare. Studiarono il caso e decisero che... questa é l'unica decisione basilare che presero, a cui possa pensare. Quando interpretarono il grafico finalmente capirono ciò che significava. Non mi sto spiegando molto bene.

D: *Oh, io penso che tu stia facendo un ottimo lavoro. Come fanno il grafico?*

S: Ha a che fare con i punti in cui le stelle si trovano alla nascita, e il percorso che prenderanno, mentre si vive. Ma non sono io a farli, quindi ne so molto poco. Il maestro dei grafici astrali è Bengoliad (fonetica). Ricordo ancora quando andavo alle lezioni e cercavano di insegnarmi a seguire le stelle. Non sono molto bravo in questo, non è il mio campo di studi.

D: *Ma questo è come venne scelta, a secondo del suo grafico?*

Stava diventando frustrato. Avevamo un problema di comunicazione nel capire esattamente quello che voleva dire.

S: Ancora non capisci! Non l'abbiamo scelto noi. Ci hanno permesso di ricevere la conoscenza necessaria per scoprire chi fosse, al fine di aiutarla in questo cammino. (Molto deliberatamente, come se stesse parlando ad un bambino.) L'unica cosa che coinvolse la decisione di qualcuno, fu l'interpretazione dei grafici. C'erano diverse ragazze che erano nate approssimativamente nello stesso periodo d'interesse. L'interpretazione definitiva ebbe luogo quando scoprirono che sarebbe stata la madre del Messia.

Pensai che forse era meglio cambiare argomento, così tornai a Bengiuseppe.

D: Sai che cosa farà con la sua vita?
S: (Tristemente) Sì. Lui è molto speciale.
D: Si può condividere?
S: Non sono io che devo condividerlo. Sarà reso noto al momento giusto.
D: Pensi che viaggerà ancora?
S: Non ho modo di sapere. Perché é qui ora, vive con noi. Disse che i suoi viaggi gli aprirono gli occhi su molte cose che fino ad allora non vedeva. E per questo gli fecero bene, un gran bene.
D: Perché si recó in altri paesi?
S: Per conoscere le persone. Si dice che commerciassero. Ma che impararo-no anche moltissimo e che parlarono alla gente per scoprire i loro punti di vista sulle cose e sulla vita.
D: Pensi che potrebbe essere andato dai capi religiosi di quei paesi?
S: Non sta a me dirlo, non gliel'ho chiesto.

La successiva allusione a Gesù fu cinque anni dopo, quando Suddi era in viaggio per vedere sua sorella a Bethesda prima della sua morte (vedi capitolo 12).

D: Hai piú avuto notizie di Bengiuseppe ultimamente?
S: No, non recentemente. Si dice che sia in viaggio. Non lo so. Se è tornato, non é rimasto per un lungo periodo di tempo.
D: Che mi dici di Benzaccaria? Hai qualche notizia su di lui?
S: Si dice che lui sia nel mondo e stia raccogliendo seguaci.
D: Si suppone che sia il battista o il preparatore, giusto?

Si accigliò profondamente. Sembrava infastidito che io sapessi questo. "Io non ti ho detto nulla a proposito!"

D: Beh, qualcuno l'ha fatto. Non pensi di avermi detto nulla a proposito?

Andò subito sulla difensiva e rispose freddamente: "Non mi ricordo".

D: Beh, so che dovete mantenere il segreto, ma non abbiamo intenzione di dirlo a nessuno. Suppongo che non sia pronto ancora perché le persone sappiano?
S: No. Sta raccogliendo seguaci, conoscenza e forza per prepararsi.

The Pool at Bethesda

Capitolo 23
Il Ministero di Gesù Ha Inizio

Ancora un volta portai Suddi avanti ad un altro giorno importante della sua vita. Da un po' di tempo era ospite dai suoi cugini a Nazareth e non tornava a Qumran da mesi. La sua voce sembrava stanca, "Sto diventando troppo vecchio per viaggiare in tutto il mondo." Lui e i suoi cugini erano nella sinagoga di Nazareth. Mi diede una piacevole sorpresa quando gli chiesi se aveva notizie di Bengiuseppe. Suddi proclamó: "È lui che stiamo aspettando di sentire". Gesù era tornato dai suoi viaggi da sei mesi, ma Suddi non aveva ancora sentito dove era stato. Dal momento che Suddi era solo un membro della grande congregazione nella sinagoga, non sapeva se sarebbe stato in grado di parlare con lui o meno. Gli ho chiesto di descrivere ciò che stava accadendo.

S: Sta solo leggendo la Torah e parlando delle Scritture (cercando le parole giuste)... Le definisce in termini comprensibili. Sta leggendo le promesse che Dio ha fatto del Salvatore. Sta anche leggendo le parole di Ezra e le promesse fatte ad Israele che sarebbe tornata ad essere una grande nazione.

D: *Ha mai fatto nulla del genere prima d'ora?*

S: Lo ha già fatto. Dal momento del barmitzvah, si ha il permesso di parlare nella sinagoga, e leggere la Torah. Ma è insolito. Nella sinagoga ci sono molto spesso discussioni animate. Questa sera non c'è alcuna discussione. Le persone sono molto tranquille. Lui ha una bella voce che è molto facile da ascoltare... sta cercando di spiegare un concetto difficile sui diversi universi, e come tutte le nostre vite siano interconnesse. Lui sta usando l'esempio di un arazzo per semplificare ciò di cui sta parlando. L'arazzo, se visto da sotto è intrecciato come un panno. Ma se si guarda di fronte, ci sono immagini e azioni in corso. Il lato posteriore, dove è intrecciato come un panno, riflette la struttura degli universi. La parte anteriore, dove si possono vedere le immagini, quelle sono le nostre vite sovrimposte agli universi. Sta cercando di fare capire questo concetto, anche se alcuni ci riescono e altri no.

Mi stavo chiedevo quando aveva iniziato a fare miracoli. Gli chiesi se le persone avevano notato nulla di strano o di diverso in Lui.

231

S: La maggior parte di loro sa che è molto gentile e calmo. Che se hanno esigenze o problemi possono andare da lui e lui li ascolterà.

La voce di Suddi era molto tranquilla mentre parlava di questa scena. Bengiuseppe non sapeva che Suddi era lì tra la gente. Mi sembrava quasi di vederlo, quel suo vecchio insegnante in penombra sul retro o sul lato della sinagoga, in silenzio mentre ascoltava assieme agli altri. E tra tutte le persone presenti, forse, solo lui sapeva chi era quest'uomo e quale tremendo destino lo attendeva mentre dava inizio al suo ministero.

La descrizione fisica di Gesù era quella di un uomo con gli occhi grigi, i capelli rossiccio-gialli e la barba corta. Era leggermente più alto rispetto alla media di quel tempo, molto magro, "di bello stampo". Indossava una veste azzurra e il manto di preghiera, che è un panno lungo indossato dagli uomini ebrei ancora oggi, viene riposto sulla testa e le spalle come uno scialle mentre sono nella sinagoga. "I suoi occhi sono penetranti. Sembrano avere una vita loro mentre ti fissano dal suo volto."

D: Cosa ne pensi di lui?
S: (C'era amore e orgoglio nella sua voce) Sono molto soddisfatto. Penso che sia un uomo buono. Sono sicuro che farà grandi cose.
D: Pensi che abbia imparato bene le lezioni che gli hai insegnato?
S: Non gli ho insegnato nulla. Gli ho solo aperto gli occhi a ció ch'era già lì.
D: Pensi che sia cambiato dall'ultima volta che l'hai visto?
S: É più in pace. Lui è come un fiume lento e molto profondo. Tu non sai mai cosa scorra sotto la superficie.

Pensai che ora, forse, Suddi mi avrebbe detto l'altro nome di Bengiuseppe. Se se n'era andato nel mondo, non c'era più la necessità di proteggerlo così da vicino.

S: Gesù (Yeshua), questo è il suo nome.

Glielo feci ripete più volte per poterlo capire in modo corretto. Foneticamente era 'Yes-uah', con un forte accento sulla prima sillaba.

D: Parlerai a Gesú (Yeshua) prima di andartene stasera?

S: (Sotto voce) Non credo proprio. Credo che sapere sia a sufficienza. Voglio solo sentirlo parlare. Lui è cresciuto bene, e posso sentire dentro di aver aiutato.

Dopo aver finito di scrivere questo libro, mi sono imbattuta in un libro poco conosciuto chiamato Volume Archko, dei Dott. McIntoch e Twyman, originariamente pubblicato nel 1887. Questi signori avevano trovato nella Bibblioteca Vaticana dei rapporti scritti che furono inviati a Roma durante il tempo di Cristo. Li avevano tradotti dalla lingua originale. Uno di questi conteneva una descrizione di Gesù che corrisponde incredibilmente a tutto ciò che Suddi aveva detto su di lui.

"Mentre non è altro che un uomo, c'è qualcosa in lui che lo distingue da ogni altro uomo. É l'immagine di sua madre, solo lui non ha il suo liscio, viso rotondo. I suoi capelli sono un po' più d'oro di lei, anche se è dovuto principalmente al sole cocente e come a qualsiasi altra cosa. È alto, e le sue spalle sono appena appena ricurve; il suo volto è sottile e di una carnagione scura, anche questo è dovuto all'esposizione solare. I suoi occhi sono grandi, di un blu morbido, quasi noioso e pesante. Le ciglia sono lunghe, e le sopracciglia molto grandi. Il suo naso è quello di un Ebreo. In realtà, mi ricorda un vecchio Ebreo in ogni senso della parola. Non è un grand'oratore, a meno che non si parli di qualcosa a riguardo del cielo e delle cose divine, allora la sua lingua si muove con disinvoltura ed i suoi occhi s'illuminano di un bagliore particolare. Anche se ha questa peculiarità fisiche, Gesù non discute mai nessuna domanda; né mai contesta nulla. Quando inizia presenta i fatti, e sono su una base così solida che nessuno ha il coraggio di contestarli. Anche se ha una tale maestria di giudizio, non é orgoglioso nel confutare i suoi avversari, ma sembra essere sempre dispiaciuto per loro. L'ho visto attaccato dagli scribi e dai dottori della Legge, e sembravano come bambini che stavano imparando una lezioni con il maestro".

Quando Gesù lasciò la sinagoga dopo il servizio, stava per andare a casa dei suoi genitori. Dal momento che Suddi non aveva intenzione di parlare con lui, probabilmente non sarei stata in grado di imparare molto di più. Così decisi di mandarlo avanti altri cinque anni ad un giorno importante nella sua vita. Era a Nazareth e stava parlando con un amico.

S: Dice che ha sentito parlare di Gesù, che sta cominciando a predicare agli altri, e che la parola si sta diffondendo. Si dice che già nei pochi mesi in cui ha parlato, grandi folle veniva ad ascoltare ciò che diceva, nella speranza di vedere un miracolo. È noto che i poteri che scorrono attraverso di lui sono molto forti. Si dice che abbia guarito un lebbroso che aveva solo toccato la sua veste. Lui disse che era la fede ad averlo reso completo (curato). Come era mai possibile che quella malattia divenisse parte di un uomo, con una fede così grande? Quindi doveva essere già completo. Si dice anche che ci fossero dei ciechi che iniziarono a vedere. Ci furono molti miracoli. L'unico di cui io sia certo è quello del lebbroso. Un mio amico lo vidde coi suoi occhi. Ma si chiedeva com'é possibile credere che toccare anche solo il mantello sarebbe stato a sufficienza per renderlo completo? Doveva essere la sua fede ad averlo curato.

D: *Forse perché la sua fede in Gesú era così grande?*

S: La sua fede in Dio era così grande.

D: *È così che spieghi quello che è successo, o si può spiegare ulteriormente?*

S: So come ha luogo, ma spiegarlo è un'altra cosa. Il conferimento dell'energia di guarigione... Accettarla è parte del processo... Deve essere accettata, inoltra si deve averne fiducia. Quindi, la fede di quell'uomo gli rese possibile la guarigione.

D: *É successo perché l'uomo era disposto ad accettare l'energia. Quindi non pensi che sia qualcosa che Gesù, stesso, fece?*

S: Era un canale. Non riesco a spiegarmi meglio. Era solito andare in meditazione con la persona da guarire, e mentre era in uno stato meditativo trasferiva alcune delle sue energie a loro. A volte le persone che stavano guardando, potevano vedere il trasferimento dell'energia.

D: *Che aspetto aveva quando riuscivano a vederla?*

S: Sembrava un bagliore di luce che dalle sue mani andava verso la parte danneggiata del corpo della persona. Le loro aure cominciavano a brillare luminosamente, finché anche le persone che normalmente non vedevano l'aura potevano vederla.

Questo spiegherebbe gli aloni dipinti attorno a Gesù nei vecchi quadri. Nei primi dipinti, lo si vede con un alone che gli circonda tutto il corpo, successivamente lo si vede con un'aureola intorno alla testa. Questi dipinti devono essere stati influenzati da storie di testimoni che videro la sua aura luminosa durante gli scambi di energia che culminavano con dei miracoli.

S: Questo è il motivo per cui meditavano all'inizio. La persona dichiarava di voler esser guarita e poi sarebbe entrata in uno stato meditativo che gli permetteva di divenire ricettiva all'energia. Perché se resistivano, allora nulla avrebbe avuto luogo. Non posso spiegarmi meglio.

D: *Gesú sta incontrando opposizione?*

S: Ci sono individui che non lo apprezzano perché se ne va in giro e predica l'amore. Gli Zeloti sono molto scontenti. Vogliono sentirlo dire: "Io sono il Messia. Seguitemi, io sarò il vostro re". Immediatamente, nell'attimo stesso in cui lo direbbe correranno a prendere le armi. Ma Lui non dirà mai queste parole.

D: *Tu dici che predica l'amore? L'amore per il prossimo, l'amore per Dio?*

S: Si, parla molto d'amore tra i vostri vicini, amore tra i vostri fratelli e amore per il prossimo. Perché amare qualcuno, significa condividere Dio con gli altri. Dio è amore! Dio é qualcosa che riempie il vuoto che abbiamo all'interno. Amare qualcuno, condividere l'amore con loro, è la cosa più grande che si possa fare, perché è condividere Dio. Ti offri liberamente ad un altro, senza pensare agli interessi personali. Questo fa parte del messaggio. Le persone stanno accettando l'idea che Dio abbia un posto nella vita di tutti i giorni. E stanno imparando a condividere tra di loro, ad avvicinarsi gli uni agli altri attraverso questo messaggio.

D: *Hai detto che la gente pensa che dovrebbe solo dire: "Io sono il Messia". Pensi che lui sia il Messia?*

S: (Enfatico) Lui è il Messia!

D: Lui lo sa questo?

S: Sì. Gli fu insegnato fin da bambino, chi fosse e ció che sarebbe divenuto. Ma annunciarlo pubblicamente sarebbe... Sarebbero in grado di dichiararlo un pazzo o un bestemmiatore. Lui dice di essere il Figlio dell'Uomo.

D: *Che cosa vuol dire?*

S: Lui, come tutti noi, è figlio di Dio e dell'uomo. Non riesco a spiegarmi molto bene. Lui è il figlio di Dio, come io sono figlio di Dio, ma il suo destino è di portare più luce di quanto possa riuscirci io. Lui è più vicino al suo destino finale di me. Io sono così lontano, ma lui è quasi al punto in cui noi tutti cerchiamo di essere. Lui è il passo più vicino alla perfezione.

D: *Se siamo tutti figli di Dio e anche figli dell'uomo, cos'è diverso in lui?*

S: Ha imparato la lezione e ha seguito il suo percorso fino alla fine.

D: *Così ritieni che sia perfetto?*

S: Lo sarà. Fu una sua scelta di tornare nuovamente per dare questa luce alle persone. Lui non aveva bisogno di tornare.

D: *Dopo questa vita tornerà mai?*

S: Così è stato detto, ma non so a quale scopo.

D: *Hai qualche notizia di Benzaccaria?*

S: Si dice che sia al Giordano e che molte persone lo stiano ascoltando. E come dice lui stesso, è una voce che grida nel deserto, per aprire i cuori e le orecchie degli uomini alla notizia che il Messia è qui. Ci sono persone, come gli zeloti, che lo trovano molto interessante, perché è così estremo. Lui è come un uomo selvaggio. Il suo percorso é diverso, non lo vedo da molti, molti anni.

D: *Pensi che sia cambiato?*

S: No, era sempre molto estremo.

Era un po' che si stava massaggiando il gomito sinistro così gli ho chiesto perché. Disse che la sua articolazione gli faceva male. "Sono un uomo molto vecchio", disse sospirando. "Mi dicono che mi é rimasto molto poco tempo." Disse che aveva la 'malattia della tosse' ed era ospite dai suoi cugini a Nazareth in pianta permanente. Gli diedi istruzioni che il suo braccio non gli avrebbe dato alcun fastidio e che non avrebbe sentito alcun disagio fisico.

D: *Beh, hai visto molte cose nella tua vita. É stato un grande privilegio essere in grado di insegnare a Bengiuseppe e Benzaccaria.*

S: Sì, è stata una grande fortuna.

Gli chiesi chi fosse il re in quel periodo. Disse che il primo re Erode era morto ed Erode Antipa era re ora, ma le cose non erano migliorate. "Infatti erano solo peggiorate." Non gli piaceva parlare di nessuno dei due, per lui era una discussione sgradevole.

I testi storici si riferiscono ad Archelao come successore di Erode, non fanno alcun riferimento ad Antipa. Suddi citó Filippo come fratello del re, ma non menzionó mai Archelao. Ho pensato che questa contraddizione fosse curiosa. Sicuramente c'era qualcosa a proposito nella Bibbia. Sia io che Harriet stavamo leggendo la Bibbia ora più che mai, e raccogliendo molte più informazioni mentre questa storia veniva rivissuta attraverso i ricordi di Katie. Ma Antipa non si trova nella Bibbia, mentre Archelao si dice che fosse il successore di Erode. Il re alla nascita di Cristo e quello alla sua morte erano entrambi chiamati Erode. Durante la vita di Cristo, il re nella Bibbia è chiamato solo Erode, il tetrarca. Da dove se ne era venuta fuori Katie con il nome di Antipa? Anche in questo caso, la ricerca mi rivela che aveva ragione.

Erode il Grande, ebreo di religione, era un cittadino Romano di sangue arabo; il che spiega il risentimento del popolo nell'essere governato da lui. Come aveva detto Suddi, "Non riesce a decidere se vuole essere greco o ebreo, e quindi, non è né l'uno, né l'altro". Inoltre era estremamente crudele. Divenne re nel 36A.C., all'età di 37 anni, e morì nel 4D.C.. Aveva ucciso buona parte della sua famiglia, e tra i sopravvissuti c'erano tre figli che furono chiamati a regnare: Archelao, Antipa e Filippo. Fu deciso dal governo Romano che tutti e tre avrebbero governato il paese. Dovevano essere quello che venne chiamato un 'Tetrarcato".

A volte una provincia Romana veniva suddivisa in sezioni, e un tetrarca o 'piccolo re' ne avrebbe regnato una sezione. Archelao, essendo il più anziano, ricevette l'area più grande della Giudea e venne nominato etnarca o governatore.

Antipa e Filippo vennero nominati tetrarchi del resto del regno. Ma Archelao perse le grazie di Roma, e nel 6A.C. fu bandito dal paese. A quel punto la Giudea divenne una provincia romana di terza classe amministrata direttamente da procuratori romani (funzionari che gestivano gli affari finanziari o agivano come governatori). Il più famoso di questi naturalmente, fu Ponzio Pilato. Filippo era in questo momento al governo della Palestina Settentrionale. Dal momento che non stava ostacolando Roma, gli fu permesso di continuare. Dopo l'allontanamento di Archelao, Antipa prese il suo posto e divenne tetrarca sulla maggior parte della Giudea. Adottó il nome di Erode e salì al potere al momento della decapitazione di Giovanni e della morte di Cristo. Per me era sorprendente, come faceva Katie a conoscere i nomi secondari dei personaggi della la storia del tempo? A meno che non fosse stata lì?

Suddi sembrava così vecchio, stanco e triste durante l'ultima parte di questa sessione. Speravo tanto che fosse vissuto durante tutta la vita di Gesù. Volevo ottenere maggiori informazioni, in fondo, quante altre volte nella vita ci si presenta un'altra possibilità come questa? Ma ora sembrava quasi che Suddi stesse per morire proprio quando Gesù incominciava il suo ministero. Speravo di ottenere la storia della crocifissione. Ma come? Suddi era a Nazareth, troppo malato per viaggiare verso Gerusalemme, dove Gesù fu crocifisso. Anche se Suddi fosse rimasto vivo, sembrava molto difficile che potesse spostarsi da là. Sembrava che ci sarebbe morto tra le braccia prima della fine della storia di Cristo. Speravo tanto che ci fosse una soluzione. Ma in caso contrario, potevamo solo essere grati per le informazioni che avevamo ricevuto.

Avevo portato avanti Suddi nel tempo fino a quando aveva circa 50 anni. Era seduto fuori, sulle colline sopra Nazareth, probabilmente non lontano dalla casa dei suoi cugini. La sua voce era così stanca.

S: (Sospirando) Sono molto vecchio. Ne ho cinquantuno... e qualcosa, cinquantadue? Sono molto stanco. Io sono un uomo molto vecchio.

Era difficile per me accettare che lui fosse vecchio a quell'età, ma suppongo che fosse così nella loro società. Gli dissi che non lo ritenevo vecchio.

S: Ma lo sono! Siamo in un'epoca in cui molti uomini muoiono anche prima. Sono un uomo vecchio (sospirando).

D: *Cosa stai facendo in collina?*

S: Non é lontano. Non potevo camminare lontano. Sono in comunione. Cerco di portarmi in contatto con l'universo e di meditare sulla mia vita. Presto morirò. Ne sono a conoscenza. Probabilmente ho un anno. Non sono più in grado... di raccogliere... l'aria per respirare. Mi fa male il petto... e tossisco molto. Ne sono a conoscenza a causa della tosse e del fatto che sono proprio molto stanco.

D: *Ti disturba sapere che il tempo sta per scadere?*

S: Perché dovrebbe? Questo non ha molto senso. É follia. Perché non andarsene; imparare da questa esperienza e iniziarne un'altra?

Sembrava così depresso che volevo cambiare argomento, ma ne scelsi uno che fu ancora più deprimente per lui.

D: *Hai più avuto notizie di Benzaccaria?*

S: Lui è morto. È stato imprigionato da Erode... E decapitato. (Preferiva non parlarne)

D: *Perché fu messo in prigione?*

S: Per sedizione (non mi era nota questa parola). Predicava ció che credevano fosse sbagliato e contro i profeti. É come... Tradimento contro lo Stato, solo che era contro Dio.

Inizió a tossire profondamente. Gli diedi suggerimenti rassicuranti che non avrebbe sentito alcun disagio fisico reale.

D: *Non pensavo che Erode fosse un uomo religioso. Perché dovrebbe essere preoccupato per quello che Benzaccaria predicava?*
S: Erode non sa quello a cui crede. Questo è il suo fato e la sua tribolazione.
D: *Questo è il motivo per cui Erode lo fece imprigionare?*
S: Questo, e il fatto che aveva paura di lui. Aveva troppi seguaci.
D: *Che cosa stava predicando esattamente?*
S: Parlava spesso del Messia e della sua venuta. Che bisogna affrontare tutti i peccati. Che si deve confessare a se stessi i propri torti. Essere in grado di riuscirci è metà della battaglia verso la libertà. Fu un'idea di Erode di imprigionarlo in modo da riuscire a parlare con lui, ma fu la sua puttana a farlo decapitare.
D: *Perché una donna avrebbe da ridire su qualcosa di così importante?*
S: Prediva la verità e la verità prima o poi si trasmette agli altri (Vedi il riferimento ad Erodiade nel capitolo 6). Si dice che Erode cominciò a credere, perché Benzaccaria parló tanto contro di lei, la sua viltà e la vita che stavano conducevano. Lei aveva paura di perdere il suo potere. Per Erode era bene credere in ciò che Benzaccaria aveva detto e affrontare quello che aveva fatto. Ma se lo avesse fatto, allora Erode l'avrebbe messa da parte. E in tal modo lei avrebbe perso potere.

Katie si fermò. Suddi sembrava essere a disagio. "C'è grande difficoltà nella respirazione .... Mi manca l'aria."
Decisi di spostare Katie avanti e risollevarla dei sintomi fisici. Per inciso, non ho mai avuto un caso in cui questi sintomi fisici abbiano causato alcun effetto sulla personalità cosciente. Il soggetto si sveglia sempre sentendosi bene senza alcun ricordo di qualsiasi malattia associata alla loro morte in un'altra vita. Tutto ciò rimane totalmente nel passato con l'altra personalità.

Capitolo 24
Preparazione Alla Crocifissione

Avevo trasferito Suddi in avanti per alleviare Katie dei sintomi fisici dolorosi. Quando finii il conteggio stava sorridendo, e quando parlò la sua voce non sembrava più così stanca e affaticata.

S: Sono tra i miei amici. Sono con mia sorella.

D: Oh? É morta tua sorella?

S: Parli di morire. Non c'è morte. Ci sono solo altre forme di esistenza.

D: Dove sei?

S: Stó guardo mentre preparano il mio corpo.

All'inizio del mio lavoro con le regressioni, avevo scoperto che ero in grado di parlare con qualcuno anche dopo la morte, inizialmente ero estremamente sorpresa. Ma da allora l'ho fatto tante volte, che ora è diventata una cosa comune, sempre che si possa mai chiamare comune qualcosa di così strano. Ho notato durante molte sessioni che la persona ipnotizzata non rimaneva sconvolta nel ritrovarsi morta. Di solito sono gli osservatori della seduta ad essere molto più sorpresi del paziente. I testimoni si aspettano una reazione violenta, una protesta contro la morte, o almeno una qualche forma di repulsione nel vedere il proprio corpo senza vita. Le morti pacifiche e naturali non mostrano alcun trauma. Ma le personalità di solito vogliono rimanere finché non scoprono cosa è successo al corpo. Dopo tutto, diventiamo attaccati al nostro corpo. Dopo aver partecipato alla sepoltura o a qualsiasi altra cosa, allora sono pronti ad andare altrove.

Un'altra sorpresa per gli osservatori é che la personalità rimane intatta con pochi cambiamenti anche dopo la morte. Ormai mi sono abituata a parlare con i morti dopo che sono passati dall'altra parte, ma spesso è difficile da capire per le altre persone nella stanza. É possibile raccogliere molte informazioni dallo spirito. Ma la qualità delle informazioni dipende esclusivamente dall'evoluzione e sviluppo di quello spirito. Anche in questo caso, vi diranno solo ciò che sanno in quel momento.

Suddi aveva circa cinquantatre, cinquantaquattro anni quando morì a Nazareth mentre viveva con i suoi cugini. Mi chiedevo perché avesse scelto di restare lì con loro invece di tornare alla sua amata Qumran.

S: Il mio dovere era stato assolto. Non avevo più alcuna ragione di rimanere lì e non avevo una famiglia per tenermi.

Non compresi la sua dichiarazione. Pensai che volesse dire che non c'era nessuno a tenerlo, a prendersi cura di lui. Sicuramente, una comunità umanitaria come gli Esseni avrebbe fornito assistenza nei suoi ultimi giorni.

S: No, quando dico che non ho nessuna famiglia per tenermi, voglio dire la mia famiglia non era più là. Pertanto, i miei legami erano quasi interrotti.

Era vero, la sua unica sorella era morta. Aveva speso tanta energia nel l'educare Gesù e Giovanni, forse non aveva alcun desiderio di tornare ad insegnare ad altri.

S: Ho viaggiato per un po'. Ho parlato con la gente e ho ascoltato quello che avevano da dire sulle profezie. Gli ho fatto sapere che era giunto il momento per cui si stavano preparando da tutta la vita. Spero di aver illuminato qualche persona con gli insegnamenti che ho condiviso. Ho lasciato alcuni semi, spero che abbiano portato frutti.
D: *Beh, a volte è l'unica cosa in cui si possa sperare.*

Precedentemente, quando chiesi a Suddi di cosa soffrisse, disse che aveva la 'malattia della tosse'. Ora, dopo la morte, era ben consapevole di quale fosse il problema.

S: C'era una crescita tumorale nei polmoni che li aveva consumati quasi completamente.

Ovviamente, questo gli causava una forte tosse, dolore e difficoltà a respirare, così l'aveva definita correttamente coi termini del tempo come la 'malattia della tosse'.

D: *Sai che cosa l'ha causato?*
S: Chissà... La polvere? Era... era stato deciso in precedenza che questa sarebbe stata la causa della mia morte. Era per aiutarmi nella mia crescita.
D: *Oh! Morire in un certo modo ha importanza?*

S: Sì. Per imparare a gestirlo giorno per giorno. Come conviverci e come morire con esso.

Aveva sofferto molto prima di morire ma era stato in grado di controllarlo "attraverso la mente e la manipolazione delle energie".

D: *Questo è un bene, non hai dovuto soffrire, perché sapevi come fare queste cose. Molte persone non sanno come utilizzare questi processi mentali.*

S: Nel profondo, la maggior parte delle persone lo sanno. Ma si sono chiusi a questa conoscenza, e tutto ció è una grande tragedia. Si può recuperare con la pratica della meditazione. Aprendosi alla conoscenza che c'è lì. É accessibile in ogni momento, ma è necessario aprirsi. È necessario iniziare dall'interno. Devi prendere la decisione di aprirti, allora inizierà a venire e a crescere.

D: *In altre parole, lo devono volere?*

S: Sì, proprio come ogni guarigione deve venire dall'interno. È arrivato il tempo di trasmettere questa conoscenza. Se le persone sono pronte per i semi, questi crescono. Dipende tutto da loro.

Stava guardando mentre il suo corpo veniva preparato. Gli chiesi che cosa ne avrebbero fatto.

S: Verrà cremato proprio come avevo richiesto. Lo bruceranno appena fuori le mura di Nazareth e le mie ceneri verranno portate alla comunità. Lì saranno disperse ai quattro venti.

Ero molto insoddisfatta che Suddi fosse morto prima della fine della nostra storia. Dal momento che era morto prima di Gesù, voleva forse dire che la nostra storia era finita? Io volevo sinceramente conoscere il resto della vita di Cristo. Questa era stata un'unica, irripetibile opportunità, ma non avevo la minima idea di come ottenere ulteriori informazioni. Per lo meno riuscii a fare a Suddi qualche altra domanda circa Gesú, poco prima della sua morte.

D: *Hai avuto altre notizie di Gesù prima della tua morte?*

S: Lui sta insegnando e sta ancora cercando di dar luce alle moltitudini. In molti lo stanno ascoltando. Sta insegnando al popolo. Gli parla di amore e di speranza e di condividere il messaggio agli altri.

D: Come stanno accettando questo messaggio le persone?

S: Ci sono sempre quelli che credono a qualsiasi cosa, indipendentemente da cosa si dica, solo perché se ne parla. E ci sono quelli che credono, perché hanno riflettuto sugli insegnamenti. Poi ci sono quelli che mettono in dubbio a causa di chi lui sia. E dicono: "Com'è possibile che quest'uomo abbia tutta questa saggezza?" Parlano della sua famiglia. Dicono che non è un principe tra gli uomini. Che lui è solo un pover'uomo, senza possedimenti. Questi dicono: "Dove sono le sue belle vesti?" Non riescono a capire che non sono le proprietà a fare l'uomo, ma é l'uomo a creare le proprietà. Un uomo che non ha nulla ma ha la bontà, la comprensione e la compassione verso gli altri è più ricco dell'uomo che ha un paese e non ha queste qualità.

D: Ma non sanno della sua grande educazione, vero?

S: No, non si deve sapere com'è stato educato. Non educato, ma... dimostratogli che era sul sentiero giusto. Dimostrando a se stesso e raccogliendo fiducia in quello che stava facendo.

D: Perché doveva essere tenuto segreto?

S: (Sospirando) Siamo un popolo che ha voluto rimanere segreto, a causa dei problemi con diverse religioni e gli altri. Inoltre il fatto che fu educato non era importante. Ció che importa era che lui sapesse. Lui ha questa conoscenza, questo è ciò che importa.

D: Era nato con questa conoscenza, o era qualcosa che ha imparato nella sua vita?

S: É nato saggio, ma non è nato con tutte le conoscenze che ha accumulato nel corso della sua vita. É stato educato in molte scuole. Tra queste, quella nota come la Comunità degli Esseni. C'erano molte terre e molti insegnanti al cui cospetto si inchinó per ascoltare ed imparare. Gli furono mostrati molti modi e percorsi diversi. E in cambio mostró agli altri le giuste modalità per il loro percorso.

Suddi aveva detto in precedenza che Gesù era andato in viaggio per tutto il mondo conosciuto con suo zio, alla ricerca di conoscenza. Volevo sapere più precisamente in quali paesi.

S: A Nord c'erano avamposti di scambio Fenici dove sono andati. Ce n'erano altri verso Cathay, così come sulle vie commerciali. Andò in India e parló con alcuni dei loro saggi. Egitto, e i diversi paesi di quell'area. Imparò anche sulle spiagge di quella che è nota come la Bretagna. Non so se fosse andato in altri paesi. Andò nella maggior parte dei luoghi noti all'uomo.

Lo zio di Gesù, Giuseppe d'Arimatea, era un commerciante principalmente di stagno e di altri metalli. Il loro gruppo viaggiava con questo proposito, ma sapevano che Gesù era con loro per un altro scopo. "Per ottenere conoscenza dagli altri e per condividere conoscenza con gli altri." A volte era accompagnato da sua madre in questi viaggi.

Suddi aveva detto che in quei giorni la chiamavano qualcosa come 'Maria'. Il padre, Giuseppe era molto più vecchio di lei, e morì quando Gesù era poco più che ventenne. "Aveva visto suo figlio giungere alla maturità e questo era il suo compito."

Alcuni amici mi avevano chiesto di informarmi sulla morte di Giuseppe. Si stavano chiedendo se fosse questo ciò che ritardó il ministero di Gesù. Forse dovette assumere la responsabilità di aiutare Maria ad allevare la sua grande famiglia.

S: Non c'erano forse i suoi fratelli e sorelle più giovani? Non erano molto più giovani di Lui. A quel tempo ricevevano aiuto da Giuseppe (lo zio) e da altri. C'erano diversi aiutanti che erano carpentieri e mantenevano l'attività di famiglia, così che ci fossero sempre delle entrate. Di tanto in tanto, Gesù tornava a dare una mano.

D: *Sai se i suoi fratelli e sorelle più giovani risentivano del fatto che non c'era costantemente?*

S: Erano cresciuti con la consapevolezza che Gesú aveva molto da fare, e non molto tempo per raggiungere il suo obiettivo. Dei bambini allevati da genitori così comprensivi come potrebbero essere maliziosi? Lo accettavano. C'era grande amore. Nessuno poteva conoscere Gesú e non amarlo. Questo non era possibile.

D: *Quando Gesù era in viaggio in tutti gli altri paesi, perché tornó nel suo paese per iniziare lì il suo ministero?*

S: Perché, al momento, era un luogo d'incontro a metà strada tra l'Oriente e l'Occidente. Quindi la conoscenza poteva essere diffusa ad un gran numero di persone da questo punto centrale. E questo era risaputo.

D: *Aveva dei seguaci in questi altri paesi?*

S: Ci fu un gran numero di persone che ascoltarono la sua saggezza.

D: *Non sapeva che al ritorno sarebbe stato in pericolo?*

S: Sì. Sapeva fin da giovanissimo come sarebbe morto. Questa è la parte più difficile da accettare: Sapere che anche con questa conoscenza, lui avrebbe sempre amato l'uomo così tanto da sacrificare se stesso per loro.

D: Sì, una cosa è non sapere cosa sta per accaderti e non averne alcun controllo. Ma lui, anche sapendo, è comunque disposto a farlo. Deve essere molto difficile. Sai, ci sono molte storie dei suoi miracoli. Sono queste storie vere?

S: Sì, miracoli è il termine che usereste. Ci sono cose che voi chiamereste miracoli. In un certo senso non sono miracoli, perché ognuno di noi ha queste capacità, sono innate e naturali. Chiunque potrebbe sviluppare queste capacità, se avesse la disciplina e il tempo. É necessario meditare e fare gli esercizi di disciplina mentale necessari per fare cose simili. Lui era in sintonia con se stesso e con i piani spirituali, oltre ad avere grandi capacità. La combinazione di tutto ció lo aiutó a fare quelli che vengono chiamati "miracoli". É il semplice uso delle leggi di natura e dell'universo. Nella sua conoscenza di queste leggi, fu in grado di fare cose che gli altri consideravano miracoli ma che tutti gli uomini hanno il potere di fare. Tuttavia è necessario aprirsi per essere un canale del potere, in modo che questi miracoli possano essere eseguiti. Devi solo avere la conoscenza e la volontà di usarla. Era solo un canale molto limpido.

D: Gli venne insegnato come fare queste cose?

S: Sì, venne educato! Faceva parte del suo regime d'addestramento mentre stava crescendo. E dal momento che doveva essere un grande esempio fu in grado di sviluppare queste capacità ad un punto di alta precisione. I suoi insegnanti potevano fare cose come sollevare oggetti o trasformare il piombo in oro. Ma lui poteva fare molte altre cose, come infondere nuova vita in qualcuno che era morto, trasformare l'acqua in vino o qualsiasi altra cosa. Usando le sue abilità sui malati, poteva bilanciare le loro energie fino a farli stare bene di nuovo.

D: Mi chiedo come avrebbe potuto fare a trasformare l'acqua in vino?

S: É difficile da spiegare. É una combinazione di diverse abilità unite tra di loro. Tutto ció che fece fu applicare le leggi naturali dell'universo. É solo che alcune di esse, le applicó sul piano terreno mentre di solito si applicano sul piano spirituale. Si possono applicare al piano terreno ma devono avere un tramite, come un essere umano, per canalizzarle, sì.

D: *Hai sentito parlare di alcuni di questi cosiddetti miracoli che faceva?*

S: Ne effettuava così tanti ogni giorno, che non sarei in grado di elencarli tutti. Ma in generale fece cose come la guarigione del sordo, dello zoppo, dei ciechi e cose di questa natura. Devi solo averne la conoscenza e la volontà di usarli. Era solo un canale molto puro. Ha resuscitato delle anime semplicemente chiamandole. Qualsiasi cosa é possible attraverso la fede. Si deve solo credere di poterlo fare.

D: *Ma una volta che qualcuno ha lasciato il corpo, non inizia a deteriorarsi?*

S: Dopo un certo tempo. Non lo faresti con qualcuno che è morto da sei mesi. Ma in tutti i casi di cui ho sentito parlare, erano appena morti, e forse, per errore erano dall'altra parte. Non avevano predetto che il corpo avrebbe smesso di funzionare in un momento inopportuno. Non lo faceva per cercare di sbilanciare i cicli della loro vita. Ma in quei casi in cui la loro vita era stata interrotta dalle circostanze, e vedeva che non avevano ancora ripagato i loro debiti. E sarebbe stato meglio se avessero risolto i loro debiti in quel momento. Li infuse di vita nuova, in modo che potessero tornare a lavorare quella porzione dei loro debiti. Non hai sentito delle persone che erano morte e poi resuscitate dalla tomba perché non era il loro momento? Lui era lì per aiutarli e guidarli di nuovo.

Tutte queste informazioni assomigliavano ai casi di NDE (esperienze di non-morte) che ora vengono segnalati in numero sempre crescente. Si tratta di casi in cui le persone sono ufficialmente dichiarate morte (secondo la medicina) e poi miracolosamente si risvegliano. Spesso questo è dovuto alle nostre cure mediche avanzate.

D: *Pensavo che fosse un sistema infallibile. Che si muoia quando é il nostro momento e che non ci sia mai alcun margine di errore.*

S: Ci sono sempre delle probabilità d'errore. Ma non molto spesso. A volte c'è anche una lezione che deve essere imparata. Pertanto, li lasciano fare un giro dall'altra parte, per risvegliarli alla conoscenza che c'è qui.

Suddi disse che Gesù aveva richiamato delle persone; un paio di volte; gli ho chiesto in quali casi specifici.

Q: *Erano persone che conosceva o solo degli estranei?*

S: A volte li conosceva e talvolta erano estranei. La figlia del centurione non la conosceva. La figlia di questo centurione romano era molto malata. Aveva sentito che c'era un profeta che poteva aiutarla, così mandò un servo da Gesú. Era un viaggio di due giorni. Il servo disse: "Ti prego di venire, ti prego vieni in fretta, lei è molto malata". Ma Gesù disse: "Aspetta un minuto, prima devo finire ciò che sto facendo qui". Gesù si prese il suo tempo per andare a casa del centurione romano e quando arrivó era troppo tardi, la figlia era già morta. Gesù vide che la sua vita non era ancora finita e lei aveva ancora dei debiti su cui lavorare. Così infuse di vita nuova il suo corpo, dicendo al centurione:"Non ti preoccupare, lei sta solo dormendo ora"; e poi se ne andò. La giovane dormì per un normale ciclo di sonno e poi si svegliò completamente guarita. C'era anche il caso di suo cugino Lazzaro che era figlio unico di una vedova. Anche lui fu richiamato. Non era il suo tempo, aveva molto ancora da fare e Gesù lo sapeva.

D: *Pensavo che una volta messo nella tomba non poteva...*

S: (Interrompendo) Non era stato sigillato. Non avevano ancora messo il sigillo. In questo paese, tutto ció che fanno in preparazione è ungere il corpo con oli. Alcuni di loro li bruciano sulle pire funerarie. Ma per la maggior parte si tratta solo di ungerli con oli e avvolgerli in lenzuola per riporli nelle tombe o qualsiasi altro luogo.

D: *Entro quanto tempo sono ancora in grado di tornare nel corpo?*

S: Pochi giorni. Forse due al massimo. Dopo di che sarebbe necessario un rinnovamento molto maggiore del semplice rientro dello spirito nel corpo.

D: *Uno dei miracoli di cui abbiamo sentito parlare - non so se lo sai o no - fu quando nutrì una multitudine di gente.*

S: Quando li nutrì con appena qualche pesce e pagnotte di pane? Sì, ancora una volta, questo viene fatto attraverso le leggi naturali dell'abbondanza. Se avete bisogno e credete che riceverete, allora riceverete.

Certamente a me non sembrava una legge naturale essere in grado di dividere un paio di pagnotte tra centinaia di persone. Suddi era paziente con me, mentre cercava di spiegare.

S: Bisogna credere che deve accadere e quindi accadrà. Lui credeva di poter moltiplicare e tutti credevano in lui. Io non so se si trattasse di un pesce vero o se credevano in lui ed erano sazi.

Questo porta in primo piano un concetto molto interessante. Se la gente credeva fortemente in ciò che Gesù stava facendo, non importava se il cibo era vero, solido, fisico, tridimensionale. Avrebbe potuto essere un'illusione. La cosa principale è che credevano di essere stati nutriti e quindi la loro fame venne soddisfatta. Quello era lo scopo, anche se poteva essere raggiunto con mezzi psicologici.

C'erano molte domande sulla vita di Gesù che le persone si chiedevano e questa sembrava essere una buona occasione per risponderle. Dissi:"Alcune persone dicono che ha avuto un parto molto strano. Ne sai qualcosa?"

S: Solo che nacque in una grotta e c'era una stella che scintillava su di loro. Questo era l'unico evento insolito della sua nascita.

La versione della Bibbia cita solo che Cristo venne riposto in una mangiatoia dopo la sua nascita, non dice dove si trovava la mangiatoia. Fino ad oggi le grotte intorno a Betlemme sono usate come stalle per gli animali. Suddi non aveva accennato ad un aspetto importante della nascita e speravo che me ne avrebbe parlato senza chiederglielo. Ma dal momento che non disse nulla, glielo chiesi direttamente.

D: *Alcuni dicono che sua madre era una vergine. Sai cosa significa?*
S: Questo mi suona molto familiare, ma non è vero. Sua madre era una donna come tutte le altre, esattamente come suo padre.
D: *Ebbene, la storia che conosciamo è che la madre era una vergine e il padre non era un essere umano, il padre era Dio.*
S: Siamo tutti figli di Dio. Era più aperta degli altri a questo proposito ed era il momento giusto per risvegliare la conoscenza.
D: *Perché pensi che la gente avrebbe raccontato una storia del genere, se non fosse vero?*
S: Perché la gente dice qualcosa, se non per portare più attenzione su certi aspetti specifici?

Ho pensato che forse avrei potuto scoprire qualcosa circa i suoi discepoli.

D: *Ha forse dei seguaci specifici che sono sempre con lui?*
S: Il numero varia. In origine erano circa trenta nel gruppo centrale, e molti altri che sono solo seguaci. Lui è il loro insegnante, nella

speranza che imparino da lui. Ma alcuni hanno molti dubbi, non sono altro che uomini. I suoi discepoli possono fare miracoli, proprio perché stanno studiando sotto di Lui. Questo fa parte dello studio, gli insegna diversi esercizi di meditazione per contribuire a renderli ricettivi a queste cose e a sviluppare queste abilità. Passano molto tempo da soli sulle colline, studiando queste cose. Tra i seguaci ci sono sia uomini che donne, anche se a volte ci sono più donne rispetto agli uomini, perché le donne si sviluppano meglio. Sono piú ricettive degli uomini alle cose di questa natura.

Non ci vuole molta immaginazione per capire il motivo per cui non si fa menzione dei discepoli di sesso femminile nella storia della Chiesa. La chiesa primitiva era rigorosamente orientata e dominata dagli uomini.

D: *Questi discepoli vanno con lui ovunque?*
S: Non li ha forse mandati ad insegnare agli altri ció che lui ha insegnato loro? Devono seguire questi percorsi.
D: *Che fine hanno fatto le discepole?*
S: Sono molto attive. Quando Gesù divise i suoi discepoli, lo fece a coppie di due. Le donne vennero divise ulteriormente. Li ha inviati in tutto il mondo conosciuto per diffondere i suoi insegnamenti, perché avessero dei loro discepoli per contribuire a diffondere queste capacità che hanno imparato.
D: *Non è pericoloso per le donne viaggiare in quel modo e avere questi poteri?*
S: Il modo in cui li divise era generalmente in coppie di sessi opposti.
D: *Oh. Perché sai il mondo è dominato al maschile e non accettano donne che fanno queste cose.*
S: Sì, lo sapeva e voleva proteggere le donne da chi non capiva. E così i discepoli sono stati inviati due a due. Di solito sono accoppiati secondo il loro tema astrale. Ne ha dodici che lo seguono nella maggior parte degli spostamenti. Ma lui vuole che i discepoli siano in grado di staccarsi, crescere individualmente ed essere più forti anche da soli, altrimenti continueranno a dipendere da lui. Questa é la cosa migliore per i discepoli così che possano sviluppare tutta la loro forza.
D: *Conosci il nome di alcune di queste persone?*
S: Ne conosco alcuni... c'è Simeone, chiamato Pietro. Ah... E ci sono i Benzebedei, i suoi due figli. C'è Bartolomeo e Mattia e Giuda.

Ci sono molti altri, non posso... non li conosco tutti. Qui stiamo vedendo cosa faranno. In qualche maniera ci viene mostrato.

Benzebedeo è menzionato nella Bibbia come Zebedeo, padre di Giacomo e Giovanni. Ma la Bibbia dice che Giacomo e Giovanni lasciarono il padre nella barca da pesca e divennero discepoli. Non c'è altra allusione a Zebedeo. É interessante che Suddi citó il padre per nome e non i figli che sono ben più noti. Bartolomeo è uno dei discepoli meno conosciuti. E Mattia non è nemmeno citato dalla Bibbia fino a dopo la morte di Cristo. Pietro è molto conosciuto, ma Suddi lo chiamó con un nome pronunciato in modo diverso: 'Simeone' al posto di Simone. Trovo significativo che abbia citato questi discepoli meno conosciuti, il che valorizza il suo racconto.

D: Pensi che tutti questi seguaci faranno ció che egli ha insegnato?
S: (Con tristezza) No. Ci saranno alcuni che usciranno e parleranno. (Sospirando) E ci saranno quelli che solo perché lo hanno conosciuto crederanno di essere giusti e vivranno la loro vita nella convinzione di aver trovato la via. É molto triste, perché questo non é ció che ha insegnato loro... E poi ovviamente c'è l'Iscariota... che tende ad essere molto lunatico e non è per niente ben visto dagli altri discepoli.

Anche in questo caso è interessante come lo abbia chiamato Iscariota invece di Giuda. Aveva già accennato ad un discepolo di nome Giuda, ma c'erano due Giuda. Distingue questo chiamandolo Iscariota. Altre volte la pronuncia del nome suonava come 'Iscarot'.

S: É conosciuto come il traditore. Perché il suo destino é di essere lo strumento d'altri, nello svolgimento di quest'azione.
D: Chi tradirà?

Dovevo fingere costantemente di non sapere nulla della storia, come se fossi completamente all'oscuro degli avvenimenti. Sentivo che in questo modo Suddi avrebbe raccontato la storia a modo suo, senza essere necessariamente influenzato. Anche se Katie conosceva la storia (come tutti) ci sono differenze notevoli. E sono differenze che non si possono notare consapevol-mente.

S: Lui tradirà Gesù. Spera di costringerlo ad ammettere chi sia, agli altri. Perché anche se (i seguaci) credono che sia il prescelto, il

Messia, lui non l'ha mai ammesso. Altri lo riconoscono così, ma Iscariota desidera che si dichiari, tuttavia ció non avverrà. Egli lascerà ai posteri il giudizio e la decisione. Era o non era un uomo buono, scelto da Dio per aiutare a guidare gli altri sul percorso, in modo che anche loro, possano essere uno con Dio? Iscariota crede profondamente, crede veramente che Gesù sia un dio. Quindi essendo un dio, dovrebbe dire:"Comando a voi semplici mortali di fermarvi" per farli fermare.

C'era la possibilità che Iscariota fosse uno degli Zeloti di cui aveva parlato Suddi. Perché questa era definitivamente la loro linea di pensiero.

D: Pensi che Iscariota stia cercando di forzare la situazione?
S: Fa parte della sua natura. Lui ritiene che ciò non si verificherà e che Gesù si dovrebbe dichiarare. Ma questo non è ciò che avverà.
D: Questo tradimento sarà considerato un male compiuto da Iscariota?
S: É qualcosa che deve accadere. É qualcosa che accadrà. Ma il peggio è che il suo piano non si verificherà e nella realizzazione del suo errore, si toglierà la vita. Questo è noto con grande tristezza, perchè é un grande peccato.

A quanto pare il suicidio fu un'azione peggiore del tradimento di Cristo.

D: Perché pensi che si toglierà la vita?
S: Perché saprà di aver fatto parte dell'omicidio di un uomo senza peccato, e questo non può sopportarlo. Ma noi non giudichiamo, sarà lui a farlo.
D: Sai come lo tradirà?
S: No, non lo so. Ma il giorno della fine sorgerà presto. Gesù sarà presto qui con noi (nello stato dopo la morte). Lo sappiamo, come potremmo non esserne a conoscenza? (Sospirando) Anche se è prestabilito, resta troppo difficile sedersi e guardare, mentre si verificano gli eventi. Porta molto dolore sapere che questo deve avvenire per salvarci. Per mostrare agli altri che il sentiero è possibile ed è aperto a tutti... Sto pensando a ciò che sta per accadere e misuro la mia vita nel suo complesso. Sto raccogliendo le forze in modo che io... ci saró. (Tristemente e con difficoltà) Anch'io devo imparare da questo evento, proprio come tutti gli

altri. Sarà molto difficile, ma spero di riuscire ad imparare... Io ne ho la forza.

Tirai un sospiro di sollievo e dissi una veloce, silenziosa preghiera di ringraziamento. Pensavo che se Suddi fosse morto prima della crocifissione di Cristo e non saremmo stati in grado di ottenere il resto della storia. Ora sembrava che sarebbe stato possibile, se era in grado di guardare dall'altra parte. Questo fu uno sviluppo inatteso ma altamente apprezzato.

D: *Ci saranno altri nel tuo mondo spirituale che osserveranno?*
S: Penso che verranno delle moltitudini. Ci sarà una grande lezione. La lezione dell'altruismo, perché questa fu la sua scelta. Noi lo sappiamo. Emulare questo esempio è applicare il proprio sé al percorso.
D: *Pensavo che avendolo seguito così da vicino per tutta la sua vita, probabilmente desideravi esserci anche durante il suo calvario.*
S: Non è il suo calvario, è nostro!
D: *Parli come se sapessi che cosa accadrà.*
S: Morirà sulla croce.
D: *Ma la croce non era forse per i criminali e gli assassini?*
S: Sarà trattato come un assassino. Ai loro occhi lo è, perché osa metterli in discussione. Lui osa farli guardare dentro se stessi e per loro questo è un grave crimine. Quanti uomini possono guardarsi dentro nell'anima e affrontare cosa vedono? Inoltre, ci sono molti che credono Lui sia ció che gli altri dicono che sia. Che egli é il Cristo e il Messia. Ci credono, ma ne dubitano a causa dei suoi insegnamenti sull'amore. Insegna che non dobbiamo odiare. E che la guerra non è il modo attraverso cui verrà vinto il regno. Ma non riescono a capire. Sperano che quando sarà sotto pressione, dovrà uscirsene dicendo:"Io sono il figlio di Dio e quindi non potete fare questo". Ma non vedono che lo ha detto e ripetuto per tutto il tempo, questo sarà il suo destino. Questo non riescono a capirlo.

Fu un discorso molto emotivo, con molta enfasi sulle parole. Stavo pensando alla croce, quale modo orribile di porre fine alla vita di una persona così gentile.

S: Molte persone muoiono in modi orribili, e la gente non ci pensa. Perché non li tocca, non sono persone importanti, non sono qualcuno che conoscono. Essendo lui colmo d'amore, senza peccato, senza gelosia, senza odio; questo dovrebbe toccarli e fargli capire che ci sono inmolti altri a soffrire così.

D: Poteva tirarsi indietro? Aveva una scelta?

S: Ha sempre saputo che questo era il suo destino. Il tempo per ritirarsi non é ora, era prima, prima di venire nella carne. Una volta che la decisione è stata presa, non c'é più modo di tornare indietro. Può chiedere aiuto per avere la forza di uscirne... intero, e gli sarà dato.

D: Che cosa significa quando la gente lo chiamano il Cristo?

S: Significa il Salvatore, l'incarnazione vivente di Dio.

D: Ma non siamo tutti l'incarnazione vivente di Dio?

S: Ma siamo tutti consapevoli di questo? Quanti di noi sono in contatto con l'anima più profonda che è in noi stessi che è il nostro vero sé, mentre abitiamo il corpo materiale? Quanti di noi possono vivere giorno per giorno con le tentazioni a cui é stato sottoposto lui, e vivere con tutto quello che lui ha? Avrebbe potuto dire:"Basta, no, mi rifiuto di passare queste tribolazioni!" Ma non l'ha fatto. Pertanto, è per questo motive che é diverso da noi. Io non avrei avuto il coraggio. Lui è ció che noi tutti possiamo essere. Ciò che noi tutti dobbiamo diventare. É possibile. Ha detto che lui è la Via. Se siamo in grado di aprire gli occhi e i nostri cuori, saremo in grado di vederlo questo. (Una pausa, poi un sospiro profondo). Ma sarà difficile da guardare. Sapere che qualcuno senza peccato, senza macchia, si conceda per gli altri, per noi, per mostrarci la via da seguire. Non é forse qualcosa di difficile da guardare? Sapere che qualcuno anche se non lo si conosce, anche se non lo si é mai visto prima, si sacrifichi solo per amore dell'umanità intera? E riconoscere in se stessi di non esserne degni. Non è forse difficile da accettare? L'umanità continua a ripetere gli stessi errori da millenni. Progredendo di volta in volta, ma mai cambiando veramente. Lui ci sta dimostrando che è possibile crescere. Che bisogna crescere per essere in grado ottenere la libertà e la conoscenza dell'amore. Lui ci sta mostrando questo, quindi sta a lui farlo proprio come sta a noi fare altre cose.

D: Temo che ci saranno sempre molte persone che non capiranno mai le sue ragioni.

S: Solo perché non comprendono Gesú nella sua totalità. La sua totalità è troppo per loro da cogliere, e quindi cercano di limitarlo. Ma la gente capirà. Forse non nel senso di incarnazioni terrene, potrebbero non comprendere in quella forma. Ma qui, conosciamo e stiamo imparando.

Sembrava proprio che saremmo stati in grado di ascoltare la storia della crocifissione dal punto di vista dell'altro lato dove era Suddi. Ma sapevo che questa storia era troppo importante. Avevo intenzione di dedicargli un'intera seduta. Inoltre non volevo correre il rischio di rimanere senza nastro o senza tempo. Avevo intenzione di dedicargli quanto più tempo possibile ed essere il più dettagliata possibile. Sentivo che era un grande passo avanti, che avevamo una rarissima occasione di ottenere una testimonianza oculare dell'evento, forse, più memorabile e controverso della storia del genere umano. Abbiamo già notato nei capitoli precedenti che spesso la storia di Suddi differiva da quella ufficiale. La sua versione corrisponderà alla versione che ci è stata trasmessa?

Capitolo 25
Crocifissione e Resurrezione

La settimana successiva ero in conflitto emotivo mentre iniziavamo la sessione. Ero fiduciosa che saremmo stati in grado di ottenere la storia della crocifissione. Quella sarebbe stata la punta di diamante di tutto questo esperimento e avrebbe avuto grande importanza per molte altre persone. Ma ero anche preoccupata che forse non avremmo avuto il permesso di ottenerla. Il subconscio ha un dispositivo di protezione molto efficace. Non permette al soggetto di sperimentare nulla che potrebbe essere dannoso. É un fatto ben noto in ipnosi che se qualcuno vede o ricorda qualcosa che non possono affrontare, immediatamente si risvegliano da soli, anche se sono in trance profonda. Ho visto questo accadere molte volte. Quindi non avevo idea di come il subconscio avrebbe gestito qualcosa di così traumatico, come la visione della morte orribile di un caro amico. Sapevo che non potevo disattivare questo sistema di protezione e non volevo nemmeno provarci. Avrei dovuto contare sulla fiducia che gradualmente si era instaurata tra di noi e la nostra lunga associazione per convincere il subconscio che era al sicuro. La mia preoccupazione principale è sempre il benessere dei miei pazienti e proteggerli ha la massima importanza.

Katie non era per nulla preoccupata di tutto ció ed era entusiasta di scoprire che cosa sarebbe successo. Così, dissi la parola chiave e la guardai scivolare senza sforzo in quello stato di coscienza che era diventato per lei quasi abitudinario. La riportai indietro nel tempo alla vita di Suddi, poco dopo la sua morte mentre era sul piano spirituale. La conversazione riprese esattamente da dove avevamo lasciato la settimana prima.

D: Conteró fino a tre e ci sposteremo avanti fino al momento in cui tutto questo accadrà. Se sei in grado di saperlo, vorrei che tu mi dicessi cosa sta succedendo. Se è possibile, vorrei che lo guardassi. Vorrei che tu condividessi questa conoscenza con noi. Credo che potremo imparare molto da questa esperienza, se avrai la forza di guardarla e condividerla. 1, 2, 3, è il momento in cui tutto questo sta succedendo. Puoi dirmi che cosa vedi?

Non ero sicura se Suddi fosse nella posizione di poter assistere agli eventi. Aveva detto che ci sarebbe stato, se ne avesse avuto la forza, sapeva quanto sarebbe stato difficile. Ne sarebbe stato in grado o avrebbe rinunciato? Quando finii il conteggio, non c'era alcuna titubanza, iniziò direttamente a parlare.

S: C'è stata un'offerta, è consuetudine dei Romani ad ogni festa di offrire la libertà ad un prigioniero. Ponzio Pilato non crede che Gesù sia l'essere maligno che lo accusano di essere. Sa, in cuor suo che è sbagliato, é un grande peccato. Perciò, ha offerto la scelta tra Lui e Barabba, sapendo che Barabba aveva ucciso un gran numero di uomini, naturalmente, avrebbero scelto di liberare Gesú.

Avevo la sensazione che sapesse di dover trovare la forza di descrivere gli eventi e che senza mantenere i nervi saldi non sarebbe stato in grado di farlo.

D: *Barabba era un assassino?*
S: Sì.
D: *Parli come se Gesú fosse imprigionato.*
S: Sì, era stato imprigionato dal Sinedrio (pronunciato 'San-had-rin'). Dopo averlo interrogato, ai loro occhi era colpevole di blasfemia quindi decisero di rimetterlo al giudizio di Roma. Non potevano uccidere qualcuno che altri avevano dichiarato fosse il Messia. Perché questo avrebbe portato la giustizia della gente in basso sulle loro teste. Lo diedero quindi ai Romani per aver cercato d'istigare una rivoluzione, dicendo che aveva incitato i suoi seguaci a compiere atti contro Roma.

Apparentemente era la politica del tempo. Gesù non era una minaccia, almeno fino a quando non cominciò a raccogliere seguaci. Prima di ciò se ne potevano sbarazzare dichiarandolo un radicale o un pazzo.

D: *Chi erano quelli che fecero ciò?*
S: Il Sinedrio (fu difficile capire perché pronunciò la parola stranamente). Il Sinedrio. Il corpo di legislatori d'Israele (pronunciò in modo strano anche Israele).
D: *Avevano il potere di farlo?*

S: Sì. Era una delle cose che la legge di Roma ancora gli permetteva di fare.

Q: *Prima hai detto che Iscariota lo avrebbe tradito. Sai se questo è successo?*

S: È andato dai sacerdoti e disse loro dove trovare Gesù. E... lo ha venduto.

D: *Ha ottenuto nulla per averlo venduto?*

S: Dicono una borsa d'argento. Non lo so.

D: *Ma in questo momento stanno per offrire Gesù e Barabba alla folla in modo che possano scegliere chi sarà liberato?*

S: (Con molta emotività) Sì. Ma il Sinedrio ha molte persone in mezzo alla folla che erano state pagate per pronunciare il nome di Barabba.

D: *Capisco! Stanno cercando d'impedire alla folla di scegliere Gesú?*

S: Non c'è scelta. Non possono, perché... È il suo destino.

D: *Queste persone, il Sinedrio, hanno paura di lui?*

S: Hanno paura che possa davvero essere chi gli altri dicono che sia.

D: *Non possono permettersi di lasciarlo libero? È questo che vuoi dire?*

S: No, non possono.

D: *È questo il motivo per cui hanno pagato delle persone affinché andassero tra la folla ad incitarla?*

S: Per gridare il nome. Il nome che si sentirà più forte è quello di colui che verrà liberato.

Suddi era profondamente coinvolto. C'era molta emozione nella sua voce. Speravo che sarebbe stato in grado di continuare.

D: *Va bene, procediamo per scoprire cosa succede. Vorrei davvero che tu ce lo possa dire. Molte persone possono imparare moltissimo da questo. Peró se ti dà troppo fastidio, guarda come un osservatore obiettivo.*

Potevo già vedere che gli dava fastidio guardare quello che stava accadendo, a qualcuno che amava così tanto. Avevo paura che sarebbe stato ancora più traumatico per lui testimoniare l'intera crocifissione. Potevo solo sperare che il suo desiderio di condividere queste informazioni con il prossimo riuscisse a contrastare qualsiasi repulsione che potesse provare. Continuavo a dargli suggerimenti per calmarlo, per il benessere di Katie.

D: Conteró fino a tre e ci sposteremo Avanti. 1, 2, 3, cosa sta accadendo ora?

S: Si è deciso... che questa sera lui e altri due saranno inchiodati... Alla croce per morire in crocifissione. Lo stile tradizionale Romano di uccidere assassini, furfanti e ladri. (Con difficoltà, ma stava continuando.)

D: Sembra come se non appartenga a quella categoria, mi sbaglio?

S: (Sussurrando) No. Non ha mai fatto del male a nessuno. Ma è detto che lui sanguinerà per il mondo intero.

D: Ci sono altre persone con te che stanno guardando?

S: Siamo in molti qui.

Nella Bibbia si dice che in quel momento le tombe si aprirono e che gli spiriti dei morti erano visibili. Potrebbero aver visto gli spiriti che erano con lui dall'altra parte a guardare? Un evento emotivo di questa magnitudine potrebbe aver accresciuto le percezioni psichiche della gente.

S: Ci sono molti, a centinaia, sul piano terreno, che guardano con orrore... Perché lo amano. Non possono credere che gli stanno facendo questo. Che questo stia accadendo realmente.

La sua voce era quasi sopraffatta dall'emozione. Era sul punto di piangere. Stava sperimentando ogni sensazione, nonostante le mie istruzioni di rimanere obiettivo. Quindi, dovevo continuare a rimanere vigile in modo da poter osservare ogni movimento molto da vicino. Se avessi visto qualche segno che fosse troppo da gestire, avrei risvegliato Katie immediatamente. La storia non vale mai quanto il benessere del paziente. Sono di solito così focalizzata nel monitoraggio del soggetto che l'impatto emotivo della sessione non mi è mai evidente fino a quando non riascolto i nastri. Poi anch'io, sento la grande enfasi di quanto è stato detto.

D: Sai come si sente in questo momento?

S: Lui è molto calmo. Ha recluso e allontanato la maggior parte di se stesso dal dolore. Aiuta un po' sapere che... Non c'è sofferenza totale.

D: É un bene che lui abbia questa capacità. Prova nessun sentimento verso le persone che gli stanno facendo questo?

S: Sì, sente grande amore, nel riconoscere che non sanno quello che fanno. Sa che molti di loro da questo lo comprenderanno.

Sembrava sul punto di piangere. Non c'era un solo dubbio nella mia mente che stesse assistendo a questo evento. Vuoi andare avanti e dirci cosa succede? (Ho cercato di essere molto gentile, sapevo che era un momento molto difficile per lui). Se alcune parti sono difficili da descrivere, puoi saltarle liberamente. Come avevo detto, si tratta di un evento molto importante e tutto il mondo dovrebbe venirne a conoscenza. Non sei d'accordo? (Rispose con un "Sì" molto emozionato). Credo che in ogni tempo si dovrebbe sapere cosa sta accadendo.

S: Lui sta portando la croce per le strade. É molto pesante e cade. (Parlava lentamente, come se stesse osservando passo, passo ció che stava accadendo) Molte persone al ciglio della strada lo aiutano. I soldati dicono ad uno di loro che deve aiutarlo a sostenere il peso.

D: *Uno dei soldati o una delle persone?*

S: Pescano uno dalla folla per farlo.

D: *Quella persona, come si sente a proposito?*

S: Farebbe qualsiasi cosa per sollevare il carico. C'è una grande soddisfazione nel sapere che ha contribuito in qualche modo.

D: *Come si sente la folla per questo?*

S: Sono in lacrime. Ci sono alcuni che insultano gridando:"Perché non salvi te stesso?" Ma la maggior parte sa che non importa chi dicano che sia, questo era un uomo... Molto bello. (Fece un respiro profondo) Senza fragilità umane. Lui è andato oltre i problemi quotidiani che ci affliggono... Hanno steso la croce ed è stato posto su di essa con le braccia e le gambe legate. I chiodi ... stanno ... entrando nella carne. (Diversi respiri profondi) Sembra come se il mondo intero venisse fatto a pezzi. Perché il cielo che era limpido ora é molto scuro. E l'oscurità sta crescendo. (Respirando profondamente) La sua croce è eretta, insieme agli altri due. É al centro. Da questa posizione la maggior parte della città può vederlo. É su un promontorio appena fuori dalla città, dove tutti possano vedere.

D: *Perché sopraggiungono le nuvole e si sta facendo buio? Questo viene provocato dalla vostra parte?*

S: É come se il mondo stesse gridando... Ciò non deve essere! (lunghi respiri profondi) Lui chiede che... nostro Padre lo perdoni.

D: *Perché? Lui non ha fatto nulla.*

S: (Una lunga pausa, poi un sussurro) Io non lo so. Poi chiede che perdoni gli altri, per aver compiuto queste azioni. Perché non sanno (una lunga pausa mentre respirava profondamente).

D: *I due che sono sulle altre croci, sono veri e propri criminali?*

S: Sì. Uno però parló con Lui. Non so davvero quello che ha detto, ma l'altro lo ha insultato. Chiedendogli se non conoscesse un vero e proprio brav'uomo. Gesù lo guardò e disse che sarebbe stato con lui oggi... nel suo regno.

D: *Che cosa vuol dire?*

S: Lui sarà qui. Voglio dire, non è sempre così, ma lui – credo che ha a che fare con... Anche se sono gli ultimi momenti della sua vita, ha compreso.

D: *C'è qualcosa di diverso nel corpo quando è sulla croce? Ha qualcosa sul corpo o sulla croce?*

Stavo ricordando tutte le immagini e le statue che ho visto di Gesù.

S: C'è una grezza placa sopra di lui su cui é scritto: "Questo è il Re degli Ebrei". Sugli altri, c'é il loro nome e il loro crimine.

D: *Puoi vedere quali erano?*

S: (Pausa, sembrava che stesse leggendo) Non sono sicuro del nome. Quello a destra, dice... che lui era colpevole di furto, di aver rubato articoli di un altro uomo. Non sono sicuro cosa. Credo fuori dalla casa o simile. Ma l'altro era colpevole di omicidio.

D: *Qual'è quello a cui ha detto che sarebbe stato con Lui?*

S: Era il ladro.

D: *E il corpo di Gesù? C'è qualcosa di diverso?*

S: Prima di essere inchiodato alla croce, aveva un mantello che buttó sulle spalle... E spine intrecciate sulla sua testa. Ma queste furono rimosse quando è stato messo sulla croce.

D: *Non ha la corona di spine sulla testa quando è sulla croce? (C'é sempre nelle immagini).*

S: No... E i soldati sono ai piedi della croce. Stanno giocandosi i resti. É consuetudine che gli oggetti personali dei criminali siano trattati in questo modo. Chi vince il gioco, vince gli articoli rimasti. É... Il cielo è quasi nero anche se é ancora presto. Ma, Lui... La forza della sua anima risplende ancora. É come l'unica scintilla di luce. Uno dei soldati, sapendo che è sabato... Infilza la lancia nel ladrone per assicurarsi che ci sia un morto.

D: *Cosa vuoi dire, sapendo che è sabato?*

S: I corpi dei condannati sono sempre tirati giú il sabato, non importa da quando sono su. Pertanto, essere crocifisso significa morire sulla croce, anche se solitamente richiede alcuni giorni. Devono assicurarsi che siano morti prima di tirarli giú.

D: *Allora, li stanno uccidendo?*

S: Perché il cielo si sta oscurando e sabato inizia al tramonto.

Non era ancora sabato, peró il cielo si stava oscurando prima del solito.

D: *Capisco! Devono ucciderli. I corpi non possono rimanere appesi il giorno del sabato? Giusto?*

S: Sì. (Improvvisamente) Se n'è andato! Ha lasciato il corpo!

D: *Cosa? Il soldato deve uccidere anche Lui?*

S: No. La testa cadde in avanti in quel momento, nel momento in cui se ne andó. Ora sono curiosi, perché non possono credere che qualcuno possa morire così presto. Così, con una lancia infilzano anche il suo fianco, e il sangue scorre lentamente verso il basso.

D: *Vogliono essere sicuri che sia veramente morto?*

S: Si.

D: *Il suo spirito resta vicino al corpo fisico?*

S: Lui è in piedi vicino alla madre mentre si sta allontanando. Lei è consapevole della sua presenza.

D: *Lei sente la sua presenza o lei è in grado di vederlo?*

S: Non lo so, ma lei è consapevole.

D: *Rimarrà sul vostro livello?*

S: Per un po', ma non a lungo. Ci sono cose che devono essere sbrigate, e poi lui se ne andrà.

D: *Cosa succede al corpo?*

S: É ancora appeso... Dicono che la terra stia tremando, anche se non vedo. Ci sono persone che corrono in preda al panico, perché sanno che qualcosa di orribile é accaduto. E dicono che la terra trema.

D: *Non saresti in grado di sentire, vero? (Fece cenno di no, con la testa) Va bene, procediamo e dimmi cos'altro succede al corpo. Riesci a vedere?*

S: Giuseppe (pronunciato Yoseph), ha chiesto ad Erode che gli sia permesso di prendere il corpo. Erode lo mandò da Pilato che gli diede il permesso.

D: *Perché Erode non gli ha dato il permesso?*

S: Disse a Giuseppe che non era suo compito. Visto che era stato ucciso dai romani, era loro prerogativa.

D: *Si tratta di Giuseppe, suo zio?*

S: Sì, Pilato gli da il permesso, prendono il corpo e lo mettono nella tomba.

D: *In che tomba lo mettono?*

S: Di Giuseppe. La stava facendo preparare.

D: *Era per se stesso?*

S: No, era per Gesú.

D: *Quindi sapeva che sarebbe morto? Pensi che Gesù gliel'abbia mai detto?*

S: Non c'era bisogno di dirglielo, perché lo sapevano tutti.

D: *Che cosa fanno con il corpo?*

S: Lo ungono con oli, accendono l'incenso, lo avvolgono in lino e lo ripon-gono nella tomba. Rotolano la pietra dell'entrata.

D: *La tomba era sigillata?*

S: Sì.

L'enorme emotività era ormai passata. Sembrava che la parte più difficile fosse quella di vedere il suo amato amico venire ferito, umiliato e ucciso. Ora, la sua voce era tornata alla normalità.

D: *Succede nient'altro?*

S: Durante i prossimi tre giorni, non ci sarà più. Sarà svanito, poiché non è necessario.

D: *Il corpo sarà svanito, vuoi dire?*

S: Sì... So che ci sono modi per farlo, ma non sono a conoscenza del metodo.

D: *Cosa vuoi dire esattamente? Pensavo avessi detto che il corpo era morto.*

S: Il corpo è morto, ma dal momento che non è più necessario, è... Ci sono modi di far come se non esistesse. Non conosco il metodo. Non riesco a spiegarmi meglio.

D: *Oh! É qualcosa che nemmeno tu stesso comprendi?*

S: Lo conoscono solo i maestri.

D: *In altre parole, vuoi dire che il corpo scomparirà?*

S: Sì, è come se... Si trasforma nella polvere di cui é fatto e non c'é più.

D: *I maestri dalla vostra parte lo fanno o i maestri sul lato terrestre?*

S: Si tratta dei maestri dalla mia parte.

D: *Perché dovrebbero farlo? Perché il corpo dovrebbe sparire?*

S: Perché le profezie predicono che sarebbe risorto il terzo giorno. Al fine della resurrezione, devono dimostrare che il luogo dove fu sepolto era vuoto. Ma non può essere rimosso con mezzi normali. Il corpo non può essere... Loro (i suoi amici) non possono fargli nulla. Pertanto deve essere fatto da questo lato.

D: *Gesù non l'ha fatto da solo? Quando il corpo non c'è più, Lui dov'é?*

S: Lui è lì con loro, aiutandoli nel fare ció.

D: *Le sue forze con le forze degli altri maestri?*

S: Sì, con gli altri maestri.

D: *É molto complicato. Bisogna essere molto avanzati per farlo.*

S: Viene fatto anche con l'aiuto degli altri. Non conosco questo metodo. Non sono a quel livello.

D: *Quindi fanno semplicemente scomparire il corpo. É corretta questa interpretazione? (Stavo cercando di capire).*

S: Si, non c'é piú.

D: *Non più. Beh, forse Pilato o chiunque altro prese precauzioni per assicurarsi....*

S: (Interrompendo) Sì, c'erano delle guardie fuori, perché sapevano della profezia. E sapevano che altri parlavano di lui come il Messia e quindi c'erano guardie lì.

Questo é un concetto che venne male interpretato nei secoli. Penso che stessero cercando di dimostrare che anche il corpo fisico può trascendere il tempo e lo spazio. La tomba era sigillata e le guardie erano sul posto, quindi non c'era alcuna possibilità che il corpo venisse rubato o portato via con mezzi normali. Doveva essere dimostrato che solo delle forze soprannaturali avrebbero potuto rimuovere il corpo. Questo dev'essere parte della lezione della tomba vuota, per dimostrare che esistono queste forze superiori e che lui era una di loro.

D: *La profezia diceva della sua resurrezione. Accadrà questo?*

S: Sì! Come non potrebbe! Lui è, com'era prima. In sostanza, non è questo un sorgere? Lui è risorto dal corpo che è fatto di polvere e argilla, com'era lui prima.

D: *Penso che la gente creda che il corpo risorgerà. Come con Lazzaro, sai quando si parlava di lui.*

S: Ma Lazzaro era ancora un'entità umana ed abitava un corpo umano. Mentre il Messia, come viene chiamato, deve dimostrare che in seguito ci sia continuità. Non solo che siamo in grado di ritornare nel corpo, perché ció è già stato dimostrato prima. Ma dobbiamo

263

dimostrare che ci sia continuità. Che ci sia esistenza, dopo che il corpo umano cessa di esistere.

D: *Credo che questo sia ciò che la gente pensa del significato della profezia, che il corpo risorgerà fisicamente.*

S: Questo è il motivo per cui deve essere distrutto! Devono comprendere con altri mezzi.

D: *Cosa succede allora? La gente scopre che il corpo non c'è più?*

S: Vedi, è usanza dopo qualche giorno che il corpo sia unto ancora. Sua madre e sua cugina erano lì per farlo. La tomba venne aperta ancora una volta, con le guardie lì presenti. Ma scoprirono che era vuota.

D: *Sua madre era venuta con un'altra donna?*

La Bibbia non dice che la madre di Gesù era una delle donne che vennero al sepolcro. Parla di Maria Maddalena, Maria la madre di Giacomo e l'altra Maria, a seconda della versione del capitolo che si sta leggendo.

D: *Deve essere stato molto difficile vedere il corpo, credo, specialmente dopo diversi giorni. Sarebbe un atto d'amore, non è vero?*

S: E chi potrebbe essere più disposto a fare tale atto d'amore di una madre?

D: *Ma chi aprì il sigillo?*

S: I soldati aiutarono ad aprire il sigillo.

D: *Che cosa pensarono quando videro che il corpo non c'era più?*

S: Naturalmente, dissero che qualcuno era riuscito a passare e aveva rubato il corpo. Ma che dire? Il sudario era ancora lì con le macchie di sangue. E tutto era come lo avevano lasciato.

D: *Inoltre il sigillo non era stato rotto, giusto?*

S: No.

D: *Come si sentiva la madre quando scoprì che il corpo non c'era più?*

S: Sapeva che se ne era andato e lo stavano preparando per andare avanti.

D: *Gesù andó avanti, o rimase nei paraggi?*

S: Per un po' rimase, perché doveva andare da quelli che credevano in lui e dirgli: "Non temete. Sappiate che tutto é come avevo predicato". Doveva fargli sapere che aveva detto la verità. E per far ció doveva mostrargli di esistere...

D: Parli come se stesse parlando con loro. Potevano vederlo e sentirlo?

S: Sì, perché hanno questa capacità. Tutti coloro che si aprono hanno questa capacità e possono vedere. Molti lo fecero.

D: Pensi che lo vedessero come una persona fisica?

S: Sì, ma uno che è... diverso. Più come uno degli esseri di luce, che come un corpo terreno. Non del tipo che si possa toccare con la mano, perché passerebbe attraverso.

D: Ma erano in grado di vederlo?

S: Sì. Per sapere che era tutto vero.

D: Ha ancora dei segni sul corpo spirituale? (Stavo pensando alle stigmate dei chiodi).

S: Sì, per un po' deve riflettere le cose che sono state fatte. Perché questo era un modo di dimostrare loro che era davvero chi diceva di essere.

D: C'era qualcuno che dubitava?

S: Come può non esserci un po' di dubbio nell'uomo? É la sua natura.

D: Questo è il motivo per cui ancora aveva l'immagine, per così dire, delle stigmate? Per dimostrare chi era?

S: Sì.

D: Anche gli altri riescono a vederlo? Abbiamo sentito molte storie. Alcune di queste dicono che apparve col suo corpo fisico camminando sulla terra.

S: É così che lui è in verità, piuttosto di come lo conoscevano.

D: Il corpo fisico era in pratica completamente annichilito, per così dire.

S: Si. Ridotto in polvere e cenere.

D: Questo ha più senso, ridotto in cenere.

Sembra che la storia dell'angelo che fece rotolare via la pietra fosse solo una copertura inventata in seguito dai soldati per salvarsi la pelle. Inoltre sembra ovvio che nel corso degli anni, il vero miracolo della resurezione fu oscurato dalle molteplici storie messe in circolazione. A mio parere, questo miracolo fu la disintegrazione del corpo fisico e la manifestazione del corpo spirituale. Siccome lo avevano visto in tanti, forse sperava di dimostrare la continuità della vita dopo la morte, proprio perché il suo corpo fisico non c'era più. Questo punto cruciale, sembra essere stato offuscato e confuso dal dogma religioso che venne prodotto nel corso degli anni.

Suddi aveva ragione, centinaia di persone sono tornate nei loro corpi fisici dopo esser stati dichiarati morti. Questo fenomeno non è unico come le chiese vogliono farci credere. I maestri inoltre volevano dimostrare l'inutilità del corpo fisico.

D: *Hai fatto cenno agli esseri di luce. Cosa significa? È questa la natura della persona quando si lascia il corpo fisico?*

S: Si tratta di quelli, tra di noi, che sono al di là della necessità di ritornare. Il cui prossimo gradino é essere di nuovo uno con Dio. Sono quelli che vengono, ci aiutano e ci guidano in molti modi nel dirigere il nostro percorso.

D: *Cosa è successo a Gesù?*

S: Alla fine è tornato a stare con gli altri: i maestri e il nostro Dio, come noi lo conosciamo.

D: *Ci fu nessuno che vide questo mentre succedeva?*

S: Si dice che sua madre era lì. Videro che c'era una fusione di luce, e poi non c'era più.

D: *Mentre andava sull'altro piano? É questo il modo corretto di dirlo?*

S: Sì.

D: *Dove si trova Gesú ora? È sullo stesso piano dove sei tu?*

S: É con i maestri. Non è qui. Io non sono minimamente vicino a quel livello.

D: *Sai dov'é quel livello?*

S: Almeno il nono. Molto vicino al decimo livello.

D: *Quanti livelli ci sono in tutto?*

S: Dieci é la perfezione.

D: *Se lui è a quel livello, non avresti alcun modo di vederlo ora. Giusto?*

S: A meno che non venga al nostro livello, no.

D: *Capisco... Abbiamo sentito storie di persone che dicono di averlo visto.*

S: Non ne dubito.

D: *Intendo molti anni dopo che se n'era andato, che aveva lasciato la terra.*

S: Per noi di quà, un anno è solo un istante, quindi perché no?

D: *Quindi lui permetterebbe alle persone sulla terra di vederlo?*

S: Se volesse. Se ci fosse qualcosa che qualche individuo dovesse fare e ancora avesse dubbi. Non si rivelerebbe forse a costui? Facendogli sapere che stavano credendo nella verità

D: *Per aiutarli a secondo del loro sistema di credenze?*

S: (Stava mostrando frustrazione cercando di farci capire). Trovo molta difficoltà. Se ci fosse un obiettivo importante per questa persona, come ad esempio diffondere la parola che lui é esistito o per condividere con gli altri, non si rivelerebbe a loro? In modo da fargli sapere che ció in cui credono è giusto.

D: Pensavo che forse era occupato in altri livelli e che non sarebbe disceso mai sulla terra per cose del genere.

S: Se non avesse cura dell'uomo, non sarebbe mai venuto fra noi.

D: Puoi dirci i motivi della sua morte per crocifissione? Nel nostro tempo o da dove stiamo guardando, si dice che sia morto per i nostri peccati. C'è un certo disaccordo a proposito, perché siamo responsabili delle nostre azioni.

S: (Sospirando) Questa è una domanda molto pesante.

D: Suppongo che abbia molte risposte.

S: Ci sono molte influenze su queste risposte. Doveva essere crocifisso per essere ridicolizzato dagli altri. Per dimostrare che alla sua resurrezione sarebbe stato in grado di superare ció e che anche noi siamo in grado di farlo. Questo è qualcosa che lui aveva bisogno di vivere per le sue lezioni personali proprio come per gli altri significati. Non era ancora perfetto, o per lo meno non così perfetto come gli altri assumevano che fosse. Era disposto a sopportare le pene e dimostrare che non dobbiamo averne paura. E che pagando per ciò che abbiamo fatto possiamo andare oltre. Questo fa parte del ragionamento dietro a tutto ció. Cioé per dimostrare che l'uomo può farlo, che l'uomo può fare cose del genere.

D: Quindi, quando si dice che è morto per i peccati di tutte le persone nel mondo, ha senso?

S: Come potrebbe morire per i peccati di qualcun altro? Ognuno deve pagare per il proprio. Se non questa volta, allora la prossimo, o forse anche la successiva. Ma in ultima analisi, è necessario sopportare ciò che abbiamo fatto sopportare agli altri.

D: Quindi la sua vita e la sua morte non spazzano via i peccati altrui?

S: Esisterà una legge della Grazia. Ma non è perché lui ha pagato per i tuoi peccati, ma perché lo accetti come degno e perfino come messaggero di Dio. La legge della Grazia ha a che fare con l'amore di Dio per noi, non perché lui morì per i nostri peccati.

D: Bene, quindi le persone interpretano male questo, non è vero?

S: È molto probabile. L'uomo interpreta male molte cose.

D: Dobbiamo cercare di essere come lui. Ma questo non significa necessariamente che dobbiamo seguirlo fino ad adorarlo. É il suo esempio che abbiamo bisogno di emulare. Giusto?

S: Questo è corretto. Lui é quasi al punto di adorazione, perché poteva farlo e ha dimostrato che si poteva fare. Perciò ci si deve meravigliare di lui, ma non adorarlo. Non dobbiamo deificarlo, perché siamo tutti parte di Dio.

D: *Pensi che voglia essere adorato?*

S: Lui vuole essere ricordato, ma forse non nel modo in cui molti lo ricorderanno. In sostanza, ciò che aveva in mente era il concetto di una guida, uno spirito guida per portare le persone ad una maggiore illuminazione, per aiutarli a raggiungere un potere superiore. Per aiutarli a diventare più spirituali nelle loro percezioni. Lui si considerava principalmente un aiuto, una guida, un esempio, come un buon amico che sta aiutando con consigli giusti.

D: *Ci sono molte persone che lo riconoscono come un Dio vero e proprio. É difficile pensare a lui come un essere umano.*

S: Siamo tutti parte di Dio. Alcuni di noi ne sono più consapevoli rispetto ad altri. Direi che è una di queste persone. Ma divinizzarlo e considerarlo separatamente, così, questo è sbagliato.

D: *Questo è ció che ho paura le persone faranno in futuro. Divinizzeranno lui e anche sua madre, perché lei era la madre.*

S: Se questo significa che così facendo vivranno come loro, questo è bene. Ma se questo significa che invece li trasformeranno in dei e poi diranno: "Siccome sono così saggi mi perdoneranno per qualsiasi cosa che faccio", e continueranno a farlo in ogni caso, questo è un grande errore. Lui era solo consapevole e conosceva in molti modi ciò che possiamo fare tutti noi, e lo era anche lei. Semplicemente, ci vuole molto sforzo per riuscirci.

D: *Era il tipo di persona che incoraggiava gli altri a ragionare con la propria testa, o piuttosto a seguire ciecamente?*

S: Mai seguire alla cieca! Sempre mettere in discussione. Pensare con la propria testa rende la decisione tanto più grande, perché è stata creata invece che ricevuta passivamente. Se uno non mette in discussione, non ha fede. Perché non si può pensare a certe cose se non le si guarda e discute da tutti gli angoli. Poi, quando uno ha fatto questo sforzo, se pensa che sia bene, allora vale la pena di crederci.

D: *Alcune persone dicono che ogni volta che si mette in discussione, questo è il lavoro del diavolo... avete un Diavolo nella vostra società.*

S: (Sospirando) Non esiste il Diavolo! (Delicatamente, ma con fermezza, come se stesse parlando con un bambino testardo)

Dentro di noi, ci sono due parti. C'è la parte interrogativa, che può essere portata a fare degli errori. Ma c'è anche una parte molto positiva, nel senso che ci fa pensare alle cose e alle persone. Perché non tutte le persone sono buone. Accetteresti una persona superficialmente se ti sorride, ma poi ti giri e ti infila il coltello nella schiena? È necessario mettere in discussione le cose, ma si deve anche avere fede. É stato dimostrato che questa è la verità. È possibile avere fede nelle cose. Questo suona come un paradosso, ma non lo è... Veramente.

Stava diventando frustrato. Era profondamente convinto di questo e stava cercando in tutti i modi di farci capire.

D: *Ho capito. Stai facendo un ottimo lavoro... Ma come facciamo a sapere, quando troviamo nuove conoscenze, se è la verità? Come si puó dedurlo?*

S: (Sospirando) La verità... potrebbe renderti triste. Ma da qualche parte dentro di te, sai che è la verità. Se riesci ad aprirti, sai quando le cose sono vere e quando non lo sono. Questo senso interiore è a tua disposizione.

D: *A volte, quando scopriamo nuove conoscenze, le persone ci dicono che è male.*

S: Danneggia qualcuno in qualche modo? É pericoloso? Questo non vuol dire che ti renda triste. Ma se danneggia qualcuno, non può essere veramente bene. Se non é pericoloso, prendilo e studialo. Scopri la verità e scopri come porta il bene.

D: *Non è forse vero che durante la tua vita, nelle sinagoghe e nelle diverse religioni, molti di loro ti dissero: "non mettere in discussione, solo accetta?"*

S: La maggior parte di loro dice così, sì. É vero.

D: *Il tuo popolo era diverso, non é vero? Agli Esseni, piacevano le domande.*

S: Sì.

D: *Puoi dirci se il Cristo tornerà sulla terra in futuro?*

S: Sì, lui ritornerà.

D: *La gente sarà a conoscenza della sua venuta in anticipo, come voi eravate a conoscenza questa volta, o lui verrà improvvisamente?*

S: Ci saranno quelli che sapranno.

Questa sessione fu molto difficile per Katie. Era molto tesa ed emotiva mentre guardava la crocifissione, come se fosse estremamente doloroso. Naturalmente, quando la risvegliai, non aveva alcun ricordo di tutto ciò che aveva visto e si sentiva bene.

Mi rendo conto che questa sessione aprirà una grande quantità di polemiche. Ma penso che debba essere vista ed esaminata per quello che è, una visione alternativa di alcuni degli eventi più importanti della nostra cultura.

Quello che mi stupisce in questo racconto non è l'inesattezza, ma la precisione. É incredibile che la versione che abbiamo nella Bibbia potesse essere sopravvissuta per duemila anni ed essere ancora intatta come lo è ora. É davvero un miracolo che sia stata in grado di superare il Medioevo, quando un'enorme quantità di conoscenze insostituibili fu persa. Soprav-visse anche i vari scribi, i traduttori, le esclusioni ed inclusioni volontarie. Nessuno, con una mente razionalmente, potrebbe mai aspettarsi che sia la verità letterale, parola per parola; soprattutto quando i nostri più recenti libri di storia contengono moltissime contraddizioni. Perfino le storie dei notiziari variano a seconda del punto di vista del giornalista. Non dovremmo dubitare delle differenze, ma essere grati di avere la storia. Il fatto che la Bibbia sia sopravvissuta è veramente un dono di Dio.

Capitolo 26
Lo Scopo Della Crocifissione e Della Resurrezione

Mi rendo conto che volumi sono stati scritti e molti ancora saranno scritti in futuro su questo argomento. Voglio vedere che interpretazione posso raggiungere dalle informazioni raccolte su Gesù durante le regressioni. Per riuscirci dovrei spazzare via tutti i dogmi e la formazione ecclesiale a cui sono stata esposta fin dall'infanzia. Dovrei vedere tutto ció con occhi nuovi, e sentire la sua storia per la prima volta. Era uno sforzo molto difficile. Il 'lavaggio del cervello' inizia molto presto ed è profondamente radicato. Vorrei fare un tentativo di scoprire ciò che Gesù aveva da dire all'umanità.

Cosa stava veramente cercando di comunicare al mondo attraverso la sua crocifissione? Qual'era il vero messaggio dietro la resurrezione? Queste sono domande profonde, complesse, ed io non sono un filosofo. Tuttavia voglio presentare ció che ho compreso della sua storia e quali lezioni abbia imparato. Qualcuno potrebbe vedere molto più di me, e qualcun'altro potrebbe vedere qualcosa di completamente diverso. Abbiamo tutti il nostro punto di vista influenzato dalle esperienze personali di vita, e la gente non sarà mai in grado di accettare qualcosa di così profondo e personale come le credenze religiose. Ma chissà, la mia interpretazione potrebbe aiutare chi sta brancolando nel buio dell'incertezza.

Siamo stati creati tutti nello stesso momento e siamo tutti figli di Dio in questo senso. Quando siamo venuti sulla terra per sperimentare la vita, siamo rimasti intrappolati nel fisico. Abbiamo dimenticato da dove siamo venuti, almeno a livello cosciente. Dentro in profondità abbiamo una scintilla che ancora ricorda e desidera tornare 'a casa', dal Padre amorevole che ci ha creato. Il padre aspetta con pazienza, perché non conosce il tempo, in attesa che i suoi figli scoprano ancora una volta il loro vero potenziale e destino. Ma l'umanità godendosi la vita e perdendosi per le vie del mondo, facendo un errore dopo l'altro, sprofondó ulteriormente nella legge del karma. C'é qualche via d'uscita? Più vite gli umani vivono e più karma accumulano. Non possiamo tornare a Dio, finché non siamo ancora una volta perfetti, il che comporta aver espiato tutti i torti che abbiamo fatto al nostro prossimo.

Sembra una situazione senza speranza. Perché ad ogni errore che ripaghiamo ne facciamo altri due. Siamo su una ruota che gira in tondo e non va da nessuna parte, perché non capiamo che cosa dobbiamo fare per uscirne. Come puó l'umanità salire verso l'alto se invece continua a girare a vuoto? Questo è ciò da cui Gesù era venuto a 'salvare' l'umanità. L'umanità aveva bisogno di un esempio, qualcuno che mostrasse la 'Via'. L'umanità si era impantanata nel caos in cui era finita attraverso l'uso del libero arbitrio. Dio non punisce, ama troppo i suoi figli per fare questo. Ha permesso loro di fare i propri errori e spera che alla fine impareranno a vedere 'la luce' e a trovare la via per tornare a 'casa'. Dal momento che Dio non puó interferire, (può solo aiutare e guidare) ha deciso di mandare qualcuno come esempio.

Credo che Gesù o Yeshua fosse un maestro del decimo livello. Ciò significa che dopo un numero incalcolabile di vite piene di fragilità umana, aveva finalmente raggiunto la perfezione ed era tornato al fianco di Dio da dove era venuto. Solo questo tipo di entità poteva correre il rischio di essere risucchiato nella tenebre e nel fango dell'esistenza umana. Anche per un maestro era pericoloso, perché il richiamo della carne è molto allettante, e poteva dimenticarsi lo scopo della sua venuta.

Era importante che lui venisse, come tutti noi dobbiamo entrare in un corpo umano ed essere esposti a tutte le tribolazioni che l'uomo deve affrontare. Doveva dimostrare che poteva elevarsi al di sopra di tutto ció. Se fosse riuscito a farlo allora avrebbe dimostrato che anche l'umanità avrebbe potuto. Doveva imparare tutta la conoscenza del mondo, in modo da poter comprendere il tempo in cui viveva. Doveva essere addestrato nella completa maestria della mente, affinché potesse dimostrarne le meravigliose capacità. Per dimostrare che un essere umano non é soltanto un corpo animale, ma una suprema creazione spirituale.

Lui non ha mai affermato di compiere miracoli; ma disse alla gente che potevano fare queste stesse cose, e cose ancora più meravigliose. Dovette imparare la meditazione in modo da poter rimanere connesso alla fonte da cui proveniva. In questo modo riuscì a mantenere il suo obiettivo sempre ben in vista e a non lasciarsi influenzare. Il suo obiettivo era quello di mostrare all'umanità, attraverso il suo esempio, come dovesse vivere. Che la più grande lezione da imparare è quella di amare tutte le creature sulla terra. Se l'amore fosse presente, nessun ulteriore karma negativo potrebbe essere creato. Se l'amore fosse presente, non ci sarebbero più guerre e sofferenza. L'umanità potrebbe scendere dalla ruota del karma e ricominciare a progredire.

Gesù era il perfetto esempio di ciò che ogni persona ha dentro di sé e di ció che siamo in grado di raggiungere. Ma purtroppo non capirono. La sua perfezione li spaventava e confondeva. Lo temevano perché era diverso, e la loro unica soluzione era di ucciderlo.

Credo che lo scopo della crocifissione fosse di dimostrare per vivido contrasto, ciò che l'umanità era diventata e l'abisso in cui era sprofondata. Credo che Dio stesse offrendo alla gente una scelta: rimanere sul percorso attuale e diventare queste creature vili e senza coscienza, che pensano solo ai loro beni terreni, alle loro esistenze banali; o provare a ristrutturare la propria vita secondo il suo esempio, per ergersi al di sopra del caos del mondo e raggiungere la perfezione.

Aveva acquisito pieno controllo della mente e quindi non dovette soffrire molto sulla croce. Era in grado di uscire dal corpo a volontà e così morì prima del normale. Il punto non era la lunga e prolungata sofferenza quanto piuttosto l'esempio e il contrasto. In questo senso, è veramente morto per tutta l'umanità. Se non fosse vissuto, l'uomo starebbe ancora brancolando nel buio senza il luminoso esempio della sua vita perfetta.

Credo che lo scopo della resurrezione si sia perso e si sia infangato nel pensiero della gente. Dio intendeva mostrare che il mondo fisico non è tutto e che l'uomo è di più: un'anima eterna, uno spirito che non poteva estinguersi. Che lo spirito avesse continuità e che può esistere anche dopo la morte del corpo fisico. Rientrare ancora una volta nel corpo non avrebbe dimostrato il punto che i maestri stavano cercando di sottolineare. Avrebbe solo dimostrato che era possibile continuare nel fisico. Così il corpo terreno di Gesù doveva scomparire del tutto.

Il corpo era stato sigillato nella tomba. Ad entrambe le guardie, romana ed ebrea, erano state ordinate di sorvegliare la tomba. Non c'era fiducia tra le due ma entrambe volevano assicurarsi che nessuno potesse entrare e rubare il corpo. Con la tomba sigillata e custodita, i maestri lavorarono con l'aiuto di Gesù per disintegrare il corpo, scomponendone gli atomi e trasformandolo di nuovo in polvere. Era come se il naturale processo di decadimento e decomposizione fosse stato accelerato per diventare quasi istantaneo. Le bende di lino vennero lasciate per mostrare che il corpo non era stato rimosso fisicamente. Quando le guardie aprirono la tomba e trovarono che solo il corpo era sparito, dovettero escludere ogni possibilità di furto. Era successo qualcosa che sarebbe potuto avvenire solo dall'altro lato, il lato spirituale.

Successivamente, quando Cristo si presentó a tante persone, dovettero riconoscere che quella era la parte d'uomo che era sopravvissuta ed era eterna. Lo spirito è la vera natura dell'uomo e c'é qualcosa al di là della semplice esistenza terrena, a cui l'uomo si aggrappa così ferocemente. Avrebbero dovuto crederci, perché il corpo non poteva certo ritornare, era stato completamente distrutto.

Ma in qualche modo, nel corso dei secoli tutto ció é andato perduto e confuso. Ai soldati era stato ordinate, sotto minaccia di morte, di proteggere la tomba. Il Sinedrio ed i Romani conoscevano le profezie sulla resurrezione. Non potevano permettere che nulla accadesse a quel corpo. Quando aprirono la tomba e non trovarono il corpo, i soldati temettero per la loro vita. Posso immaginare che al fine di salvarsi la pelle, si inventarono la storia dell'angelo che fece rotolare la pietra e del Cristo che se ne andava. É un fatto noto che il Sinedrio, pagó i soldati ebrei per dire che qualcuno sgattaioló sotto il loro naso durante la notte e rubó il corpo. Queste storie sono state accettate e tramandata nei secoli, perché erano più facili da capire. Il vero scopo della resurrezione era apparentemente troppo complicato ed oscuro per le loro menti. Ci possono essere state anche altre ragioni per negare la verità. La paura fa cose strane alla gente.

Se si esaminano i racconti biblici, si troveranno molti riferimenti all'improvviso apparire e scomparire di Gesù tra i suoi seguaci dopo la morte. Queste storie sono più rappresentative dello spirito che del corpo umano. La storia della vita di Gesù è così bella in sé, come un esempio di amore perfetto che lui ha lasciato con noi. Non riesco a capire la necessità degli orpelli soprannaturali che sono stati aggiunti ad essa. Perché la storia della nascita da una vergine? Larson nel suo libro "The Essene Heritage", dice che questo proviene da antiche credenze egizie secondo le quali un dio deve sempre avere origini soprannaturali. Ci sono molti teologi ed eruditi che non credono nel concetto della nascita da una vergine. Perché era necessaria? Fu trasformato in un dio dalla gente che non aveva capito le ragioni della sua venuta. Non voleva essere un dio, ne mai intendeva essere adorato. Questo fu solo il volere dell'uomo. Quale modo migliore di onorarlo e ricordarlo se non cercando di vivere come lui?

Naturalmente, questa è solo la mia interpretazione e opinione. Ma che cosa terribile se avesse vissuto e fosse morto, ma il vero significato di tutto ció andasse perduto nell'oscurità.

Nessuna spiegazione sarà mai sufficiente per chiarire come una giovane ragazza del ventesimo secolo fosse in grado di condividere abbastanza informazioni su una civiltà perduta, da riempire un libro intero. Una cosa è certa, tutto ció é avvenuto con mezzi paranormali. Indubbiamente ci saranno innumerevoli discussioni su questo fenomeno; si tratta di reincarnazione, possessione spiritica o qualsiasi altro fenomeno? Personalmente, preferisco la teoria della reincarnazione. Ma per me non importa. Durante i tre mesi in cui ho lavorato con Suddi Benzahmare, lui emerse come una persona reale. Nessuno potrà mai convincermi che non sia esistito.

Di per sé, non c'è nulla di veramente notevole o eccitante sulla vita di Suddi. Era un uomo pacifico, silenzioso, pieno di bontà innata e comprensione, che dedicó la sua vita alla conservazione e all'insegnamento della conoscenza. Durante i suoi infrequenti viaggi nel mondo esterno, sembrava essere deluso dalla condizione umana. L'unicità della sua vita proveniva dalle persone tra cui viveva e dal fatto che fu in grado di entrare in stretto contatto con, forse, il più grande uomo che sia mai esistito. Questo sembrava portargli molta gioia: esser vissuto al tempo del compimento delle profezie ed esser stato un po' d'aiuto nell'educazione (o apertura) del Messia. Questo incrocio dei loro percorsi a Qumran è importante, perché descrive una fase sconosciuta della vita di Gesù. Ci ha permesso di vedere il lato umano di un uomo la cui divinizzazione ha ingrandito sproporzionatamente la sua immagine. Dopo questa esperienza, non è più un volto in una foto, una statua fredda o una figura appesa ad un crocifisso. Lui vive, ama, e si prende cura di tutto il genere umano. L'associazione di Suddi con Gesù, mi ha illuminato in un modo che non avevo mai pensato possibile. La storia della vita di Suddi è preziosa per la conoscenza che ci ha tramandato attraverso gli scorsi duemila anni. Per questo saremo eternamente grati. Ci ha mostrato un lato della mente antica che non sapevamo esistesse.

A Suddi posso solo dire, "Sono felice che tu sia vissuto. Sono contenta che tu abbia scelto di parlare con noi. Ti ringrazio dal più profondo del mio essere per aver condiviso queste informazioni. Non ti dimenticherò mai."

Bibliografia

Allegro, John, The Treasure of the Copper Scroll, Doubleday Pub., New
York, 1960. Revised edition, Anchor Books, Garden City, N.J., 1982.

Allegro, John, Dead Sea Scrolls, Penguin Books, Middlesex, 1956.

Allegro, John, Dead Sea Scrolls: A Reappraisal, Penguin Books, Middlesex,1964.

Allegro, John, Dead Sea Scrolls: The Mystery of the Dead Sea Scrolls Revealed, Gramercy Pub., New York, 1981.

Allegro, John, Dead Sea Scrolls and the Christian Myth, Prometheus Books, Buffalo, N.Y., 1984.

Dupont-Sommer, A., The Jewish Sect of Qumran and the Esennes, Macmillan Co., New York, 1956.

Fritsch, Charles T., The Qumran Community: Its History and Scrolls, Macmillan Co., New York, 1956.

Ginsburg, Christian D., The Essenes: Their History and Doctrines, Routledge & Kegan Paul Ltd, London, 1964.

Heline, Theodore, The Dead Sea Scrolls, New Age Bible and Philosophy Center, Santa Barbara, 1957. (An interesting Theosophical approach)

Howlett, Duncan, The Essenes and Christianity, Harper & Brothers, New York, 1957.

Larson, Martin A., The Essene Heritage, Philosophical Library, New York, 1967.

Szekely, Edmond Bordeaux, The Gospel of Peace of Jesus Christ, C.W. Daniel, Saffron Walden, 1937. (A classic)

Szekely, Edmond Bordeaux, Guide to the Essene Way of Biogenic Living,
International Biogenic Society, Box 205, Matsqui, B.C. VOX 205, Canada, 1977.

Szekely, Edmond Bordeaux, The Gospel of the Essenes, C.W. Daniel, Saffron Walden, 1978.

Szekely, Edmond Bordeaux, The Teachings of the Essenes from Enoch to the Dead Sea Scrolls, C.W. Daniel, Saffron Walden, 1978.

Tushingham, A. Douglas, 'The Men Who Hid the Dead Sea Scrolls', National Geographic, pp. 785-808, December 1958.

Ci sono molti altri libri che ho letto mentre facevo la mia ricerca, ma molti di questi si ripetono a vicenda e non offrono nulla di nuovo. Inoltre ci sono molti riferimenti a riviste ed enciclopedie. Raccomando altamente il lavoro di John Allegro perché fu bandito dal comitato, per aver rivelato troppe informazioni troppo presto. Un altro approccio sensate è quello di Martin Larson in "The Essene Heritage". Egli non era vincolato da alcuna organizzazione religiosa nei suoi scriti. Non ho usato i libri di Szekely, le sue fonti sono piuttosto controverse. Ho incluso i suoi titoli soprattutto perché sono ben visti in Inghilterra. Molti degli altri autori aderiscono strettamente al dogma religioso, e hanno paura di deviare nel loro pensiero. Tuttavia, offrono interessanti spunti storici.

Sull'Autore

Dolores Cannon è un'ipnote-rapeuta regressionista ed una ricercatrice del paranormale che nacque nel 1931 a St. Louis, Missouri. Visse e studiò in Missouri fino al 1951 anno in cui sposò un ufficiale della marina. I vent'anni successivi al matrimonio li spese viaggiando ed allevando i figli, come ogni tipica moglie di un ufficiale. Nel 1970 suo marito venne congedato come succede ad ogni veterano disabile ed entrambi si ritirarono sulle colline dell'Arkansas. Fu così, che ebbe inizio la sua carriera di scrittrice vendendo articoli a riviste e quotidiani vari. Ha lavorato nel campo dell'ipnosi dal 1968, e si è dedicata esclusivamente alla terapia regressiva e al lavoro sulle vite passate dal 1979. Dolores studiò varie metodologie ipnotiche e fu in grado di sviluppare una sua tecnica personale che permette ai suoi pazienti di rivelare/ricordare una grande quantità d'informazioni. Dolores ha insegnato questa unica tecnica d'ipnosi in tutto il mondo. Nel 1986 iniziò a dedicarsi alla ricerca in campo ufologico. Condusse ricerche in ciò che si sospettava fossero zone di atterraggio UFO, così come in zone di Cerchi del Grano situate in Inghilterra. La maggior parte del suo lavoro in questo campo è dedicata alla raccolta dati attraverso l'ipnosi di sospetti rapimenti.

Dolores ha presentato i suoi seminari a livello internazionale e in tutti i continenti. I suoi diciotto libri sono stati tradotti in venti lingue ed è stata intervistata sia alla televisione che alla radio. Articoli su di lei sono stati scritti da molte testate internazionali. Dolores fu il primo Americano a ricevere "l'Orpheus", il premio Bulgaro al più alto avanzamento nella ricerca dei fenomeni psichici. Ha anche ricevuto i premi e riconoscimenti per "l'Eccezionale Contributo" e "alla Carriera" da molte organizzazioni dedicate all'ipnoterapia.

I libri che ha pubblicato includono: Conversazioni con Nostradamus Volume 1,2,3 – Gesù e gli Esseni – Camminarono col Cristo – Tra la Morte e la Vita – Un'anima ricorda Hiroshima – I Custodi del Giardino - Eredità dalle Stelle – La Leggenda di Starcrash – Universo Convoluto Volumi 1,2,3,4,5.

Dolores aveva quattro figli e quattordici nipotini che la tenevano solidamente ancorata tra la vita famigliare di tutti i giorni e il mondo imprevedibile del suo lavoro. Dolores ha lasciato questa dimensione lo scorso 18 Ottobre 2014.

Tuttavia il suo lavoro è portato avanti dalla figlia Julia. Per maggiori informazioni si prega di fare riferimento al suo sito www.dolorescannon.com, oppure alla sua casa editrice www.ozarkmt.com .

Other Books by Ozark Mountain Publishing, Inc.

Dolores Cannon
A Soul Remembers Hiroshima
Between Death and Life
Conversations with Nostradamus,
     Volume I, II, III
The Convoluted Universe -Book One,
     Two, Three, Four, Five
The Custodians
Five Lives Remembered
Horns of the Goddess
Jesus and the Essenes
Keepers of the Garden
Legacy from the Stars
The Legend of Starcrash
The Search for Hidden Sacred
     Knowledge
They Walked with Jesus
The Three Waves of Volunteers and the
     New Earth
A Very Special Friend
Aron Abrahamsen
Holiday in Heaven
James Ream Adams
Little Steps
Justine Alessi & M. E. McMillan
Rebirth of the Oracle
Kathryn Andries
Time: The Second Secret
Will Alexander
Call Me Jonah
Cat Baldwin
Divine Gifts of Healing
The Forgiveness Workshop
Penny Barron
The Oracle of UR
The Oracle of UR, Book 2
P.E. Berg & Amanda Hemmingsen
The Birthmark Scar
The Birthmark Scar, Book 2
Dan Bird
Finding Your Way in the Spiritual Age
Waking Up in the Spiritual Age
Julia Cannon
Soul Speak – The Language of Your
     Body
Jack Cauley
Journey for Life
Ronald Chapman
Seeing True
Jack Churchward
Lifting the Veil on the Lost
     Continent of Mu
The Stone Tablets of Mu

Carolyn Greer Daly
Opening to Fullness of Spirit
Patrick De Haan
The Alien Handbook
Paulinne Delcour-Min
Cosmic Crystals!
Divine Fire
Holly Ice
Spiritual Gold
Anthony DeNino
The Power of Giving and Gratitude
Joanne DiMaggio
Edgar Cayce and the Unfulfilled
     Destiny of Thomas Jefferson
     Reborn
Paul Fisher
Like a River to the Sea
Anita Holmes
Twidders
Aaron Hoopes
Reconnecting to the Earth
Edin Huskovic
God is a Woman
Patricia Irvine
In Light and In Shade
Kevin Killen
Ghosts and Me
Susan Linville
Blessings from Agnes
Donna Lynn
From Fear to Love
Curt Melliger
Heaven Here on Earth
Where the Weeds Grow
Henry Michaelson
And Jesus Said – A Conversation
Andy Myers
Not Your Average Angel Book
Holly Nadler
The Hobo Diaries
Guy Needler
The Anne Dialogues
Avoiding Karma
Beyond the Origin
Beyond the Source – Book 1, Book 2
The Curators
The History of God
The OM
The Origin Speaks
Psycho Spiritual Healing
Kelly Nicholson
Ethel Marie

For more information about any of the above titles, soon to be released titles,
or other items in our catalog, write, phone or visit our website:
PO Box 754, Huntsville, AR 72740|479-738-2348/800-935-0045|www.ozarkmt.com

Other Books by Ozark Mountain Publishing, Inc.

James Nussbaumer
And Then I Knew My Abundance
Each of You
Living Your Dram, Not Someone Else's
The Master of Everything
Mastering Your Own Spiritual Freedom
Sherry O'Brian
Peaks and Valley's
Gabrielle Orr
Akashic Records: One True Love
Let Miracles Happen
Nick Osborne
A Ronin's Tale
Nikki Pattillo
Children of the Stars
A Golden Compass
Victoria Pendragon
Being In A Body
Sleep Magic
The Sleeping Phoenix
Alexander Quinn
Starseeds What's It All About
Debra Rayburn
Let's Get Natural with Herbs
Charmian Redwood
A New Earth Rising
Coming Home to Lemuria
David Rousseau
Beyond Our World, Book 1
Beyond Our World, Book 2
Richard Rowe
Exploring the Divine Library
Imagining the Unimaginable
Garnet Schulhauser
Dance of Eternal Rapture
Dance of Heavenly Bliss
Dancing Forever with Spirit
Dancing on a Stamp
Dancing with Angels in Heaven
Annie Stillwater Gray
The Dawn Book
Education of a Guardian Angel
Joys of a Guardian Angel
Work of a Guardian Angel

Manuella Stoerzer
Headless Chicken
Blair Styra
Don't Change the Channel
Who Catharted
Natalie Sudman
Application of Impossible Things
L.R. Sumpter
Judy's Story
The Old is New
We Are the Creators
Artur Tradevosyan
Croton
Croton II
Jim Thomas
Tales from the Trance
Jolene and Jason Tierney
A Quest of Transcendence
Paul Travers
Dancing with the Mountains
Nicholas Vesey
Living the Life-Force
Dennis Wheatley/ Maria Wheatley
The Essential Dowsing Guide
Maria Wheatley
Druidic Soul Star Astrology
Sherry Wilde
The Forgotten Promise
Lyn Willmott
A Small Book of Comfort
Beyond all Boundaries Book 1
Beyond all Boundaries Book 2
Beyond all Boundaries Book 3
D. Arthur Wilson
You Selfish Bastard
Stuart Wilson & Joanna Prentis
Atlantis and the New Consciousness
Beyond Limitations
The Essenes -Children of the Light
The Magdalene Version
Power of the Magdalene
Sally Wolf
Life of a Military Psychologist

For more information about any of the above titles, soon to be released titles,
or other items in our catalog, write, phone or visit our website:
PO Box 754, Huntsville, AR 72740|479-738-2348/800-935-0045|www.ozarkmt.com